江苏经济普查年鉴

第二产业卷（上） 2018

江苏省第四次全国经济普查领导小组办公室　编

图书在版编目（CIP）数据

江苏经济普查年鉴. 2018. 第二产业卷. 上 / 江苏省第四次全国经济普查领导小组办公室编. -- 北京 : 中国统计出版社, 2020.10
ISBN 978-7-5037-9302-8

Ⅰ. ①江… Ⅱ. ①江… Ⅲ. ①经济－普查－江苏－2018－年鉴②第二产业－经济－普查－江苏－2018－年鉴 Ⅳ. ①F127.53-54

中国版本图书馆 CIP 数据核字（2020）第 193965 号

江苏经济普查年鉴-2018/第二产业卷（上）

作　　者//江苏省第四次全国经济普查领导小组办公室
责任编辑/许立舫
封面设计/黄俊杰
出版发行/中国统计出版社
通信地址/北京市丰台区西三环南路甲 6 号　邮政编码/100073
电　　话/邮购（010）63376909　书店（010）68783171
网　　址/http://www.zgtjcbs.com/
印　　刷/江苏苏创信息服务中心
经　　销/新华书店
开　　本/880mm×1230mm　1/16
字　　数/648 千字
印　　张/20.25
版　　别/2020 年 10 月第 1 版
版　　次/2020 年 10 月第 1 次印刷
定　　价/880.00 元（全套）

本书附同版本 CD-ROM 一张，光盘内容以书面文字为准。
如有印装差错，由本社发行部调换。

编委会和编辑人员

编者说明

为便于社会各界共同分享第四次全国经济普查成果，更方便地开发利用普查资料，我们将经济普查资料编辑整理，汇编成《江苏经济普查年鉴—2018》一书。全书共三卷四册，即综合卷、第二产业卷和第三产业卷，并随书配送同版本光盘一张。《综合卷》分三篇：第一篇为“综合篇”，第二篇为“企业篇”，第三篇为“文化及相关产业篇”。《第二产业卷》按内容分为上、下两册。上册两篇：第一篇为“工业企业生产经营及财务状况篇”，第二篇为“主要工业产品产量篇”。下册两篇：第一篇为“企业研发情况篇”，第二篇为“建筑业企业生产经营及财务状况篇”。《第三产业卷》分六篇：第一篇为“批发和零售业企业基本情况及财务状况篇”，第二篇为“住宿和餐饮业企业基本情况及财务状况篇”，第三篇为“房地产开发经营业生产经营及财务状况篇”，第四篇为“服务业企业财务状况篇”，第五篇为“服务业行政事业及非企业法人单位篇”，第六篇为“企业信息化和电子商务交易情况篇”。为使读者能够更好地使用本资料，现对有关问题做如下说明：

一、第四次全国经济普查的标准时点为 2018 年 12 月 31 日，时期资料为 2018 年度；

二、综合卷中综合篇和企业篇汇总表，均不包含少量无分组标识的单位数据，其中单位数包含兼营二、三产业的农、林、牧、渔业法人单位，从业人员数不包含兼营二、三产业的农、林、牧、渔业法人单位，不包含人民银行、银保监会、证监会监管的金融业以及铁路运输部门单位数据；

三、本资料建筑业按法人单位注册地，其他行业按法人单位经营地进行汇总；

四、本资料对部分数据由于计量单位取舍不同或四舍五入而产生的误差数均未作机械调整；

五、表中空格表示该项统计指标数值为零、不足最小单位、数据不详或无该项数据，“#”表示其中的主要项；

六、为了更准确地使用本年鉴，每卷后附有该卷详细的指标解释。

我们希望此书的面世，能使社会各界对我省第四次全国经济普查有一个全面的了解，更愿本书的内容，能为社会经济研究工作者提供有价值的参考。

第四次全国经济普查资料是全省普查工作者共同辛勤工作的成果，也是广大普查对象积极支持配合的结果。在此，我们向全省所有普查工作者、普查对象和所有参与和支持普查工作的人员致以崇高的敬意和衷心的感谢！

江苏省第四次全国经济普查领导小组办公室

2020 年 6 月

第二产业卷（上） 目录

第一篇 工业企业生产经营及财务状况篇

第二篇 主要工业产品产量篇

附 录

第1篇

工业企业生产经营及财务状况篇

A.行业部分

1-A-1 全部工业企业主要经济指标

分组	企业单位数（个）	资产总计（亿元）	负债合计（亿元）	营业收入（亿元）	从业人员（人）
总计	**518887**	**151489.18**	**80710.12**	**153929.53**	**14659004**
一、按登记注册类型分组：					
内资企业	500838	107927.87	59397.16	107679.93	11110386
国有企业	431	941.18	622.45	203.44	29361
集体企业	1660	365.13	237.38	233.73	33071
股份合作企业	683	96.73	42.56	91.39	14435
联营企业	94	11.47	4.77	10.58	1771
有限责任公司	20155	32225.60	18843.03	26919.80	1508014
国有独资公司	437	9101.18	5352.75	6910.02	211842
其他有限责任公司	19718	23124.41	13490.28	20009.79	1296172
股份有限公司	3940	12739.24	5652.42	9006.81	579020
私营企业	473730	61546.14	33994.05	71209.44	8943669
私营独资企业	63462	2259.89	1132.17	3205.81	675427
私营合伙企业	3416	142.96	70.44	202.00	41731
私营有限责任公司	401627	54887.79	30869.36	64969.66	7928559
私营股份有限公司	5225	4255.50	1922.06	2831.98	297952
其他企业	145	2.40	0.51	4.73	1045
港、澳、台商投资企业	6840	15378.23	7530.52	15260.78	1286656
合资经营企业（港或澳、台资）	2172	5322.25	2746.19	4616.99	330894
合作经营企业（港或澳、台资）	62	181.74	64.73	177.11	9195
港澳台商独资经营企业	4449	9151.18	4415.75	10040.86	912120
港澳台商投资股份有限公司	102	702.16	288.93	411.66	30955
其他港澳台商投资企业	55	20.90	14.93	14.17	3492
外商投资企业	11209	28183.08	13782.45	30988.82	2261962
中外合资经营企业	3211	8811.43	4552.62	8870.12	523194
中外合作经营企业	99	218.96	83.62	248.38	13819
外资企业	7660	18068.46	8688.10	21230.40	1669391
外商投资股份有限公司	127	1019.68	434.57	595.07	49428
其他外商投资企业	112	64.54	23.53	44.87	6130
二、在总计中：国有控股企业	1996	24760.91	14054.70	18966.41	673246
在总计中：大型企业	1061	50093.44	26386.32	53675.95	2952702
中型企业	5123	29938.77	15560.23	29847.49	2638021
小微型企业	512703	71456.96	38763.57	70406.08	9068281

1-A-1　续表 1

分　组	企业单位数（个）	资产总计（亿元）	负债合计（亿元）	营业收入（亿元）	从业人员（人）
总计	**518887**	**151489.18**	**80710.12**	**153929.53**	**14659004**
采矿业	**370**	**1057.54**	**620.13**	**612.26**	**69556**
煤炭开采和洗选业	22	675.24	406.24	403.84	47573
烟煤和无烟煤开采洗选	21	671.91	406.24	403.31	46010
石油和天然气开采业	5	127.76	113.23	76.02	7876
石油开采	2				
天然气开采	3	0.54	0.36	0.11	20
黑色金属矿采选业	49	41.18	25.68	53.00	3884
铁矿采选	45	40.67	25.34	51.94	3844
锰矿、铬矿采选	2				
其他黑色金属矿采选	2				
有色金属矿采选业	12	10.18	6.74	5.03	960
常用有色金属矿采选	10	10.16	6.74	5.02	958
稀有稀土金属矿采选	2				
非金属矿采选业	242	201.39	67.29	73.33	9059
土砂石开采	196	57.37	19.83	37.35	3851
化学矿开采	2				
采盐	19	136.53	43.66	34.38	4675
石棉及其他非金属矿采选	25	4.29	1.24	0.93	241
开采专业及辅助性活动	22	0.80	0.60	0.42	98
煤炭开采和洗选专业及辅助性活动	4	0.51	0.39	0.24	34
石油和天然气开采专业及辅助性活动	10	0.16	0.17	0.07	36
其他开采专业及辅助性活动	8	0.12	0.05	0.11	28
其他采矿业	18	1.00	0.35	0.61	106
制造业	**513487**	**137166.46**	**72167.83**	**146744.64**	**14392547**
农副食品加工业	7490	2113.18	1216.14	3428.84	211003
谷物磨制	1543	320.91	150.76	668.84	33551
饲料加工	1000	328.97	199.17	600.44	33411
植物油加工	405	674.29	475.93	1105.71	16393
制糖业	20	32.77	21.49	13.92	1293
屠宰及肉类加工	1120	307.44	161.25	470.94	49652
水产品加工	1096	129.77	57.95	174.89	22731
蔬菜、菌类、水果和坚果加工	852	165.58	80.12	222.82	29707
其他农副食品加工	1454	153.44	69.48	171.29	24265
食品制造业	4746	1127.75	561.50	963.70	128311
焙烤食品制造	957	119.83	47.98	106.12	21782
糖果、巧克力及蜜饯制造	186	81.60	50.62	47.73	7319
方便食品制造	719	129.49	58.63	137.07	24637
乳制品制造	105	117.72	75.97	99.42	12577
罐头食品制造	158	23.99	16.07	33.30	5933
调味品、发酵制品制造	564	98.75	37.00	85.53	13005
其他食品制造	2057	556.37	275.23	454.53	43058

1-A-1 续表 2

分 组	企业单位数（个）	资产总计（亿元）	负债合计（亿元）	营业收入（亿元）	从业人员（人）
酒、饮料和精制茶制造业	1831	1306.11	498.80	1090.62	84247
酒的制造	745	842.23	314.65	487.87	39851
饮料制造	754	446.03	175.27	585.73	41456
精制茶加工	332	17.85	8.89	17.01	2940
烟草制品业	12	734.25	131.68	794.60	6631
卷烟制造	4	701.75	126.09	775.75	5546
其他烟草制品制造	8	32.50	5.60	18.85	1085
纺织业	42227	6192.65	3719.62	7562.24	1101381
棉纺织及印染精加工	15290	2394.59	1432.60	3283.12	471570
毛纺织及染整精加工	1597	883.09	605.46	757.03	85659
麻纺织及染整精加工	174	47.69	26.57	55.14	9619
丝绢纺织及印染精加工	443	101.56	58.46	100.17	18889
化纤织造及印染精加工	6343	1055.25	700.00	1054.83	154321
针织或钩针编织物及其制品制造	5359	460.55	281.35	566.89	94258
家用纺织制成品制造	8559	696.87	349.00	1104.97	172967
产业用纺织制成品制造	4462	553.06	266.22	640.09	94098
纺织服装、服饰业	27640	3192.86	1800.76	4011.79	929760
机织服装制造	11580	2141.69	1223.28	2577.45	507123
针织或钩针编织服装制造	2907	419.94	238.46	615.61	145072
服饰制造	13153	631.22	339.02	818.73	277565
皮革、毛皮、羽毛及其制品和制鞋业	4626	453.43	238.40	725.81	144973
皮革鞣制加工	190	34.25	20.26	33.89	5814
皮革制品制造	1606	124.17	67.37	189.16	45721
毛皮鞣制及制品加工	228	12.52	8.72	14.05	3873
羽毛（绒）加工及制品制造	358	71.43	38.94	174.03	14273
制鞋业	2244	211.07	103.12	314.68	75292
木材加工和木、竹、藤、棕、草制品业	12998	1143.78	580.59	1451.64	229064
木材加工	4986	188.90	74.81	363.45	62636
人造板制造	3116	478.83	211.37	673.06	97951
木质制品制造	4477	452.42	283.87	391.32	62827
竹、藤、棕、草等制品制造	419	23.63	10.54	23.82	5650
家具制造业	10547	617.89	292.61	656.52	159284
木质家具制造	8329	395.99	177.00	405.45	108443
竹、藤家具制造	37	2.29	1.38	4.81	1278
金属家具制造	550	57.71	29.99	72.02	13799
塑料家具制造	28	2.32	1.51	2.46	674
其他家具制造	1603	159.58	82.73	171.81	35090
造纸和纸制品业	9637	2095.80	1129.80	1825.32	168043
纸浆制造	18	13.35	8.36	5.88	368
造纸	2575	1544.91	805.44	1160.54	74642
纸制品制造	7044	537.54	316.00	658.91	93033

1-A-1　续表 3

分　组	企业单位数（个）	资产总计（亿元）	负债合计（亿元）	营业收入（亿元）	从业人员（人）
印刷和记录媒介复制业	10930	1102.30	566.36	1150.35	200240
印刷	10114	1064.98	549.98	1117.94	191486
装订及印刷相关服务	780	27.62	13.34	27.32	7829
记录媒介复制	36	9.70	3.05	5.09	925
文教、工美、体育和娱乐用品制造业	16276	1513.89	770.48	2403.29	391705
文教办公用品制造	1558	151.83	68.19	202.98	32347
乐器制造	505	32.54	16.35	47.54	10651
工艺美术及礼仪用品制造	9357	807.11	429.60	1311.10	195154
体育用品制造	1715	170.67	77.66	271.59	45242
玩具制造	2469	230.78	110.91	406.40	81995
游艺器材及娱乐用品制造	672	120.95	67.77	163.68	26316
石油、煤炭及其他燃料加工业	730	1066.55	621.57	2217.65	33465
精炼石油产品制造	360	740.96	419.60	1944.11	21236
煤炭加工	110	299.10	189.01	241.60	9199
生物质燃料加工	256	26.42	12.94	31.89	3006
化学原料和化学制品制造业	9790	11231.98	5384.66	12213.16	519068
基础化学原料制造	1867	3684.46	1646.48	4273.51	148304
肥料制造	638	251.72	169.64	203.75	17520
农药制造	248	1139.15	576.64	978.75	50075
涂料、油墨、颜料及类似产品制造	1823	944.54	432.13	972.04	74085
合成材料制造	1400	2400.63	1302.01	3107.99	84275
专用化学产品制造	2874	2404.48	1055.43	2288.08	110386
炸药、火工及焰火产品制造	21	6.81	2.52	5.50	1122
日用化学产品制造	919	400.18	199.80	383.55	33301
医药制造业	2402	3653.48	1462.85	3522.30	231037
化学药品原料药制造	398	562.57	278.70	438.70	40372
化学药品制剂制造	287	1950.78	706.90	2091.23	90937
中药饮片加工	124	226.87	106.46	204.00	14721
中成药生产	118	231.34	96.53	265.09	17190
兽用药品制造	121	71.04	28.65	67.85	7277
生物药品制品制造	493	413.25	161.20	235.75	27382
卫生材料及医药用品制造	782	175.58	75.57	185.74	29469
药用辅料及包装材料	79	22.05	8.85	33.95	3689
化学纤维制造业	2492	2487.60	1506.20	3005.92	167224
纤维素纤维原料及纤维制造	241	907.40	537.13	1030.75	45853
合成纤维制造	2147	1500.74	925.96	1922.83	116211
生物基材料制造	104	79.47	43.11	52.34	5160
橡胶和塑料制品业	28686	4319.87	2056.29	4385.81	645111
橡胶制品业	4670	1100.13	466.27	986.78	145484
塑料制品业	24016	3219.75	1590.02	3399.03	499627

1-A-1 续表 4

分组	企业单位数（个）	资产总计（亿元）	负债合计（亿元）	营业收入（亿元）	从业人员（人）
非金属矿物制品业	24182	5380.00	2988.78	5037.71	527868
水泥、石灰和石膏制造	843	711.53	430.03	753.05	30327
石膏、水泥制品及类似制品制造	5590	1763.28	1116.91	1826.24	139828
砖瓦、石材等建筑材料制造	6647	766.29	395.58	601.37	91415
玻璃制造	768	266.93	149.09	174.89	26883
玻璃制品制造	2409	395.97	214.81	387.16	70809
玻璃纤维和玻璃纤维增强塑料制品制造	1234	356.78	157.29	373.59	42656
陶瓷制品制造	2122	306.39	169.65	182.91	38136
耐火材料制品制造	1526	283.22	122.36	264.22	35753
石墨及其他非金属矿物制品制造	3043	529.61	233.05	474.27	52061
黑色金属冶炼和压延加工业	4110	6828.74	3902.66	9652.63	273269
炼铁	35	65.66	62.46	194.73	3352
炼钢	49	1059.75	582.51	1520.82	28135
钢压延加工	3866	5442.27	3220.81	7746.94	231496
铁合金冶炼	160	261.06	36.87	190.14	10286
有色金属冶炼和压延加工业	4761	2402.31	1462.85	4542.68	167049
常用有色金属冶炼	345	249.09	158.81	531.13	13796
贵金属冶炼	15	6.17	3.11	28.43	226
稀有稀土金属冶炼	69	52.61	31.44	87.37	4558
有色金属合金制造	1198	777.54	481.71	947.88	44853
有色金属压延加工	3134	1316.89	787.77	2947.85	103616
金属制品业	53951	7189.02	3855.58	8150.65	1012730
结构性金属制品制造	19189	2239.96	1272.58	2468.07	296435
金属工具制造	6558	462.94	245.54	487.82	98505
集装箱及金属包装容器制造	1498	635.38	339.96	661.24	61955
金属丝绳及其制品制造	2120	644.23	310.06	837.09	60973
建筑、安全用金属制品制造	5070	484.28	266.07	490.31	79369
金属表面处理及热处理加工	2708	375.95	222.02	413.41	74956
搪瓷制品制造	118	24.77	11.84	34.68	4291
金属制日用品制造	1673	202.97	84.74	222.32	34698
铸造及其他金属制品制造	15017	2118.54	1102.78	2535.72	301548
通用设备制造业	80979	11490.40	5720.01	11093.36	1500102
锅炉及原动设备制造	1828	1542.44	699.04	933.86	98340
金属加工机械制造	11101	1482.91	814.60	1375.63	193238
物料搬运设备制造	2840	1411.10	736.17	1250.86	127308
泵、阀门、压缩机及类似机械制造	8219	1477.82	697.45	1548.39	186045
轴承、齿轮和传动部件制造	3478	1279.52	614.22	1196.32	139312
烘炉、风机、包装等设备制造	7401	1477.80	717.30	1693.71	190061
文化、办公用机械制造	417	291.91	112.53	501.05	38612
通用零部件制造	35238	1913.12	1005.14	2017.30	416636
其他通用设备制造业	10457	613.80	323.55	576.24	110550

1-A-1　续表 5

分　组	企业单位数（个）	资产总计（亿元）	负债合计（亿元）	营业收入（亿元）	从业人员（人）
专用设备制造业	53619	10063.26	5307.90	8488.62	1080046
采矿、冶金、建筑专用设备制造	5201	2861.56	1663.36	2687.97	160384
化工、木材、非金属加工专用设备制造	15011	1546.61	814.08	1378.20	267347
食品、饮料、烟草及饲料生产专用设备制造	1179	202.15	119.06	192.21	27328
印刷、制药、日化及日用品生产专用设备制造	1727	221.63	120.38	213.25	29897
纺织、服装和皮革加工专用设备制造	3936	553.13	295.03	541.26	75272
电子和电工机械专用设备制造	2680	647.41	298.97	440.64	63024
农、林、牧、渔专用机械制造	2029	396.13	238.34	372.60	50349
医疗仪器设备及器械制造	3471	1157.22	449.61	791.51	144086
环保、邮政、社会公共服务及其他专用设备制造	18385	2477.44	1309.07	1870.97	262359
汽车制造业	14058	8176.33	4683.70	8321.48	666185
汽车整车制造	164	1901.54	1335.07	2161.09	63535
汽车用发动机制造	54	162.32	71.07	215.47	6557
改装汽车制造	93	137.90	85.86	101.74	7660
低速汽车制造	3	0.04	0.04	0.02	25
电车制造	45	29.72	20.52	27.08	3382
汽车车身、挂车制造	265	79.41	47.55	53.94	7413
汽车零部件及配件制造	13434	5865.40	3123.61	5762.14	577613
铁路、船舶、航空航天和其他运输设备制造业	7462	4299.47	2475.43	3026.04	342341
铁路运输设备制造	602	692.00	364.84	523.28	49249
城市轨道交通设备制造	119	195.19	112.70	101.83	5943
船舶及相关装置制造	3200	2270.79	1323.60	1428.29	161541
航空、航天器及设备制造	226	337.15	181.01	187.70	18151
摩托车制造	676	364.33	238.75	312.89	37744
自行车和残疾人座车制造	446	156.20	86.08	150.54	25472
助动车制造	1789	207.15	133.62	242.79	30512
非公路休闲车及零配件制造	142	62.31	29.45	59.65	9591
潜水救捞及其他未列明运输设备制造	262	14.33	5.38	19.06	4138
电气机械和器材制造业	34455	16040.55	8691.87	15363.84	1273370
电机制造	3294	1911.41	999.12	2150.98	185152
输配电及控制设备制造	13246	6721.29	3723.77	5486.27	487064
电线、电缆、光缆及电工器材制造	4730	3536.60	1895.73	3906.88	212365
电池制造	893	1486.56	851.35	1178.82	101288
家用电力器具制造	2011	1351.05	718.25	1707.41	128294
非电力家用器具制造	642	224.36	119.15	139.95	16295
照明器具制造	5902	589.60	279.69	596.59	101657
其他电气机械及器材制造	3737	219.69	104.83	196.93	41255
计算机、通信和其他电子设备制造业	20823	17046.61	8774.21	18221.99	1785515
计算机制造	1043	2094.95	1126.12	4013.02	311832
通信设备制造	1383	2208.22	1407.01	2644.77	201980
广播电视设备制造	463	460.24	184.68	384.15	46938

1-A-1 续表 6

分　组	企业单位数（个）	资产总计（亿元）	负债合计（亿元）	营业收入（亿元）	从业人员（人）
雷达及配套设备制造	39	263.04	138.71	135.27	8915
非专业视听设备制造	375	649.76	440.69	1075.01	60468
智能消费设备制造	884	910.22	676.94	1177.21	110063
电子器件制造	2605	5278.15	2455.61	3906.97	386170
电子元件及电子专用材料制造	11348	4819.89	2148.56	4558.62	610380
其他电子设备制造	2683	362.13	195.89	326.99	48769
仪器仪表制造业	9652	3085.85	1365.45	2628.57	258691
通用仪器仪表制造	7166	2329.86	1028.34	1920.95	177765
专用仪器仪表制造	1189	504.71	229.62	454.23	47144
钟表与计时仪器制造	58	2.94	2.01	3.08	1378
光学仪器制造	526	165.03	74.97	178.44	20096
衡器制造	173	38.24	12.26	26.41	5168
其他仪器仪表制造业	540	45.06	18.27	45.46	7140
其他制造业	6211	399.05	174.68	415.40	89249
日用杂品制造	1750	152.31	60.08	201.16	43338
其他未列明制造业	4449	245.40	114.21	213.26	45710
废弃资源综合利用业	1459	270.60	142.42	250.84	21644
金属废料和碎屑加工处理	590	143.73	80.33	163.26	9239
非金属废料和碎屑加工处理	869	126.88	62.09	87.59	12405
金属制品、机械和设备修理业	4705	140.87	84.00	141.23	43941
金属制品修理	75	3.36	2.05	3.09	625
通用设备修理	773	14.59	8.58	17.26	5399
专用设备修理	627	17.78	8.35	14.07	4512
铁路、船舶、航空航天等运输设备修理	1028	62.75	40.38	56.29	18154
电气设备修理	401	10.09	5.97	13.19	4425
仪器仪表修理	89	1.64	0.80	2.23	458
其他机械和设备修理业	1712	30.65	17.86	35.11	10368
电力、热力、燃气及水生产和供应业	**5030**	**13265.18**	**7922.15**	**6572.63**	**196901**
电力、热力生产和供应业	2578	9278.88	5351.80	5450.34	116097
电力生产	1955	5959.78	3694.47	2137.41	67950
电力供应	346	3081.52	1519.52	3192.07	41174
热力生产和供应	277	237.58	137.82	120.86	6973
燃气生产和供应业	435	810.56	391.94	745.40	20957
燃气生产和供应业	406	800.37	386.26	736.97	20221
生物质燃气生产和供应业	29	10.20	5.67	8.43	736
水的生产和供应业	2017	3175.73	2178.42	376.89	59847
自来水生产和供应	947	1980.20	1332.65	247.82	41542
污水处理及其再生利用	1014	1156.36	812.16	124.32	17382
海水淡化处理	2				
其他水的处理、利用与分配	54	38.81	33.43	4.30	851

1-A-2　全部大中型工业企业主要经济指标

行　业	企业单位数（个）	资产总计（亿元）	负债合计（亿元）	营业收入（亿元）	从业人员（人）
总计	**6184**	**80032.22**	**41946.54**	**83523.45**	**5590723**
采矿业	**16**	**935.70**	**567.66**	**495.81**	**63968**
煤炭开采和洗选业	4	666.02	400.73	380.50	47266
烟煤和无烟煤开采洗选	3	662.69	400.73	379.97	45703
石油和天然气开采业	2				
石油开采	2				
黑色金属矿采选业	2				
铁矿采选	2				
非金属矿采选业	7	120.15	37.19	31.24	5319
土砂石开采	2				
采盐	5	109.16	34.25	25.34	3999
制造业	**6076**	**72146.47**	**37345.17**	**78350.98**	**5431020**
农副食品加工业	83	587.57	338.06	995.11	52064
谷物磨制	5	27.02	12.03	82.01	3676
饲料加工	8	23.58	12.37	56.72	4176
植物油加工	8	310.21	200.90	547.50	6527
屠宰及肉类加工	32	117.38	61.51	198.38	23647
水产品加工	7	19.46	8.29	29.64	3706
蔬菜、菌类、水果和坚果加工	13	38.36	20.81	37.06	5811
其他农副食品加工	9	43.37	16.61	41.35	4056
食品制造业	63	406.53	173.33	475.44	41972
焙烤食品制造	10	59.43	22.12	51.99	5691
糖果、巧克力及蜜饯制造	4	52.95	7.92	27.28	3044
方便食品制造	14	62.41	28.59	73.72	10899
乳制品制造	10	63.36	36.79	64.85	8686
罐头食品制造	3	4.38	5.42	4.48	1488
调味品、发酵制品制造	5	30.86	7.86	32.46	3793
其他食品制造	17	133.13	64.63	220.66	8371
酒、饮料和精制茶制造业	28	964.06	315.72	853.21	54360
酒的制造	15	648.71	201.37	348.67	25194
饮料制造	13	315.35	114.35	504.53	29166
烟草制品业	4	718.77	127.51	790.23	5378
卷烟制造	3	701.75	126.09	775.75	4801
纺织业	408	1944.76	1122.05	2097.72	272117
棉纺织及印染精加工	185	648.84	335.90	881.72	113851
毛纺织及染整精加工	40	575.93	395.85	416.36	38794
麻纺织及染整精加工	6	20.03	12.12	16.78	3849
丝绢纺织及印染精加工	6	27.02	19.90	32.74	6443
化纤织造及印染精加工	67	271.05	177.69	224.92	43604
针织或钩针编织物及其制品制造	23	67.58	36.04	80.47	13375
家用纺织制成品制造	47	197.24	85.32	267.51	32906
产业用纺织制成品制造	34	137.07	59.23	177.22	19295

1-A-2 续表 1

行　业	企业单位数（个）	资产总计（亿元）	负债合计（亿元）	营业收入（亿元）	从业人员（人）
纺织服装、服饰业	421	1522.92	887.60	1790.39	319378
机织服装制造	287	1264.10	745.23	1397.61	215917
针织或钩针编织服装制造	83	187.13	96.93	275.98	60988
服饰制造	51	71.69	45.43	116.80	42473
皮革、毛皮、羽毛及其制品和制鞋业	69	103.93	51.62	196.05	38187
皮革鞣制加工	3	8.29	7.00	3.85	1263
皮革制品制造	17	30.56	18.55	54.44	10686
羽毛（绒）加工及制品制造	7	7.98	4.77	22.48	3174
制鞋业	41	54.99	19.99	112.78	22678
木材加工和木、竹、藤、棕、草制品业	36	170.71	93.49	202.21	18313
人造板制造	19	56.88	26.38	82.47	8684
木质制品制造	16	96.91	54.25	98.43	9209
家具制造业	54	157.27	79.60	163.91	33967
木质家具制造	28	71.08	27.02	68.94	15622
金属家具制造	6	13.58	7.99	18.14	3241
其他家具制造	19	71.82	44.15	75.76	14679
造纸和纸制品业	49	1348.51	700.00	855.72	38584
造纸	32	1241.69	632.67	724.98	29523
纸制品制造	17	106.82	67.33	130.74	9061
印刷和记录媒介复制业	56	229.83	109.07	232.45	36064
印刷	56	229.83	109.07	232.45	36064
文教、工美、体育和娱乐用品制造业	148	417.52	214.88	697.31	102290
文教办公用品制造	12	49.89	21.50	53.80	8075
乐器制造	2				
工艺美术及礼仪用品制造	75	194.21	99.94	389.01	49997
体育用品制造	23	39.14	18.22	63.20	10382
玩具制造	27	72.14	38.07	120.57	21170
游艺器材及娱乐用品制造	9	60.42	35.83	68.43	12044
石油、煤炭及其他燃料加工业	24	792.46	486.06	1801.00	19853
精炼石油产品制造	14	534.43	322.50	1607.30	12689
煤炭加工	10	258.03	163.56	193.71	7164
化学原料和化学制品制造业	305	5755.38	2740.10	6348.44	210692
基础化学原料制造	87	1959.09	820.16	2349.79	67620
肥料制造	10	147.06	111.95	107.05	6832
农药制造	44	929.21	472.25	724.20	35921
涂料、油墨、颜料及类似产品制造	47	322.09	147.73	351.08	23959
合成材料制造	46	1276.20	708.00	1714.24	34223
专用化学产品制造	48	954.67	398.12	879.45	29496
日用化学产品制造	23	167.06	81.90	222.62	12641

1-A-2　续表 2

行　业	企业单位数（个）	资产总计（亿元）	负债合计（亿元）	营业收入（亿元）	从业人员（人）
医药制造业	137	2388.37	844.16	2656.77	140132
化学药品原料药制造	38	283.27	139.77	208.85	20588
化学药品制剂制造	48	1505.36	467.73	1888.41	73368
中药饮片加工	5	180.70	83.90	166.19	10335
中成药生产	12	188.13	77.92	206.39	13277
兽用药品制造	4	13.35	3.18	22.58	2167
生物药品制品制造	13	157.84	49.96	112.11	12347
卫生材料及医药用品制造	15	52.10	19.65	44.41	7038
药用辅料及包装材料	2				
化学纤维制造业	88	1821.81	1065.68	2105.72	98759
纤维素纤维原料及纤维制造	29	828.66	487.97	927.68	36347
合成纤维制造	56	946.02	551.58	1151.31	60054
生物基材料制造	3	47.13	26.13	26.73	2358
橡胶和塑料制品业	232	1343.56	515.90	1266.69	162353
橡胶制品业	66	601.62	202.48	487.75	56476
塑料制品业	166	741.93	313.42	778.94	105877
非金属矿物制品业	156	1280.52	658.13	1132.05	96396
水泥、石灰和石膏制造	17	357.87	215.95	307.47	10454
石膏、水泥制品及类似制品制造	26	260.44	150.29	261.18	17683
砖瓦、石材等建筑材料制造	9	35.57	19.01	49.97	5154
玻璃制造	11	90.93	39.67	59.11	9261
玻璃制品制造	39	138.40	82.92	108.29	18522
玻璃纤维和玻璃纤维增强塑料制品制造	12	167.11	62.40	139.25	12658
陶瓷制品制造	14	70.82	23.10	58.23	9221
耐火材料制品制造	13	66.57	22.04	70.20	7648
石墨及其他非金属矿物制品制造	15	92.79	42.77	78.38	5795
黑色金属冶炼和压延加工业	110	5469.08	3171.00	8065.95	180743
炼铁	9	62.20	60.88	184.85	2933
炼钢	14	1037.84	571.96	1494.30	27480
钢压延加工	85	4316.81	2523.80	6252.11	143797
铁合金冶炼	2				
有色金属冶炼和压延加工业	73	942.23	543.61	1284.91	51541
常用有色金属冶炼	9	129.16	77.54	344.49	7091
稀有稀土金属冶炼	2				
有色金属合金制造	20	448.63	280.40	502.88	19457
有色金属压延加工	42	357.06	182.29	403.78	23947
金属制品业	328	2152.29	1084.64	2663.02	204333
结构性金属制品制造	70	589.46	348.14	732.97	46132
金属工具制造	26	78.63	40.60	94.82	15246
集装箱及金属包装容器制造	36	306.98	167.49	393.53	27459
金属丝绳及其制品制造	24	243.93	93.82	281.97	17384

1-A-2 续表 3

行业	企业单位数（个）	资产总计（亿元）	负债合计（亿元）	营业收入（亿元）	从业人员（人）
建筑、安全用金属制品制造	24	74.61	37.08	88.21	11046
金属表面处理及热处理加工	33	72.52	39.07	97.68	16758
搪瓷制品制造	4	12.07	5.92	22.23	1633
金属制日用品制造	16	57.91	19.75	73.16	9414
铸造及其他金属制品制造	95	716.16	332.77	878.45	59261
通用设备制造业	528	4613.72	2275.94	4249.82	372281
锅炉及原动设备制造	69	943.17	445.86	576.68	50999
金属加工机械制造	64	545.85	336.22	410.55	37550
物料搬运设备制造	69	748.71	408.31	681.35	56308
泵、阀门、压缩机及类似机械制造	61	534.23	258.01	490.61	38490
轴承、齿轮和传动部件制造	81	755.21	347.06	677.92	60422
烘炉、风机、包装等设备制造	89	605.84	281.37	740.79	62193
文化、办公用机械制造	21	196.56	74.07	375.07	26372
通用零部件制造	60	197.55	85.69	207.49	31874
其他通用设备制造业	14	86.60	39.35	89.35	8073
专用设备制造业	353	4068.89	2234.98	3636.93	270043
采矿、冶金、建筑专用设备制造	56	1851.54	1185.99	1856.43	59367
化工、木材、非金属加工专用设备制造	79	446.25	181.49	345.84	53360
食品、饮料、烟草及饲料生产专用设备制造	9	86.33	56.35	93.82	7681
印刷、制药、日化及日用品生产专用设备制造	7	49.57	33.59	53.70	3698
纺织、服装和皮革加工专用设备制造	23	170.94	86.61	136.18	11805
电子和电工机械专用设备制造	21	285.02	124.81	142.02	18458
农、林、牧、渔专用机械制造	22	245.09	151.20	236.79	24465
医疗仪器设备及器械制造	88	524.70	179.14	375.45	58562
环保、邮政、社会公共服务及其他专用设备制造	48	409.45	235.79	396.70	32647
汽车制造业	429	5271.01	3012.41	5908.23	334643
汽车整车制造	27	1722.98	1201.53	2100.60	59023
汽车用发动机制造	3	124.94	50.79	191.24	4801
改装汽车制造	7	75.17	38.86	42.86	3879
电车制造	2				
汽车车身、挂车制造	4	41.55	29.63	35.05	2852
汽车零部件及配件制造	386	3300.80	1686.96	3529.80	262687
铁路、船舶、航空航天和其他运输设备制造业	155	2961.52	1707.78	2015.92	190523
铁路运输设备制造	24	497.46	264.00	355.12	30495
城市轨道交通设备制造	4	103.01	69.71	71.97	3012
船舶及相关装置制造	65	1675.98	952.45	1013.84	101407
航空、航天器及设备制造	11	216.18	123.34	128.84	11307
摩托车制造	20	274.20	184.88	220.56	21269
自行车和残疾人座车制造	17	77.12	39.55	89.29	12892
助动车制造	9	85.17	60.61	106.32	5636
非公路休闲车及零配件制造	5	32.40	13.25	29.99	4505

1-A-2　续表 4

行　业	企业单位数（个）	资产总计（亿元）	负债合计（亿元）	营业收入（亿元）	从业人员（人）
电气机械和器材制造业	698	9597.45	5213.04	9309.23	604186
电机制造	134	1135.17	597.30	1324.61	96786
输配电及控制设备制造	266	3907.81	2186.52	3075.42	211271
电线、电缆、光缆及电工器材制造	119	2229.85	1193.07	2366.36	105230
电池制造	63	955.16	546.88	892.79	76482
家用电力器具制造	71	1078.07	563.12	1385.53	82798
非电力家用器具制造	9	96.64	38.20	68.61	5829
照明器具制造	35	192.49	86.72	194.26	25455
计算机、通信和其他电子设备制造业	869	13349.11	6832.89	15143.27	1369088
计算机制造	117	1827.40	1004.22	3753.63	285518
通信设备制造	84	1821.76	1191.59	2391.20	172408
广播电视设备制造	33	345.82	126.69	280.01	31928
雷达及配套设备制造	5	255.58	133.32	131.19	8008
非专业视听设备制造	37	482.46	326.96	907.92	49246
智能消费设备制造	21	789.57	614.59	1065.98	96943
电子器件制造	219	4303.40	1948.13	3202.89	311273
电子元件及电子专用材料制造	332	3375.64	1400.95	3278.14	398958
其他电子设备制造	21	147.48	86.45	132.32	14806
仪器仪表制造业	148	1655.75	704.88	1320.96	95622
通用仪器仪表制造	92	1275.72	538.47	1013.20	63837
专用仪器仪表制造	35	257.67	118.81	204.31	20571
光学仪器制造	13	91.77	41.11	88.04	7949
衡器制造	5	22.68	5.05	10.60	1875
其他仪器仪表制造业	2				
其他制造业	13	89.58	27.95	75.84	11296
日用杂品制造	12	47.89	10.94	51.06	10228
废弃资源综合利用业	3	7.26	3.53	4.83	1192
非金属废料和碎屑加工处理	2				
金属制品、机械和设备修理业	8	14.12	9.55	11.67	4670
铁路、船舶、航空航天等运输设备修理	5	13.27	8.77	8.82	2942
电气设备修理	2				
电力、热力、燃气及水生产和供应业	**92**	**6950.05**	**4033.72**	**4676.65**	**95735**
电力、热力生产和供应业	45	5700.11	3273.37	4325.86	67469
电力生产	41	2674.35	1767.43	1152.23	29222
电力供应	4	3025.77	1505.94	3173.63	38247
燃气生产和供应业	14	242.12	124.05	199.33	7686
燃气生产和供应业	14	242.12	124.05	199.33	7686
水的生产和供应业	33	1007.82	636.29	151.46	20580
自来水生产和供应	31	945.95	585.94	142.49	19819
污水处理及其再生利用	2				

1-A-3 全部小微型工业企业主要经济指标

行 业	企业单位数（个）	资产总计（亿元）	负债合计（亿元）	营业收入（亿元）	从业人员（人）
总计	**512703**	**71456.96**	**38763.57**	**70406.08**	**9068281**
采矿业	**354**	**121.85**	**52.47**	**116.44**	**5588**
煤炭开采和洗选业	18	9.23	5.51	23.34	307
烟煤和无烟煤开采洗选	18	9.23	5.51	23.34	307
石油和天然气开采业	3	0.54	0.36	0.11	20
天然气开采	3	0.54	0.36	0.11	20
黑色金属矿采选业	47	22.39	10.73	48.47	978
铁矿采选	43	21.87	10.39	47.40	938
锰矿、铬矿采选	2				
其他黑色金属矿采选	2				
有色金属矿采选业	11	6.67	4.82	1.40	339
常用有色金属矿采选	9	6.65	4.82	1.39	337
稀有稀土金属矿采选	2				
非金属矿采选业	235	81.24	30.09	42.07	3740
土砂石开采	194	46.39	16.89	31.44	2531
化学矿开采	2				
采盐	14	27.37	9.41	9.03	676
石棉及其他非金属矿采选	25	4.29	1.24	0.93	241
开采专业及辅助性活动	22	0.80	0.60	0.42	98
煤炭开采和洗选专业及辅助性活动	4	0.51	0.39	0.24	34
石油和天然气开采专业及辅助性活动	10	0.16	0.17	0.07	36
其他开采专业及辅助性活动	8	0.12	0.05	0.11	28
其他采矿业	18	1.00	0.35	0.61	106
制造业	**507411**	**65019.99**	**34822.66**	**68393.66**	**8961527**
农副食品加工业	7407	1525.61	878.09	2433.74	158939
谷物磨制	1538	293.89	138.73	586.83	29875
饲料加工	992	305.39	186.80	543.72	29235
植物油加工	397	364.08	275.03	558.21	9866
制糖业	19	24.58	15.95	11.48	828
屠宰及肉类加工	1088	190.06	99.74	272.55	26005
水产品加工	1089	110.32	49.66	145.25	19025
蔬菜、菌类、水果和坚果加工	839	127.22	59.30	185.76	23896
其他农副食品加工	1445	110.07	52.87	129.95	20209
食品制造业	4683	721.23	388.17	488.26	86339
焙烤食品制造	947	60.39	25.86	54.13	16091
糖果、巧克力及蜜饯制造	182	28.65	42.70	20.45	4275
方便食品制造	705	67.07	30.04	63.36	13738
乳制品制造	95	54.36	39.18	34.57	3891
罐头食品制造	155	19.61	10.65	28.83	4445
调味品、发酵制品制造	559	67.89	29.14	53.07	9212
其他食品制造	2040	423.25	210.60	233.86	34687

1-A-3　续表 1

行　业	企业单位数（个）	资产总计（亿元）	负债合计（亿元）	营业收入（亿元）	从业人员（人）
酒、饮料和精制茶制造业	1803	342.05	183.07	237.41	29887
酒的制造	730	193.52	113.27	139.20	14657
饮料制造	741	130.68	60.92	81.20	12290
精制茶加工	332	17.85	8.89	17.01	2940
烟草制品业	8	15.48	4.17	4.37	1253
其他烟草制品制造	7	15.48	4.17	4.37	508
纺织业	41819	4247.89	2597.57	5464.53	829264
棉纺织及印染精加工	15105	1745.75	1096.69	2401.40	357719
毛纺织及染整精加工	1557	307.17	209.61	340.67	46865
麻纺织及染整精加工	168	27.66	14.45	38.37	5770
丝绢纺织及印染精加工	437	74.55	38.55	67.43	12446
化纤织造及印染精加工	6276	784.21	522.31	829.91	110717
针织或钩针编织物及其制品制造	5336	392.97	245.31	486.43	80883
家用纺织制成品制造	8512	499.62	263.68	837.46	140061
产业用纺织制成品制造	4428	415.98	206.99	462.87	74803
纺织服装、服饰业	27219	1669.93	913.16	2221.40	610382
机织服装制造	11293	877.59	478.04	1179.83	291206
针织或钩针编织服装制造	2824	232.82	141.53	339.64	84084
服饰制造	13102	559.53	293.57	701.93	235092
皮革、毛皮、羽毛及其制品和制鞋业	4557	349.50	186.78	529.76	106786
皮革鞣制加工	187	25.95	13.26	30.04	4551
皮革制品制造	1589	93.61	48.81	134.73	35035
毛皮鞣制及制品加工	227	10.41	7.41	11.55	3487
羽毛（绒）加工及制品制造	351	63.45	34.17	151.54	11099
制鞋业	2203	156.08	83.14	201.90	52614
木材加工和木、竹、藤、棕、草制品业	12962	973.07	487.11	1249.43	210751
木材加工	4985	171.98	61.96	342.14	62216
人造板制造	3097	421.95	184.99	590.59	89267
木质制品制造	4461	355.51	229.62	292.89	53618
竹、藤、棕、草等制品制造	419	23.63	10.54	23.82	5650
家具制造业	10493	460.63	213.01	492.61	125317
木质家具制造	8301	324.91	149.98	336.51	92821
竹、藤家具制造	36	1.50	0.94	3.73	853
金属家具制造	544	44.13	22.00	53.88	10558
塑料家具制造	28	2.32	1.51	2.46	674
其他家具制造	1584	87.76	38.58	96.04	20411
造纸和纸制品业	9588	747.29	429.80	969.61	129459
纸浆制造	18	13.35	8.36	5.88	368
造纸	2543	303.22	172.76	435.56	45119
纸制品制造	7027	430.72	248.67	528.17	83972

1-A-3 续表 2

行业	企业单位数（个）	资产总计（亿元）	负债合计（亿元）	营业收入（亿元）	从业人员（人）
印刷和记录媒介复制业	10874	872.47	457.29	917.90	164176
印刷	10058	835.15	440.91	885.49	155422
装订及印刷相关服务	780	27.62	13.34	27.32	7829
记录媒介复制	36	9.70	3.05	5.09	925
文教、工美、体育和娱乐用品制造业	16128	1096.37	555.59	1705.98	289415
文教办公用品制造	1546	101.94	46.69	149.18	24272
乐器制造	503	30.83	15.04	45.24	10029
工艺美术及礼仪用品制造	9282	612.91	329.65	922.08	145157
体育用品制造	1692	131.54	59.43	208.40	34860
玩具制造	2442	158.64	72.84	285.83	60825
游艺器材及娱乐用品制造	663	60.53	31.94	95.25	14272
石油、煤炭及其他燃料加工业	706	274.09	135.51	416.64	13612
精炼石油产品制造	346	206.54	97.10	336.82	8547
煤炭加工	100	41.07	25.45	47.89	2035
生物质燃料加工	256	26.42	12.94	31.89	3006
化学原料和化学制品制造业	9485	5476.60	2644.56	5864.73	308376
基础化学原料制造	1780	1725.36	826.33	1923.72	80684
肥料制造	628	104.65	57.69	96.70	10688
农药制造	204	209.94	104.39	254.55	14154
涂料、油墨、颜料及类似产品制造	1776	622.46	284.40	620.95	50126
合成材料制造	1354	1124.43	594.02	1393.75	50052
专用化学产品制造	2826	1449.82	657.31	1408.62	80890
炸药、火工及焰火产品制造	21	6.81	2.52	5.50	1122
日用化学产品制造	896	233.11	117.90	160.93	20660
医药制造业	2265	1265.11	618.69	865.53	90905
化学药品原料药制造	360	279.31	138.94	229.84	19784
化学药品制剂制造	239	445.42	239.16	202.82	17569
中药饮片加工	119	46.17	22.56	37.81	4386
中成药生产	106	43.22	18.61	58.70	3913
兽用药品制造	117	57.70	25.47	45.28	5110
生物药品制品制造	480	255.41	111.23	123.64	15035
卫生材料及医药用品制造	767	123.48	55.91	141.33	22431
药用辅料及包装材料	77	14.42	6.80	26.12	2677
化学纤维制造业	2404	665.80	440.52	900.19	68465
纤维素纤维原料及纤维制造	212	78.74	49.16	103.06	9506
合成纤维制造	2091	554.73	374.38	771.51	56157
生物基材料制造	101	32.34	16.98	25.62	2802
橡胶和塑料制品业	28454	2976.32	1540.40	3119.12	482758
橡胶制品业	4604	498.50	263.80	499.03	89008
塑料制品业	23850	2477.81	1276.60	2620.09	393750

1-A-3　续表 3

行　业	企业单位数（个）	资产总计（亿元）	负债合计（亿元）	营业收入（亿元）	从业人员（人）
非金属矿物制品业	24026	4099.49	2330.63	3905.65	431472
水泥、石灰和石膏制造	826	353.65	214.08	445.57	19873
石膏、水泥制品及类似制品制造	5564	1502.84	966.62	1565.06	122145
砖瓦、石材等建筑材料制造	6638	730.72	376.57	551.40	86261
玻璃制造	757	176.00	109.42	115.78	17622
玻璃制品制造	2370	257.57	131.89	278.88	52287
玻璃纤维和玻璃纤维增强塑料制品制造	1222	189.67	94.90	234.34	29998
陶瓷制品制造	2108	235.56	146.55	124.68	28915
耐火材料制品制造	1513	216.65	100.32	194.03	28105
石墨及其他非金属矿物制品制造	3028	436.82	190.28	395.91	46266
黑色金属冶炼和压延加工业	4000	1359.66	731.65	1586.68	92526
炼铁	26	3.46	1.58	9.89	419
炼钢	35	21.91	10.54	26.51	655
钢压延加工	3781	1125.46	697.01	1494.83	87699
铁合金冶炼	158	208.83	22.52	55.45	3753
有色金属冶炼和压延加工业	4688	1460.09	919.24	3257.77	115508
常用有色金属冶炼	336	119.92	81.27	186.64	6705
贵金属冶炼	15	6.17	3.11	28.43	226
稀有稀土金属冶炼	67	45.25	28.05	53.61	3512
有色金属合金制造	1178	328.91	201.32	445.01	25396
有色金属压延加工	3092	959.83	605.49	2544.07	79669
金属制品业	53623	5036.73	2770.93	5487.63	808397
结构性金属制品制造	19119	1650.49	924.44	1735.10	250303
金属工具制造	6532	384.30	204.94	393.00	83259
集装箱及金属包装容器制造	1462	328.40	172.46	267.72	34496
金属丝绳及其制品制造	2096	400.31	216.24	555.12	43589
建筑、安全用金属制品制造	5046	409.67	229.00	402.12	68323
金属表面处理及热处理加工	2675	303.42	182.95	315.73	58198
搪瓷制品制造	114	12.70	5.92	12.44	2658
金属制日用品制造	1657	145.06	64.99	149.15	25284
铸造及其他金属制品制造	14922	1402.37	770.02	1657.26	242287
通用设备制造业	80451	6876.68	3444.06	6843.53	1127821
锅炉及原动设备制造	1759	599.27	253.18	357.18	47341
金属加工机械制造	11037	937.06	478.38	965.08	155688
物料搬运设备制造	2771	662.39	327.86	569.50	71000
泵、阀门、压缩机及类似机械制造	8158	943.60	439.44	1057.78	147555
轴承、齿轮和传动部件制造	3397	524.30	267.15	518.40	78890
烘炉、风机、包装等设备制造	7312	871.96	435.93	952.92	127868
文化、办公用机械制造	396	95.35	38.46	125.97	12240
通用零部件制造	35178	1715.56	919.45	1809.81	384762
其他通用设备制造业	10443	527.19	284.20	486.88	102477

1-A-3 续表 4

行 业	企业单位数（个）	资产总计（亿元）	负债合计（亿元）	营业收入（亿元）	从业人员（人）
专用设备制造业	53266	5994.37	3072.92	4851.69	810003
采矿、冶金、建筑专用设备制造	5145	1010.02	477.37	831.53	101017
化工、木材、非金属加工专用设备制造	14932	1100.35	632.59	1032.36	213987
食品、饮料、烟草及饲料生产专用设备制造	1170	115.82	62.71	98.39	19647
印刷、制药、日化及日用品生产专用设备制造	1720	172.06	86.78	159.55	26199
纺织、服装和皮革加工专用设备制造	3913	382.19	208.42	405.08	63467
电子和电工机械专用设备制造	2659	362.39	174.16	298.61	44566
农、林、牧、渔专用机械制造	2007	151.04	87.13	135.81	25884
医疗仪器设备及器械制造	3383	632.52	270.47	416.06	85524
环保、邮政、社会公共服务及其他专用设备制造	18337	2068.00	1073.28	1474.28	229712
汽车制造业	13629	2905.32	1671.29	2413.24	331542
汽车整车制造	137	178.55	133.54	60.49	4512
汽车用发动机制造	51	37.38	20.28	24.23	1756
改装汽车制造	86	62.72	47.00	58.88	3781
低速汽车制造	3	0.04	0.04	0.02	25
电车制造	43	24.16	15.87	18.39	1981
汽车车身、挂车制造	261	37.86	17.92	18.89	4561
汽车零部件及配件制造	13048	2564.60	1436.65	2232.35	314926
铁路、船舶、航空航天和其他运输设备制造业	7307	1337.95	767.65	1010.12	151818
铁路运输设备制造	578	194.55	100.83	168.17	18754
城市轨道交通设备制造	115	92.18	43.00	29.86	2931
船舶及相关装置制造	3135	594.81	371.15	414.45	60134
航空、航天器及设备制造	215	120.97	57.67	58.86	6844
摩托车制造	656	90.13	53.87	92.33	16475
自行车和残疾人座车制造	429	79.09	46.53	61.26	12580
助动车制造	1780	121.98	73.01	136.47	24876
非公路休闲车及零配件制造	137	29.91	16.21	29.66	5086
潜水救捞及其他未列明运输设备制造	262	14.33	5.38	19.06	4138
电气机械和器材制造业	33757	6443.09	3478.83	6054.61	669184
电机制造	3160	776.23	401.81	826.38	88366
输配电及控制设备制造	12980	2813.48	1537.25	2410.86	275793
电线、电缆、光缆及电工器材制造	4611	1306.74	702.66	1540.52	107135
电池制造	830	531.40	304.47	286.03	24806
家用电力器具制造	1940	272.98	155.13	321.88	45496
非电力家用器具制造	633	127.71	80.95	71.35	10466
照明器具制造	5867	397.11	192.97	402.33	76202
其他电气机械及器材制造	3736	217.44	103.60	195.28	40920
计算机、通信和其他电子设备制造业	19954	3697.50	1941.32	3078.72	416427
计算机制造	926	267.54	121.90	259.39	26314
通信设备制造	1299	386.46	215.42	253.56	29572
广播电视设备制造	430	114.43	57.99	104.14	15010

1-A-3　续表 5

行　　业	企业单位数（个）	资产总计（亿元）	负债合计（亿元）	营业收入（亿元）	从业人员（人）
雷达及配套设备制造	34	7.46	5.40	4.09	907
非专业视听设备制造	338	167.30	113.73	167.08	11222
智能消费设备制造	863	120.65	62.34	111.23	13120
电子器件制造	2386	974.76	507.47	704.08	74897
电子元件及电子专用材料制造	11016	1444.25	747.63	1280.48	211422
其他电子设备制造	2662	214.64	109.44	194.67	33963
仪器仪表制造业	9504	1430.10	660.57	1307.61	163069
通用仪器仪表制造	7074	1054.14	489.86	907.75	113928
专用仪器仪表制造	1154	247.04	110.81	249.92	26573
钟表与计时仪器制造	57	2.36	1.62	1.99	778
光学仪器制造	513	73.26	33.87	90.40	12147
衡器制造	168	15.56	7.20	15.81	3293
其他仪器仪表制造业	538	37.74	17.22	41.74	6350
其他制造业	6198	309.48	146.74	339.56	77953
日用杂品制造	1738	104.42	49.14	150.10	33110
其他未列明制造业	4448	203.72	97.20	188.48	44642
废弃资源综合利用业	1456	263.34	138.89	246.02	20452
金属废料和碎屑加工处理	589	142.37	80.05	162.88	8873
非金属废料和碎屑加工处理	867	120.97	58.84	83.14	11579
金属制品、机械和设备修理业	4697	126.75	74.45	129.56	39271
金属制品修理	75	3.36	2.05	3.09	625
通用设备修理	772	14.44	8.43	16.61	4972
专用设备修理	627	17.78	8.35	14.07	4512
铁路、船舶、航空航天等运输设备修理	1023	49.47	31.62	47.47	15212
电气设备修理	399	9.40	5.34	11.00	3124
仪器仪表修理	89	1.64	0.80	2.23	458
其他机械和设备修理业	1712	30.65	17.86	35.11	10368
电力、热力、燃气及水生产和供应业	**4938**	**6315.13**	**3888.43**	**1895.98**	**101166**
电力、热力生产和供应业	2533	3578.76	2078.43	1124.49	48628
电力生产	1914	3285.43	1927.03	985.18	38728
电力供应	342	55.75	13.58	18.45	2927
热力生产和供应	277	237.58	137.82	120.86	6973
燃气生产和供应业	421	568.44	267.89	546.08	13271
燃气生产和供应业	392	558.25	262.22	537.64	12535
生物质燃气生产和供应业	29	10.20	5.67	8.43	736
水的生产和供应业	1984	2167.92	1542.13	225.41	39267
自来水生产和供应	916	1034.26	746.70	105.33	21723
污水处理及其再生利用	1012	1094.50	761.81	115.35	16621
海水淡化处理	2				
其他水的处理、利用与分配	54	38.81	33.43	4.30	851

1-A-4 分登记注册类型规模以上

分组	企业单位数（个）	资产总计	固定资产净额	固定资产原价	累计折旧	流动资产合计	应收账款
总计	**46290**	**120421.03**	**32931.02**	**64829.88**	**31206.29**	**67729.05**	**22408.93**
一、按登记注册类型分组：							
内资企业	37118	79768.40	21890.63	41221.47	18868.70	43389.28	13470.81
国有企业	48	659.00	183.88	293.71	108.41	383.87	131.31
集体企业	129	113.11	18.49	45.20	26.46	76.59	25.94
股份合作企业	60	61.05	13.37	30.48	17.02	38.80	16.22
联营企业	7	5.79	1.42	3.21	1.77	4.04	0.39
有限责任公司	4842	28473.72	10438.91	19498.47	8870.30	13371.44	3833.13
国有独资公司	241	8381.48	4146.59	8375.76	4172.88	2976.45	750.04
其他有限责任公司	4601	20092.24	6292.31	11122.71	4697.42	10395.00	3083.09
股份有限公司	1134	12009.95	2071.70	4136.77	2048.34	6611.24	1789.27
私营企业	30895	38445.36	9162.65	17213.35	7796.37	22903.11	7674.51
私营独资企业	1389	485.60	145.07	284.54	133.54	289.72	123.32
私营合伙企业	98	37.78	12.04	23.18	10.94	15.65	6.95
私营有限责任公司	28506	34183.73	8400.29	15811.82	7169.18	20475.74	6909.02
私营股份有限公司	902	3738.25	605.25	1093.81	482.71	2122.00	635.22
其他企业	3	0.44	0.21	0.28	0.03	0.19	0.03
港、澳、台商投资企业	3027	14018.48	3718.35	7643.25	3861.87	8236.94	3048.48
合资经营企业（港或澳、台资）	992	4813.33	1318.26	2790.01	1436.34	2532.17	711.05
合作经营企业（港或澳、台资）	29	174.94	84.19	175.48	91.27	71.20	19.76
港澳台商独资经营企业	1937	8341.25	2216.78	4484.63	2241.28	5266.69	2211.75
港澳台商投资股份有限公司	57	677.40	96.95	188.38	91.15	359.69	103.76
其他港澳台商投资企业	12	11.56	2.18	4.75	1.82	7.19	2.16
外商投资企业	6145	26634.15	7322.05	15965.17	8475.72	16102.83	5889.64
中外合资经营企业	1638	8275.02	2420.15	5151.44	2670.20	4733.33	1365.65
中外合作经营企业	52	209.81	49.01	108.09	58.23	118.19	27.90
外资企业	4365	17091.43	4677.08	10257.24	5478.60	10676.98	4332.74
外商投资股份有限公司	65	1008.41	162.70	415.83	252.52	543.44	154.26
其他外商投资企业	25	49.47	13.11	32.56	16.16	30.89	9.08
二、在总计中：国有控股企业	1128	23117.53	9416.97	18343.36	8768.27	9757.35	2454.50
在总计中：大型企业	1056	49911.85	14308.64	29823.48	15285.79	26671.49	8167.50
中型企业	4985	29070.00	7744.32	15132.19	7212.26	16478.17	5511.86
小微型企业	40249	41439.17	10878.07	19874.21	8708.24	24579.39	8729.57

工业企业主要经济指标

单位：亿元

存货	#产成品	负债合计	流动负债合计	#应付账款	所有者权益合计	实收资本	国家资本	集体资本
14688.77	**5658.48**	**63862.98**	**55247.20**	**16203.83**	**56557.98**	**28676.89**	**3371.33**	**554.72**
9468.61	3671.60	43875.43	37323.09	9534.71	35892.91	16293.40	2805.66	487.43
34.67	6.04	496.06	288.79	65.71	162.94	75.26	65.88	2.29
11.40	5.96	85.09	76.05	13.19	28.01	12.60	1.28	8.03
7.26	3.20	24.25	21.03	4.56	36.80	8.65		0.65
1.14	0.64	1.25	1.09	0.49	4.53	0.46	0.04	0.12
2982.26	1043.51	16584.01	12887.32	3614.16	11889.70	6604.09	2356.11	252.18
652.69	228.10	4907.23	3788.66	987.75	3474.25	1852.17	801.31	27.21
2329.57	815.42	11676.78	9098.66	2626.41	8415.46	4751.92	1554.80	224.97
1339.53	453.54	5254.42	4712.77	1240.76	6755.52	2053.94	321.58	99.37
5092.31	2158.68	21430.27	19335.95	4595.83	17015.04	7538.29	60.77	124.79
59.73	27.27	269.88	255.36	57.02	215.71	82.77	0.32	0.04
3.40	1.79	18.45	17.51	2.98	19.33	6.16		
4579.47	1945.37	19496.84	17573.11	4144.59	14686.84	6730.02	59.97	112.79
449.72	184.25	1645.09	1489.98	391.24	2093.16	719.34	0.48	11.96
0.03	0.02	0.09	0.09		0.35	0.12		
1593.66	627.95	6922.16	6223.75	1977.06	7096.32	4040.35	145.29	35.76
510.58	211.22	2530.34	2256.95	572.04	2282.99	1202.81	135.36	26.28
15.65	5.77	62.35	55.48	15.61	112.59	61.07	2.95	
1003.92	383.57	4045.77	3653.04	1330.52	4295.48	2560.01	6.53	2.47
60.74	25.69	278.73	253.67	57.29	398.66	210.79	0.45	7.00
2.77	1.70	4.97	4.60	1.61	6.59	5.67		
3626.50	1358.93	13065.39	11700.35	4692.06	13568.75	8343.14	420.38	31.53
950.93	351.68	4285.49	3734.15	1152.36	3989.52	2473.02	402.10	20.36
43.64	19.34	80.01	72.16	22.83	129.80	30.31	3.15	0.10
2556.87	953.89	8252.08	7528.36	3416.90	8839.34	5521.98	12.82	9.49
68.03	30.56	429.14	350.09	94.72	579.27	282.10	2.31	1.58
7.03	3.46	18.66	15.60	5.25	30.82	35.73		
2243.76	605.68	13055.76	9771.01	2870.74	10061.77	5425.74	3082.17	72.83
5596.16	1987.47	26243.42	22406.16	7392.61	23668.43	10086.34	1742.63	183.69
3755.63	1502.74	14995.62	13116.45	3930.27	14074.38	7069.03	832.08	155.29
5336.98	2168.28	22623.94	19724.59	4880.96	18815.17	11521.52	796.62	215.75

1-A-4 续表

分组	法人资本	个人资本	港澳台资本	外商资本	营业收入	营业成本	销售费用
总计	**9747.84**	**5608.89**	**3007.61**	**6386.18**	**132053.81**	**111560.12**	**3800.38**
一、按登记注册类型分组：							
内资企业	7586.32	5293.03	48.20	72.44	86808.21	73244.40	2432.24
国有企业	7.02	0.07			182.67	146.13	5.71
集体企业	0.43	2.85			166.86	147.13	3.43
股份合作企业	3.99	4.02			69.02	58.33	2.09
联营企业	0.19	0.11			7.92	6.41	0.22
有限责任公司	3277.67	660.57	23.61	33.95	25904.75	21658.51	877.39
国有独资公司	1023.03	0.26		0.35	6879.52	6135.92	97.77
其他有限责任公司	2254.64	660.31	23.61	33.60	19025.23	15522.60	779.62
股份有限公司	966.73	635.09	13.87	17.30	8776.81	6782.08	393.67
私营企业	3330.28	3990.21	10.72	21.20	51698.03	44444.12	1149.63
私营独资企业	19.17	63.22			1101.59	976.80	16.98
私营合伙企业	3.24	2.91			80.48	70.17	1.32
私营有限责任公司	2968.35	3556.75	10.65	21.19	47889.55	41326.20	1026.31
私营股份有限公司	339.52	367.33	0.06		2626.42	2070.96	105.01
其他企业		0.12			2.14	1.68	0.10
港、澳、台商投资企业	622.27	129.46	2730.99	376.58	14876.83	12673.50	367.76
合资经营企业（港或澳、台资）	352.06	72.73	573.86	42.53	4495.08	3726.00	128.49
合作经营企业（港或澳、台资）	41.52	0.84	15.11	0.65	173.95	141.09	2.83
港澳台商独资经营企业	143.58	26.51	2082.74	298.17	9796.78	8470.66	224.93
港澳台商投资股份有限公司	84.55	29.38	56.14	33.26	400.41	327.22	10.90
其他港澳台商投资企业	0.56		3.14	1.97	10.61	8.53	0.61
外商投资企业	1539.25	186.39	228.42	5937.16	30368.77	25642.22	1000.38
中外合资经营企业	917.16	138.59	74.66	920.15	8715.80	7260.04	253.52
中外合作经营企业	9.67	1.29	0.11	15.99	244.48	201.80	16.76
外资企业	555.63	25.59	146.18	4772.27	20782.89	17774.17	644.42
外商投资股份有限公司	52.99	20.92	6.94	197.36	588.40	374.68	84.65
其他外商投资企业	3.80		0.53	31.40	37.21	31.54	1.03
二、在总计中：国有控股企业	1886.97	111.38	36.39	236.00	18823.08	15529.04	341.46
在总计中：大型企业	3664.54	891.77	1222.71	2381.01	53598.83	45279.78	1578.30
中型企业	2276.48	1187.81	863.58	1753.48	29554.43	24374.01	1007.62
小微型企业	3806.82	3529.31	921.32	2251.70	48900.55	41906.33	1214.46

单位：亿元

管理费用	财务费用			投资收益（损失以“-”号记）	营业利润	利润总额	亏损企业亏损额	平均用工人　数（人）
		利息收入	利息支出					
5890.64	**1034.12**	**191.21**	**1110.39**	**370.10**	**8834.42**	**8974.94**	**659.75**	**9521595**
3745.78	803.43	106.78	828.35	266.83	5724.33	5816.74	313.07	6056764
15.42	8.28	0.56	8.06	0.34	9.90	9.84	6.39	21538
5.45	1.77	0.50	2.19	0.19	8.70	9.30	0.30	15716
4.08	0.50	0.03	0.52	0.05	4.13	4.93	0.08	8161
0.53					0.72	0.75		901
1048.63	258.45	38.70	283.91	62.72	1534.63	1591.50	131.72	1315854
165.07	58.58	11.06	65.78	7.35	244.55	256.38	17.41	209792
883.56	199.87	27.64	218.13	55.38	1290.08	1335.12	114.31	1106062
550.05	80.50	25.01	103.63	137.20	854.84	867.79	28.70	547806
2121.52	453.89	41.99	430.01	66.32	3311.21	3332.43	145.87	4146543
30.36	7.13	0.19	5.91	0.16	64.43	64.04	0.42	107656
2.84	0.39		0.32		5.32	5.36	0.01	8780
1893.04	418.22	32.77	389.62	49.07	3013.19	3026.74	131.89	3780643
195.28	28.15	9.01	34.15	17.10	228.27	236.29	13.55	249464
0.10	0.05		0.03		0.20	0.20		245
656.86	73.26	39.22	115.50	34.77	1075.09	1088.16	105.31	1273477
205.85	44.82	9.84	50.35	16.34	385.15	374.33	27.16	310414
9.21	0.85	0.28	1.32	0.78	21.87	22.42	0.15	9161
416.47	24.38	27.30	58.31	9.57	627.38	648.23	76.08	920462
24.78	3.16	1.80	5.50	8.08	39.83	42.29	1.90	30757
0.55	0.04		0.03	0.01	0.86	0.89	0.03	2683
1488.00	157.44	45.21	166.53	68.50	2035.00	2070.04	241.37	2191354
424.04	62.85	20.32	68.44	42.50	700.28	715.55	88.66	504281
7.68	0.31	0.58	1.05	1.29	22.85	22.28	0.42	12600
1003.96	85.03	23.40	85.49	19.04	1229.12	1251.24	151.13	1623074
49.77	8.82	0.82	11.14	5.76	81.20	79.46	0.80	47134
2.55	0.42	0.10	0.41	-0.09	1.54	1.50	0.35	4265
681.84	182.37	35.39	204.42	81.27	1393.51	1442.55	96.44	662426
1977.05	333.33	114.29	424.29	238.36	3750.35	3763.72	166.35	3016421
1580.25	242.90	41.96	265.92	75.99	2287.66	2356.37	166.85	2579675
2333.33	457.89	34.95	420.18	55.74	2796.41	2854.84	326.55	3925499

1-A-5 规模以上高技术

行　业	企业单位数（个）	资产总计	固定资产净额	固定资产原价	累计折旧	流动资产合计
总计	**4870**	**25228.50**	**5873.38**	**11572.91**	**5616.96**	**15124.51**
医药制造业	645	3227.71	662.72	1146.61	468.58	1968.26
化学药品制造	316	2284.76	461.94	818.41	345.37	1418.85
中药饮片加工	39	218.08	44.12	60.18	15.97	124.69
中成药生产	34	222.76	37.52	65.75	25.01	127.04
兽用药品制造	37	60.10	15.44	28.96	13.50	30.29
生物药品制造	85	307.47	66.77	104.27	37.03	188.85
卫生材料及医药用品制造	114	117.66	31.01	57.29	25.90	69.15
药用辅料及包装材料	20	16.88	5.91	11.76	5.80	9.39
航空、航天器及设备制造业	47	282.58	59.44	122.83	58.14	171.40
飞机制造	19	91.58	23.14	44.53	21.23	51.60
航天器及运载火箭制造	3	3.41	0.66	1.61	0.92	1.98
航空、航天相关设备制造	18	173.22	31.38	69.58	33.14	108.59
其他航空航天器制造	5	11.52	3.12	5.67	2.55	7.66
航空航天器修理	2					
电子及通信设备制造业	2655	15795.99	4129.07	8197.39	4016.81	9099.34
电子工业专用设备制造	129	370.23	66.35	117.76	49.01	248.34
光纤、光缆及锂离子电池制造	197	1949.98	417.55	684.93	262.00	1095.07
通信设备、雷达及配套设备制造	225	2302.69	294.89	513.15	217.21	1689.15
广播电视设备制造	127	439.65	95.05	163.58	67.88	278.60
非专业视听设备制造	97	618.19	87.10	178.81	91.22	463.92
电子器件制造	635	4907.57	1848.85	3773.99	1906.64	2212.56
电子元件及电子专用材料制造	1076	4123.81	1097.76	2371.31	1251.93	2349.88
智能消费设备制造	65	857.31	160.71	292.62	131.33	625.04
其他电子设备制造	104	226.55	60.81	101.23	39.60	136.77
计算机及办公设备制造业	278	2117.24	373.83	874.86	497.93	1638.33
计算机整机制造	14	576.82	40.22	111.64	71.34	525.89
计算机零部件制造	130	890.53	240.93	497.12	254.91	600.66
计算机外围设备制造	73	341.89	46.61	124.90	77.67	279.55
工业控制计算机及系统制造	5	36.54	8.37	19.68	11.31	26.44
信息安全设备制造	1					
其他计算机制造	21	141.08	17.89	43.18	25.30	106.41
办公设备制造	34	129.25	19.80	78.24	57.33	98.27
医疗仪器设备及仪器仪表制造业	1197	3353.69	550.09	1066.79	510.01	2020.67
医疗仪器设备及器械制造	370	728.50	154.09	263.29	106.59	416.99
通用仪器仪表制造	580	2035.81	278.10	569.63	289.47	1234.46
专用仪器仪表制造	172	443.06	85.60	158.04	70.66	275.20
光学仪器制造	56	118.19	25.68	60.20	34.27	77.13
其他仪器仪表制造业	19	28.12	6.63	15.64	9.01	16.88
信息化学品制造业	48	451.30	98.23	164.43	65.48	226.52

工业企业主要经济指标

单位：亿元

应收账款	存货	#产成品	负债合计	流动负债合计	#应付账款	所有者权益合计	实收资本	国家资本	集体资本
6162.94	**3097.21**	**1117.74**	**12285.26**	**11055.14**	**4428.36**	**12943.23**	**6166.95**	**613.67**	**88.29**
574.34	448.83	195.75	1280.60	1127.46	248.12	1947.10	608.98	19.68	55.05
406.81	327.52	147.63	897.70	799.43	175.40	1387.06	424.95	9.19	42.80
40.32	23.79	15.37	103.27	95.04	10.83	114.81	18.61	3.44	4.08
50.84	28.71	5.93	91.40	65.65	25.64	131.36	36.11	4.46	0.53
5.64	7.71	2.85	20.21	16.84	3.69	39.89	16.11	0.79	0.04
42.81	43.72	16.85	113.56	100.05	20.24	193.92	77.21	1.34	7.00
24.34	15.13	6.20	48.62	44.77	10.89	69.04	30.97	0.45	0.60
3.58	2.24	0.93	5.86	5.67	1.42	11.02	5.02		
57.83	48.06	7.14	149.07	128.74	48.50	133.51	48.65	20.36	
18.14	18.00	2.22	40.43	34.41	11.15	51.16	18.56	4.60	
0.81	0.42	0.01	1.77	1.36	0.15	1.64	0.59		
35.89	26.31	4.27	102.77	89.00	35.41	70.45	27.29	15.77	
2.33	2.94	0.61	2.92	2.78	1.31	8.60	1.51		
3895.69	1841.96	708.02	8097.65	7202.60	2911.41	7698.34	4311.76	492.41	26.73
70.97	72.11	20.71	178.21	165.16	39.90	192.02	63.63	7.67	0.73
448.23	214.55	121.42	1065.44	901.65	329.48	884.54	554.87	45.08	6.61
727.54	382.64	122.98	1462.18	1384.80	732.34	840.52	282.99	35.23	0.23
135.93	52.89	23.78	173.71	167.16	59.03	265.94	81.83	2.94	0.46
206.41	120.14	44.51	433.29	420.12	239.71	184.90	115.16	0.15	2.52
891.23	426.47	160.34	2245.05	1809.25	642.64	2662.52	1846.86	359.87	3.38
1023.54	444.11	168.48	1761.91	1613.38	681.99	2361.89	1187.80	33.97	12.51
329.82	98.44	35.90	651.32	621.65	154.32	205.99	124.87	6.50	0.27
62.02	30.63	9.88	126.54	119.43	32.01	100.00	53.76	1.00	
929.76	318.16	76.75	1133.67	1122.16	742.23	983.57	420.49	0.60	1.18
302.36	104.94	20.04	377.11	376.26	328.27	199.71	38.49		
339.89	107.10	30.73	401.70	397.28	203.59	488.83	216.58	0.55	0.16
170.54	45.83	11.50	202.15	198.07	126.92	139.74	75.36	0.05	
10.70	7.83	1.92	22.21	22.13	10.53	14.33	15.36		
57.14	32.40	4.90	85.20	83.93	57.66	55.88	40.97		
48.85	19.37	7.56	44.94	44.14	15.00	84.31	33.19		1.02
623.44	418.59	121.22	1422.89	1288.80	441.48	1930.80	610.12	72.61	5.03
125.14	83.82	29.92	282.27	245.75	78.15	446.23	166.52	0.14	0.90
387.43	238.73	63.74	874.46	794.79	285.27	1161.35	335.59	67.56	1.95
83.70	73.34	21.18	199.82	186.24	52.74	243.25	79.08	1.63	1.52
22.22	18.58	5.08	55.39	51.55	22.81	62.80	23.70	3.28	0.66
4.95	4.12	1.30	10.95	10.47	2.51	17.17	5.22		
81.89	21.61	8.86	201.39	185.39	36.61	249.92	166.95	8.00	0.30

1-A-5 续表

行业					营业收入	营业成本
	法人资本	个人资本	港澳台资本	外商资本		
总计	**1567.60**	**763.01**	**1047.61**	**2086.78**	**26159.57**	**21629.56**
医药制造业	215.44	109.21	64.46	145.13	3423.76	1700.70
化学药品制造	157.53	40.47	39.55	135.41	2497.06	1119.76
中药饮片加工	4.45	6.62		0.03	199.61	98.08
中成药生产	12.19	18.69		0.24	262.70	160.50
兽用药品制造	7.68	3.21	4.10	0.29	62.82	50.73
生物药品制造	26.71	26.18	13.19	2.78	219.91	125.47
卫生材料及医药用品制造	6.01	12.38	7.57	3.96	151.68	121.36
药用辅料及包装材料	0.88	1.66	0.05	2.44	29.99	24.78
航空、航天器及设备制造业	13.04	2.70	2.93	9.61	179.62	149.05
飞机制造	4.80	0.86		8.31	47.43	38.28
航天器及运载火箭制造	0.29	0.30			2.65	2.15
航空、航天相关设备制造	7.42	0.55	2.25	1.30	114.71	96.18
其他航空航天器制造	0.43	0.41	0.67		12.32	10.58
航空航天器修理						
电子及通信设备制造业	1002.12	446.88	738.62	1605.01	15259.30	13426.39
电子工业专用设备制造	19.55	10.13	5.29	20.25	251.06	190.12
光纤、光缆及锂离子电池制造	155.87	153.34	33.94	160.04	1644.48	1425.36
通信设备、雷达及配套设备制造	99.24	28.60	26.84	92.85	2688.01	2445.38
广播电视设备制造	15.15	25.14	10.90	27.24	368.32	294.00
非专业视听设备制造	29.68	14.79	29.89	38.12	1062.32	971.18
电子器件制造	376.12	94.43	209.92	803.14	3794.14	3395.59
电子元件及电子专用材料制造	257.61	105.17	389.35	389.19	4074.60	3507.80
智能消费设备制造	36.35	7.79	14.35	59.62	1146.80	1008.09
其他电子设备制造	12.55	7.50	18.15	14.57	229.58	188.87
计算机及办公设备制造业	61.36	16.28	147.59	193.48	4178.94	3926.73
计算机整机制造	3.60		2.99	31.90	2175.88	2137.11
计算机零部件制造	20.72	6.59	103.25	85.30	858.35	724.20
计算机外围设备制造	14.77	3.43	18.08	39.03	638.17	599.10
工业控制计算机及系统制造	0.01	0.43	14.93		50.19	44.80
信息安全设备制造						
其他计算机制造	16.70	2.43	5.43	16.41	242.98	230.44
办公设备制造	5.56	3.39	2.91	20.30	210.24	188.30
医疗仪器设备及仪器仪表制造业	189.01	180.06	39.95	123.47	2845.97	2224.00
医疗仪器设备及器械制造	45.48	49.78	21.56	48.66	590.05	413.80
通用仪器仪表制造	115.74	89.71	13.20	47.43	1687.11	1355.31
专用仪器仪表制造	20.09	35.41	1.41	19.03	415.28	331.79
光学仪器制造	7.23	2.25	1.99	8.29	123.87	98.31
其他仪器仪表制造业	0.47	2.90	1.80	0.05	29.67	24.79
信息化学品制造业	86.63	7.88	54.06	10.08	271.98	202.69

单位：亿元

销售费用	管理费用	财务费用			投资收益（损失以"-"号记）	营业利润	利润总额	亏损企业亏损额	平均用工人数（人）
			利息收入	利息支出					
1289.24	**1445.92**	**132.76**	**51.61**	**162.35**	**96.18**	**1730.59**	**1783.53**	**183.88**	**2280610**
926.01	355.64	8.73	2.22	15.54	18.62	441.69	447.34	17.38	218581
762.41	287.06	4.87	0.10	9.56	11.43	330.55	332.04	15.66	140465
58.09	9.54	0.57	0.49	0.89	5.17	36.81	38.39		13153
56.28	18.98	1.23	0.04	1.12	1.72	25.72	26.44	0.23	16467
3.54	4.73	0.21	0.07	0.33	0.28	3.53	3.64	0.35	6160
38.68	23.20	0.30	1.45	2.20	0.20	31.13	32.21	0.75	20285
5.94	10.39	1.26	0.06	1.20	0.02	11.57	12.23	0.35	19304
1.07	1.74	0.29		0.24	-0.21	2.37	2.39	0.03	2747
1.94	13.62	0.98	0.59	1.30	-0.31	13.52	13.74	0.36	15790
0.69	3.95	0.72	0.05	0.47	0.11	3.83	3.82	0.35	5143
0.06	0.32	0.01		0.02		0.10	0.15		457
1.01	8.71	0.18	0.53	0.73	-0.12	8.25	8.38	0.01	9443
0.12	0.46			0.01	-0.31	1.12	1.15		535
208.69	741.42	112.20	39.65	116.24	42.07	812.30	835.79	150.56	1429672
8.25	23.29	1.64	0.15	1.69	0.42	26.56	26.50	2.45	27761
24.31	65.54	18.54	3.93	14.76	9.68	117.79	117.89	16.51	94504
24.04	103.00	16.65	4.47	14.23	6.32	111.81	115.44	7.08	203327
11.06	27.30	2.07	1.01	2.90	0.80	32.56	34.59	3.33	50520
9.78	42.63	5.15	8.17	10.62	0.26	33.30	36.97	5.80	63281
45.25	202.93	40.94	6.40	40.26	18.93	145.21	155.33	78.00	373730
59.89	207.57	22.74	11.71	26.72	3.12	265.94	269.37	32.39	498830
21.10	53.05	2.71	3.68	3.76	1.72	61.80	61.67	3.42	92769
4.99	16.10	1.74	0.13	1.29	0.82	17.32	18.03	1.58	24950
27.50	100.75	-5.69	3.60	5.93	4.23	127.01	140.93	8.57	358850
3.17	21.84	1.85	1.47	0.91	0.92	12.03	12.49	0.74	91565
10.79	48.11	-6.40	0.72	2.96	2.40	80.63	92.96	4.50	190438
7.35	13.31	-1.15	0.54	1.14	0.34	18.47	18.67	1.95	37073
0.22	3.18	0.11	0.23	0.38	-0.01	1.67	1.70	0.06	4874
2.52	6.63	1.13	0.15	0.42	0.23	1.91	2.25	1.28	16982
3.43	7.43	-1.25	0.49	0.11	0.34	12.24	12.81	0.05	17538
118.93	216.03	11.67	4.02	16.89	30.28	297.53	307.14	5.92	244180
35.79	63.36	1.71	0.48	3.66	4.61	77.48	79.85	2.51	79159
64.06	107.79	7.06	2.49	9.32	24.47	175.07	180.66	1.78	113428
16.31	34.29	2.53	0.73	3.19	0.72	28.54	29.80	1.05	36015
1.86	8.82	0.18	0.30	0.51	0.45	14.39	14.51	0.42	13121
0.91	1.77	0.18	0.01	0.20	0.02	2.04	2.32	0.16	2457
6.16	18.46	4.87	1.53	6.46	1.30	38.54	38.58	1.09	13537

1-A-6 规模以上工业

行业	企业单位数（个）	资产总计	固定资产净额	固定资产原价	累计折旧	流动资产合计
总计	**46290**	**120421.03**	**32931.02**	**64829.88**	**31206.29**	**67729.05**
采矿业	**44**	**925.86**	**350.28**	**948.96**	**581.62**	**266.77**
煤炭开采和洗选业	6	666.18	236.93	467.66	215.18	205.88
烟煤和无烟煤开采洗选	6	666.18	236.93	467.66	215.18	205.88
石油和天然气开采业	2					
石油开采	2					
黑色金属矿采选业	6	21.73	8.79	12.13	3.34	10.10
铁矿采选	5	21.51	8.74	12.06	3.32	10.00
有色金属矿采选业	3	7.93	3.07	6.77	3.41	2.16
常用有色金属矿采选	3	7.93	3.07	6.77	3.41	2.16
非金属矿采选业	27	102.80	36.19	69.92	32.50	38.13
土砂石开采	18	29.92	4.69	12.58	6.66	12.05
采盐	8	70.75	31.43	57.12	25.69	24.82
制造业	**45565**	**108754.07**	**25833.59**	**51370.73**	**24909.15**	**65211.62**
农副食品加工业	1326	1691.58	434.79	754.45	307.18	1028.61
谷物磨制	422	235.20	77.76	141.02	59.89	128.21
饲料加工	259	290.37	70.63	120.58	49.03	170.46
植物油加工	85	592.53	96.83	183.83	85.40	454.72
制糖业	3	18.92	4.96	7.31	2.35	8.97
屠宰及肉类加工	207	257.75	82.95	129.77	42.41	118.34
水产品加工	121	85.32	22.34	35.80	12.98	45.24
蔬菜、菌类、水果和坚果加工	153	117.14	42.05	69.15	25.71	57.45
其他农副食品加工	76	94.35	37.25	66.99	29.42	45.20
食品制造业	424	749.07	207.88	373.35	149.84	386.55
焙烤食品制造	55	88.92	28.36	56.49	27.70	48.52
糖果、巧克力及蜜饯制造	21	69.59	13.57	22.47	8.81	36.67
方便食品制造	67	97.25	29.31	52.10	20.95	44.43
乳制品制造	30	107.95	36.40	76.33	27.65	52.27
罐头食品制造	29	18.04	5.23	9.95	4.58	11.07
调味品、发酵制品制造	45	68.72	23.93	37.23	12.63	34.82
其他食品制造	177	298.60	71.08	118.78	47.53	158.76
酒、饮料和精制茶制造业	153	1179.67	260.10	604.23	340.86	707.75
酒的制造	83	773.03	165.65	405.47	237.88	483.49
饮料制造	62	401.69	93.46	196.82	102.07	220.99
精制茶加工	8	4.95	1.00	1.95	0.91	3.26
烟草制品业	6	733.66	93.99	171.75	77.76	587.80
卷烟制造	3	701.75	81.44	150.75	69.31	571.38
其他烟草制品制造	3	31.91	12.55	21.00	8.45	16.43

企业主要经济指标

单位：亿元

应收账款	存货	#产成品	负债合计	流动负债合计	#应付账款	所有者权益合计	实收资本	国家资本	集体资本
22408.93	**14688.77**	**5658.48**	**63862.98**	**55247.20**	**16203.83**	**56557.98**	**28676.89**	**3371.33**	**554.72**
38.73	**34.83**	**14.38**	**586.97**	**374.18**	**71.65**	**338.88**	**161.48**	**129.70**	**1.69**
27.54	22.96	8.47	403.80	214.78	58.09	262.38	59.60	45.11	0.58
27.54	22.96	8.47	403.80	214.78	58.09	262.38	59.60	45.11	0.58
2.73	2.29	1.94	15.95	13.29	6.31	5.78	3.87	0.82	
2.69	2.27	1.94	15.83	13.17	6.24	5.68	3.80	0.82	
0.18	0.49	0.29	5.43	3.39	0.18	2.50	0.76	0.45	0.11
0.18	0.49	0.29	5.43	3.39	0.18	2.50	0.76	0.45	0.11
7.06	7.51	3.25	48.93	44.25	5.45	53.87	21.11	7.18	1.00
2.96	1.16	0.71	13.34	10.62	1.97	16.58	9.14		1.00
3.51	6.33	2.51	34.48	32.53	3.45	36.27	11.66	7.18	
22034.08	**14517.99**	**5636.65**	**56956.03**	**51004.51**	**15319.90**	**51797.97**	**25679.26**	**2270.03**	**485.63**
181.26	313.44	125.42	994.63	902.85	143.63	696.95	367.36	21.96	2.49
28.37	45.33	15.24	109.33	96.87	14.09	125.87	48.65	3.34	0.27
36.13	39.91	11.90	184.78	170.33	-0.64	105.59	62.79	4.05	1.46
44.33	144.31	60.73	409.37	390.83	89.25	183.16	97.00	8.74	
1.52	2.07	1.02	12.50	11.07	1.52	6.41	1.46		
37.96	30.61	15.25	141.68	112.91	17.24	116.07	78.46	4.01	0.68
6.94	17.89	5.88	38.63	34.16	5.00	46.69	16.95	0.09	0.08
13.81	21.07	10.70	57.84	52.03	10.11	59.31	24.69	0.46	
12.21	12.24	4.71	40.51	34.67	7.05	53.85	37.36	1.28	0.01
96.47	83.23	34.89	350.56	321.87	77.14	398.51	215.64	15.61	10.40
10.15	5.90	1.55	34.27	32.62	3.95	54.65	27.12		0.07
4.04	4.79	2.18	19.62	18.86	3.24	49.97	8.67		1.05
12.65	12.44	3.88	46.75	44.14	15.77	50.50	33.52	1.00	7.02
10.21	5.58	1.40	70.47	61.34	14.11	37.48	42.38		0.70
2.47	5.02	2.77	13.44	12.80	2.15	4.60	3.92	0.46	0.10
12.41	5.63	1.57	22.23	19.55	5.32	46.50	19.27	7.85	
44.53	43.87	21.55	143.78	132.57	32.61	154.82	80.76	6.31	1.46
59.27	273.83	48.97	423.09	379.20	57.24	756.59	219.22	12.60	1.45
17.97	224.30	33.13	267.81	256.47	29.43	505.22	99.83	9.82	
40.68	48.35	15.27	153.41	121.17	27.30	248.28	118.54	2.77	1.45
0.62	1.18	0.57	1.87	1.56	0.51	3.08	0.86		
16.90	284.32	17.26	131.27	131.13	44.74	602.39	22.52	22.52	
14.05	281.17	15.97	126.09	125.94	42.98	575.67	9.69	9.69	
2.86	3.15	1.29	5.19	5.19	1.76	26.72	12.83	12.83	

1-A-6 续表 1

行业	企业单位数（个）	资产总计	固定资产净额	固定资产原价	累计折旧	流动资产合计
纺织业	4310	4075.38	1077.22	2200.67	1096.62	2484.58
棉纺织及印染精加工	2085	1632.61	482.52	1020.60	524.92	953.20
毛纺织及染整精加工	257	757.67	105.44	240.59	133.31	553.80
麻纺织及染整精加工	35	39.61	8.95	22.84	13.77	26.45
丝绢纺织及印染精加工	85	69.56	13.65	32.08	16.86	37.59
化纤织造及印染精加工	628	630.80	194.32	356.16	161.30	363.49
针织或钩针编织物及其制品制造	285	201.43	57.95	115.72	57.00	119.01
家用纺织制成品制造	524	382.92	94.94	178.37	76.80	230.96
产业用纺织制成品制造	411	360.78	119.44	234.32	112.66	200.07
纺织服装、服饰业	1942	1999.63	427.17	792.19	356.62	1196.06
机织服装制造	1215	1539.98	313.58	574.68	255.36	898.16
针织或钩针编织服装制造	422	313.42	70.47	141.35	69.29	210.84
服饰制造	305	146.23	43.12	76.16	31.98	87.07
皮革、毛皮、羽毛及其制品和制鞋业	457	263.79	60.66	117.92	56.34	176.43
皮革鞣制加工	23	25.18	5.26	9.08	3.80	16.63
皮革制品制造	122	69.59	13.54	25.95	12.17	50.14
毛皮鞣制及制品加工	9	5.56	1.57	3.72	2.15	3.85
羽毛（绒）加工及制品制造	81	55.33	12.86	30.04	16.90	33.76
制鞋业	222	108.14	27.43	49.13	21.32	72.04
木材加工和木、竹、藤、棕、草制品业	965	603.64	154.07	272.78	111.31	350.69
木材加工	141	55.55	15.87	26.52	9.40	35.07
人造板制造	630	306.03	94.55	172.97	73.17	155.11
木质制品制造	186	231.89	41.12	69.81	27.80	153.28
竹、藤、棕、草等制品制造	8	10.17	2.54	3.48	0.94	7.23
家具制造业	319	302.09	81.53	122.29	39.55	173.83
木质家具制造	198	165.93	43.90	69.03	24.77	92.23
竹、藤家具制造	5	1.62	0.53	0.78	0.25	1.03
金属家具制造	48	38.37	9.69	14.55	4.84	25.42
塑料家具制造	3	1.26	0.37	0.52	0.14	0.89
其他家具制造	65	94.91	27.03	37.42	9.53	54.26
造纸和纸制品业	548	1743.49	508.19	1079.06	535.87	864.11
纸浆制造	2					
造纸	283	1433.57	417.14	913.75	464.32	675.62
纸制品制造	263	297.80	81.06	154.12	70.35	187.09
印刷和记录媒介复制业	633	665.78	187.04	404.35	211.24	389.36
印刷	618	652.24	183.16	392.11	204.11	381.43
装订及印刷相关服务	8	4.81	1.37	2.90	1.51	2.55
记录媒介复制	7	8.73	2.51	9.34	5.63	5.39

单位：亿元

应收账款	存货	#产成品	负债合计	流动负债合计	#应付账款	所有者权益合计	实收资本	国家资本	集体资本
679.65	699.63	321.66	2436.03	2274.57	404.64	1639.29	929.82	18.07	17.56
250.77	307.27	142.92	961.87	895.53	142.84	670.68	374.75	8.03	2.62
132.94	116.37	54.36	525.09	488.89	103.90	232.58	134.44	1.26	13.97
6.66	11.54	5.68	22.36	21.04	4.42	17.25	11.07		
6.65	14.90	7.78	41.43	39.77	3.45	28.14	9.04	0.01	0.13
85.44	110.81	53.70	414.56	400.08	35.64	216.25	138.87		0.55
38.22	31.48	13.96	117.25	109.02	25.63	84.18	46.26	0.30	0.07
81.37	58.68	22.90	188.35	175.26	45.48	194.57	90.55	0.44	0.19
77.60	48.58	20.36	165.14	144.97	43.29	195.64	124.85	8.03	0.02
304.70	326.63	150.41	1077.01	943.12	277.41	922.62	378.88	6.78	21.54
205.82	254.05	117.90	822.77	701.38	218.61	717.21	291.13	6.15	20.83
72.74	49.92	22.38	171.58	163.90	39.79	141.83	55.88	0.62	0.63
26.14	22.65	10.13	82.66	77.85	19.01	63.58	31.87	0.02	0.08
64.70	49.82	17.59	139.52	135.19	36.40	124.27	62.00	0.10	0.65
5.72	6.36	2.67	15.14	14.71	4.51	10.03	5.20		
17.33	15.94	3.65	41.54	39.60	10.43	28.05	15.98		0.05
1.08	1.70	0.40	3.60	3.56	1.14	1.96	2.21		0.03
12.45	10.35	4.27	29.09	28.18	8.00	26.24	11.91		
28.11	15.46	6.60	50.15	49.15	12.32	57.98	26.69	0.10	0.58
97.25	91.05	43.72	314.13	283.22	58.34	289.51	149.20	2.15	0.53
6.90	7.37	4.36	29.21	25.70	4.82	26.34	15.05	2.10	0.05
49.57	46.03	22.50	144.97	123.54	26.88	161.05	77.45	0.03	0.06
39.16	33.42	15.68	135.84	129.87	26.52	96.05	54.39	0.03	0.42
1.63	4.23	1.18	4.11	4.11	0.12	6.07	2.30		
47.04	48.98	19.89	153.92	146.58	36.84	148.17	87.78		0.37
19.90	30.87	12.70	78.13	72.70	13.72	87.80	57.08		0.03
0.10	0.46	0.12	1.01	1.01	0.39	0.61	0.37		
6.07	4.85	1.58	19.21	18.80	7.01	19.16	8.73		0.03
0.17	0.28	0.03	0.89	0.70	0.57	0.37	0.34		
20.79	12.52	5.46	54.68	53.37	15.17	40.23	21.25		0.30
262.56	144.72	57.70	934.17	748.15	179.93	809.32	674.00	20.77	0.52
180.92	109.54	45.70	744.35	576.68	127.19	689.22	593.15	20.37	0.21
81.51	34.60	11.53	182.07	164.34	48.83	115.73	75.76	0.40	0.31
152.28	73.07	33.00	342.47	319.00	78.86	323.31	167.43	11.65	5.30
149.90	71.25	32.46	337.74	314.33	77.39	314.50	160.84	11.65	5.30
0.82	0.44	0.04	2.02	2.41	0.66	2.79	1.72		
1.56	1.38	0.51	2.71	2.26	0.81	6.02	4.87		

1-A-6 续表 2

行业	企业单位数（个）	资产总计	固定资产净额	固定资产原价	累计折旧	流动资产合计
文教、工美、体育和娱乐用品制造业	1226	962.32	263.71	469.90	201.65	547.05
文教办公用品制造	96	93.61	24.87	45.32	19.29	51.05
乐器制造	26	16.29	3.22	7.87	4.64	11.76
工艺美术及礼仪用品制造	612	509.51	147.88	270.34	120.69	275.86
体育用品制造	164	95.49	29.28	46.78	16.81	56.16
玩具制造	261	159.06	36.10	68.57	31.57	95.13
游艺器材及娱乐用品制造	67	88.36	22.37	31.03	8.64	57.09
石油、煤炭及其他燃料加工业	138	987.85	331.31	628.59	295.21	503.06
精炼石油产品制造	94	696.50	246.97	497.45	249.23	339.24
煤炭加工	24	279.32	81.36	127.46	45.30	156.63
生物质燃料加工	20	12.02	2.98	3.69	0.69	7.19
化学原料和化学制品制造业	2947	10171.00	3163.58	6619.14	3368.07	5187.20
基础化学原料制造	845	3415.55	1235.73	2822.37	1525.95	1502.88
肥料制造	68	195.60	59.96	123.80	62.89	114.07
农药制造	152	1121.07	255.72	494.42	237.00	636.30
涂料、油墨、颜料及类似产品制造	472	773.34	206.10	394.98	186.56	452.75
合成材料制造	497	2292.37	730.74	1525.66	786.65	1199.84
专用化学产品制造	780	2077.25	594.92	1089.44	483.48	1106.72
炸药、火工及焰火产品制造	8	5.87	0.78	2.13	1.33	3.11
日用化学产品制造	125	289.95	79.62	166.35	84.21	171.53
医药制造业	645	3227.71	662.72	1146.61	468.58	1968.26
化学药品原料药制造	180	514.90	170.53	310.83	132.27	241.38
化学药品制剂制造	136	1769.86	291.41	507.58	213.10	1177.47
中药饮片加工	39	218.08	44.12	60.18	15.97	124.69
中成药生产	34	222.76	37.52	65.75	25.01	127.04
兽用药品制造	37	60.10	15.44	28.96	13.50	30.29
生物药品制品制造	85	307.47	66.77	104.27	37.03	188.85
卫生材料及医药用品制造	114	117.66	31.01	57.29	25.90	69.15
药用辅料及包装材料	20	16.88	5.91	11.76	5.80	9.39
化学纤维制造业	696	2292.94	688.51	1492.12	773.04	1138.99
纤维素纤维原料及纤维制造	98	894.44	238.20	513.24	271.42	449.50
合成纤维制造	585	1328.77	418.50	937.53	492.11	662.74
生物基材料制造	13	69.74	31.81	41.35	9.51	26.74
橡胶和塑料制品业	2381	2858.44	797.45	1600.34	786.14	1724.52
橡胶制品业	424	857.78	278.14	615.52	331.33	460.70
塑料制品业	1957	2000.66	519.31	984.82	454.81	1263.81
非金属矿物制品业	2659	3758.41	896.93	1841.26	926.16	2343.29
水泥、石灰和石膏制造	177	645.80	207.10	498.41	288.42	342.35
石膏、水泥制品及类似制品制造	1036	1364.09	218.75	445.67	222.11	977.64

单位：亿元

应收账款	存货		负债合计	流动负债合计		所有者权益合计	实收资本		
		#产成品			#应付账款			国家资本	集体资本
165.37	159.70	69.73	513.34	478.44	112.36	448.98	202.86	4.01	3.43
18.63	14.66	7.59	40.05	37.76	9.90	53.56	26.82	0.35	0.02
2.80	5.10	1.97	8.93	7.59	2.80	7.36	3.53		
86.21	81.34	34.75	283.68	265.54	45.75	225.83	95.40	3.56	2.40
17.58	14.66	5.84	46.61	43.11	11.28	48.89	22.19		
25.14	26.56	13.41	82.30	76.04	24.25	76.76	29.67	0.10	0.97
15.01	17.38	6.17	51.77	48.40	18.38	36.58	25.25		0.03
93.84	156.97	56.43	577.00	481.47	181.77	410.85	229.14	95.07	2.20
63.82	132.58	42.90	394.53	337.48	135.04	301.97	191.76	95.07	2.20
28.71	23.25	12.98	174.52	136.09	46.42	104.80	35.27		
1.32	1.14	0.56	7.94	7.91	0.31	4.08	2.11		
1331.17	1179.79	472.39	4874.60	4179.42	1032.07	5296.40	2938.28	372.71	28.89
308.56	325.18	124.25	1513.05	1317.82	355.74	1902.50	1223.53	299.49	14.27
19.08	26.03	7.93	139.59	121.72	23.45	56.00	27.27	2.05	0.41
96.49	180.08	62.97	565.27	467.81	92.63	555.80	151.74	21.09	2.12
190.75	104.53	48.26	353.92	323.45	95.30	419.42	194.62	5.81	2.36
284.73	297.88	109.87	1249.16	1018.42	224.64	1043.21	592.49	23.61	7.18
372.06	199.64	93.76	907.68	793.83	203.16	1169.57	688.74	19.70	2.55
0.61	0.29	0.16	1.92	0.83	0.30	3.96	1.09	0.36	
58.90	46.15	25.18	144.01	135.55	36.84	145.94	58.81	0.61	
574.34	448.83	195.75	1280.60	1127.46	248.12	1947.10	608.98	19.68	55.05
78.04	66.91	31.60	254.12	193.73	37.95	260.78	134.33	0.76	4.07
328.77	260.61	116.03	643.58	605.70	137.45	1126.28	290.62	8.43	38.72
40.32	23.79	15.37	103.27	95.04	10.83	114.81	18.61	3.44	4.08
50.84	28.71	5.93	91.40	65.65	25.64	131.36	36.11	4.46	0.53
5.64	7.71	2.85	20.21	16.84	3.69	39.89	16.11	0.79	0.04
42.81	43.72	16.85	113.56	100.05	20.24	193.92	77.21	1.34	7.00
24.34	15.13	6.20	48.62	44.77	10.89	69.04	30.97	0.45	0.60
3.58	2.24	0.93	5.86	5.67	1.42	11.02	5.02		
174.88	327.15	155.43	1386.99	1181.60	156.75	905.95	551.77	58.71	4.99
68.68	131.51	48.68	529.79	399.91	63.26	364.65	147.35	7.11	3.92
100.94	188.98	103.46	818.23	752.40	86.27	510.54	381.21	51.60	0.97
5.26	6.65	3.29	38.97	29.29	7.21	30.77	23.22		0.10
684.24	389.79	181.74	1281.06	1166.54	334.55	1577.38	860.95	10.62	11.93
178.53	106.15	52.23	327.20	294.66	98.53	530.58	280.33	3.25	1.91
505.70	283.64	129.50	953.86	871.88	236.01	1046.80	580.62	7.37	10.02
960.95	342.49	151.92	2117.58	1972.28	535.25	1640.87	876.53	62.52	12.97
50.45	40.18	16.27	401.71	376.84	53.15	244.09	106.10	24.77	0.10
542.30	95.55	39.52	894.55	851.90	282.22	469.57	254.03	17.68	2.08

1-A-6 续表 3

行业	企业单位数（个）	资产总计	固定资产净额	固定资产原价	累计折旧	流动资产合计
砖瓦、石材等建筑材料制造	346	340.06	82.98	135.63	51.65	203.28
玻璃制造	86	172.13	58.85	111.01	51.14	89.89
玻璃制品制造	258	274.97	91.08	169.20	77.17	151.01
玻璃纤维和玻璃纤维增强塑料制品制造	195	269.67	87.87	190.28	101.27	142.54
陶瓷制品制造	95	155.02	43.72	92.67	48.12	86.54
耐火材料制品制造	167	200.44	35.99	75.40	38.45	143.04
石墨及其他非金属矿物制品制造	299	336.23	70.58	122.99	47.84	207.01
黑色金属冶炼和压延加工业	845	6233.66	1823.35	3876.83	2013.48	3046.99
炼铁	12	64.04	12.96	49.26	27.64	37.07
炼钢	16	1024.46	292.92	627.00	325.17	428.70
钢压延加工	789	5076.03	1505.06	3173.05	1645.55	2532.66
铁合金冶炼	28	69.13	12.41	27.52	15.12	48.56
有色金属冶炼和压延加工业	1021	2059.92	431.16	839.48	367.93	1299.25
常用有色金属冶炼	68	207.00	42.55	69.98	24.03	130.76
贵金属冶炼	5	5.71	1.22	1.55	0.32	4.22
稀有稀土金属冶炼	26	45.95	11.40	22.48	11.03	27.96
有色金属合金制造	196	669.90	155.75	288.92	109.53	357.25
有色金属压延加工	726	1131.36	220.24	456.56	223.02	779.06
金属制品业	3512	4697.16	1101.16	2248.84	1092.46	2956.99
结构性金属制品制造	978	1305.92	262.43	488.27	219.07	879.44
金属工具制造	243	236.51	65.99	131.95	64.91	143.70
集装箱及金属包装容器制造	225	547.20	126.77	220.28	89.16	325.19
金属丝绳及其制品制造	353	531.85	150.93	325.28	166.14	323.64
建筑、安全用金属制品制造	240	258.45	49.37	103.83	53.65	167.02
金属表面处理及热处理加工	259	230.10	60.38	116.63	55.12	148.00
搪瓷制品制造	16	18.62	2.72	6.33	3.56	13.27
金属制日用品制造	117	125.97	32.33	63.43	29.92	81.51
铸造及其他金属制品制造	1081	1442.55	350.24	792.84	410.95	875.21
通用设备制造业	4449	7949.01	1575.19	3059.72	1462.99	5177.35
锅炉及原动设备制造	321	1212.08	204.56	388.10	182.07	757.31
金属加工机械制造	672	997.83	184.15	369.80	183.71	665.78
物料搬运设备制造	484	1230.43	197.78	341.13	138.66	828.43
泵、阀门、压缩机及类似机械制造	721	1118.17	228.51	450.71	216.91	727.03
轴承、齿轮和传动部件制造	465	1092.51	323.39	642.64	316.58	627.38
烘炉、风机、包装等设备制造	663	1130.98	196.42	355.19	157.93	781.13
文化、办公用机械制造	83	261.12	40.00	126.80	85.36	201.42
通用零部件制造	887	698.58	172.93	335.59	161.24	436.36
其他通用设备制造业	153	207.32	27.45	49.77	20.54	152.50

单位：亿元

应收账款	存货	#产成品	负债合计	流动负债合计	#应付账款	所有者权益合计	实收资本	国家资本	集体资本
91.75	32.99	15.65	180.18	168.14	46.59	159.88	102.69	4.67	0.44
27.04	19.42	9.29	93.75	80.68	14.87	78.38	58.26	4.73	1.69
58.00	34.18	18.20	140.99	127.48	31.76	133.98	82.91		2.82
51.60	25.32	12.43	110.42	94.71	24.42	159.25	71.86	6.42	0.15
24.38	23.06	9.95	58.25	55.89	13.87	96.77	54.28	0.20	0.05
52.19	26.25	11.39	81.70	77.07	21.93	118.74	56.99	1.98	0.62
63.24	45.55	19.22	156.03	139.56	46.43	180.20	89.42	2.07	5.01
366.60	791.80	346.27	3615.61	3177.15	675.03	2618.05	1036.79	121.10	18.17
9.74	11.97	2.40	61.24	56.64	10.57	2.81	24.44		1.54
38.51	103.79	41.88	550.67	504.07	137.42	473.79	232.80		3.88
301.96	667.14	297.18	2980.96	2595.19	524.61	2095.07	770.66	121.10	12.76
16.39	8.90	4.80	22.74	21.25	2.42	46.39	8.89		
353.80	315.36	130.56	1215.60	1096.75	261.46	844.33	488.67	19.99	13.85
23.25	42.60	17.32	122.55	110.59	33.49	84.45	36.73	5.44	1.66
0.64	0.60	0.48	2.94	2.74	0.54	2.77	2.24	0.50	
3.31	12.06	5.44	27.27	23.74	2.15	18.69	11.69	4.81	
96.14	83.17	31.70	408.97	375.36	136.97	260.93	143.87	0.63	0.42
230.46	176.92	75.62	653.87	584.32	88.31	477.49	294.15	8.61	11.76
1136.13	691.18	277.95	2448.40	2258.91	544.59	2248.76	1212.95	94.76	25.03
337.01	217.55	96.93	749.27	698.82	148.43	556.65	339.60	19.31	7.06
51.05	43.06	16.24	118.16	110.43	34.42	118.35	54.88	0.15	0.80
99.55	96.61	26.50	287.00	262.80	65.80	260.20	141.96	30.47	1.66
125.69	65.00	28.69	247.94	230.33	55.09	283.92	155.19	13.99	8.15
66.18	38.66	14.06	131.68	127.83	37.88	126.77	83.29	13.90	0.11
64.49	25.53	10.46	136.67	128.13	22.49	93.42	49.66	0.20	0.69
4.53	2.79	0.93	8.58	8.04	1.82	10.04	5.62		
27.87	18.17	8.92	46.99	44.42	14.00	78.98	36.92		0.08
359.77	183.81	75.22	722.12	648.10	164.66	720.43	345.82	16.74	6.48
1844.92	1234.64	444.91	3968.57	3659.08	1147.46	3980.43	1740.10	62.76	22.89
222.73	169.21	56.97	601.28	541.30	165.50	610.79	211.31	24.46	1.35
175.83	161.55	52.51	557.69	494.43	119.46	440.14	182.75	3.87	1.64
282.10	191.39	79.30	651.67	619.78	174.41	578.76	293.90	17.37	6.17
289.10	184.60	55.34	535.92	492.72	192.31	582.25	289.02	6.71	3.52
257.56	155.45	59.13	513.62	472.64	163.15	578.89	268.52	4.13	5.31
278.40	184.83	73.38	549.62	518.23	159.56	581.36	227.98	1.74	0.91
95.00	48.67	14.18	102.77	101.09	55.81	158.34	67.82	0.72	1.02
201.15	93.80	42.81	349.74	319.67	92.09	348.83	151.87	2.03	1.39
43.03	45.15	11.31	106.26	99.23	25.17	101.06	46.94	1.74	1.58

1-A-6 续表 4

行业	企业单位数（个）	资产总计	固定资产净额	固定资产原价	累计折旧	流动资产合计
专用设备制造业	3291	6843.42	1232.90	2379.89	1128.86	4619.04
采矿、冶金、建筑专用设备制造	630	2438.33	420.41	826.07	401.27	1668.61
化工、木材、非金属加工专用设备制造	674	919.74	190.51	385.45	192.63	627.28
食品、饮料、烟草及饲料生产专用设备制造	84	143.26	27.26	69.99	42.24	99.36
印刷、制药、日化及日用品生产专用设备制造	105	138.81	36.25	71.15	33.62	88.78
纺织、服装和皮革加工专用设备制造	269	345.27	61.74	115.50	52.52	228.82
电子和电工机械专用设备制造	201	435.19	75.47	134.09	56.05	298.58
农、林、牧、渔专用机械制造	99	294.46	46.96	105.51	57.47	214.96
医疗仪器设备及器械制造	416	831.22	173.88	306.28	129.76	491.53
环保、邮政、社会公共服务及其他专用设备制造	813	1297.15	200.42	365.85	163.30	901.12
汽车制造业	2055	7034.85	1694.17	3216.77	1472.04	4224.59
汽车整车制造	44	1801.75	435.65	836.86	376.79	1028.13
汽车用发动机制造	10	147.46	37.54	107.48	67.89	96.07
改装汽车制造	35	131.09	17.91	28.68	10.77	86.75
电车制造	19	15.27	6.13	8.70	2.21	7.64
汽车车身、挂车制造	26	60.20	13.62	19.88	6.27	36.70
汽车零部件及配件制造	1921	4879.09	1183.33	2215.16	1008.10	2969.30
铁路、船舶、航空航天和其他运输设备制造业	816	3753.76	694.42	1303.59	591.68	2293.31
铁路运输设备制造	136	653.12	90.00	194.99	104.68	445.15
城市轨道交通设备制造	18	181.07	8.81	19.16	10.34	128.72
船舶及相关装置制造	289	1983.72	423.13	742.87	311.25	1198.33
航空、航天器及设备制造	45	279.72	58.31	121.38	57.83	169.83
摩托车制造	110	331.95	47.19	107.16	58.30	148.40
自行车和残疾人座车制造	73	125.05	32.18	59.62	26.43	72.11
助动车制造	99	137.32	17.80	26.46	8.50	93.79
非公路休闲车及零配件制造	33	55.68	15.88	29.64	13.29	32.55
潜水救捞及其他未列明运输设备制造	13	6.12	1.13	2.32	1.06	4.43
电气机械和器材制造业	4095	13471.42	2493.90	4588.90	2054.84	8740.77
电机制造	645	1720.14	326.02	634.73	303.04	1164.39
输配电及控制设备制造	1754	5522.04	1052.64	1867.08	796.13	3562.15
电线、电缆、光缆及电工器材制造	833	3215.95	466.24	856.46	386.27	2152.73
电池制造	194	1217.31	341.52	541.66	194.64	685.13
家用电力器具制造	281	1246.24	198.86	478.14	275.41	846.30
非电力家用器具制造	46	127.64	20.16	37.04	15.80	43.07
照明器具制造	282	371.69	80.33	161.04	79.04	250.89
其他电气机械及器材制造	60	50.42	8.13	12.75	4.51	36.12

单位：亿元

应收账款	存货	#产成品	负债合计	流动负债合计	#应付账款	所有者权益合计	实收资本	国家资本	集体资本
1714.74	1130.73	451.20	3656.15	3295.23	934.50	3187.27	1384.64	64.78	7.80
668.31	429.76	214.61	1471.00	1254.70	320.93	967.33	315.19	43.16	1.12
230.29	148.99	37.43	432.75	411.58	144.86	486.99	237.19	3.18	1.19
31.86	27.61	12.08	85.35	82.72	13.39	57.91	26.60	0.84	
27.98	22.07	6.95	77.11	72.09	21.30	61.70	37.67	0.03	
77.05	55.69	18.41	183.92	176.40	58.02	161.35	62.23	2.18	0.96
88.89	85.50	23.30	221.90	206.00	48.74	213.28	75.24	7.67	0.93
83.13	66.72	32.62	181.01	174.64	65.01	113.45	61.18	0.67	0.20
160.46	103.31	39.88	322.02	284.33	93.96	509.20	194.55	0.14	0.90
346.77	191.08	65.93	681.09	632.77	168.30	616.06	374.78	6.93	2.50
1632.84	776.80	328.28	4037.92	3545.63	1471.80	2996.93	1740.38	222.34	18.20
360.22	122.08	47.28	1250.44	1055.14	414.96	551.31	572.58	90.60	0.71
13.27	26.52	16.60	61.31	53.24	38.93	86.14	64.44	46.10	
34.81	14.93	3.28	80.34	73.81	23.90	50.75	28.53	2.75	0.01
0.86	3.34	0.63	9.64	8.75	3.01	5.63	3.17		
14.98	10.25	3.32	40.91	35.89	8.53	19.30	20.17	12.95	
1208.70	599.68	257.16	2595.29	2318.81	982.47	2283.80	1051.49	69.93	17.48
642.20	573.48	104.62	2157.28	1780.97	539.69	1596.47	705.18	252.59	4.13
179.02	113.41	46.23	343.67	328.65	145.23	309.46	142.71	74.81	1.31
55.47	21.20	5.63	104.95	98.14	35.19	76.12	14.60	4.22	
256.11	303.94	18.00	1157.10	897.32	207.34	826.62	378.16	135.20	2.26
57.17	47.66	7.12	147.89	127.56	48.02	131.84	47.95	20.36	
35.72	45.80	13.57	216.80	149.82	45.05	115.14	55.50	17.58	0.20
25.75	17.20	7.04	66.62	61.60	21.04	58.44	33.98		
25.02	16.32	4.16	92.48	90.82	26.90	44.84	17.32		0.01
6.58	6.80	2.68	25.71	25.00	10.63	29.97	12.41	0.42	0.31
1.37	1.15	0.19	2.07	2.07	0.30	4.05	2.55		0.05
3587.02	1374.97	655.58	7279.79	6605.29	2070.83	6191.61	3196.85	155.69	166.91
416.01	204.04	86.28	891.83	838.19	293.99	828.31	298.17	8.37	2.18
1595.67	459.73	202.63	3008.82	2716.05	868.30	2513.21	1402.80	82.04	145.13
933.45	340.34	188.71	1721.89	1586.93	354.56	1494.06	740.50	17.06	3.66
296.80	173.82	72.86	744.12	613.05	227.27	473.19	368.75	46.26	6.74
239.14	128.43	75.41	659.92	610.71	252.61	586.33	263.25	1.81	6.01
11.46	11.10	5.38	52.61	48.37	8.99	75.03	22.91	0.01	0.80
75.75	50.22	21.47	177.43	169.67	58.56	194.25	88.37	0.14	2.29
18.75	7.29	2.83	23.18	22.31	6.56	27.24	12.11		0.10

1-A-6 续表 5

行 业	企业单位数（个）	资产总计	固定资产净额	固定资产原价	累计折旧	流动资产合计
计算机、通信和其他电子设备制造业	2575	15466.53	3999.24	8191.40	4146.46	9297.11
计算机制造	244	1987.99	354.03	796.62	440.60	1540.05
通信设备制造	216	2042.91	246.70	431.61	183.96	1510.97
广播电视设备制造	127	439.65	95.05	163.58	67.88	278.60
雷达及配套设备制造	9	259.78	48.19	81.54	33.25	178.18
非专业视听设备制造	97	618.19	87.10	178.81	91.22	463.92
智能消费设备制造	67	860.08	160.74	292.71	131.38	626.16
电子器件制造	635	4907.57	1848.85	3773.99	1906.64	2212.56
电子元件及电子专用材料制造	1076	4123.81	1097.76	2371.31	1251.93	2349.88
其他电子设备制造	104	226.55	60.81	101.23	39.60	136.77
仪器仪表制造业	849	2655.01	400.16	810.82	406.58	1616.91
通用仪器仪表制造	580	2035.81	278.10	569.63	289.47	1234.46
专用仪器仪表制造	172	443.06	85.60	158.04	70.66	275.20
钟表与计时仪器制造	2					
光学仪器制造	56	118.19	25.68	60.20	34.27	77.13
衡器制造	20	28.99	3.98	7.04	3.06	12.59
其他仪器仪表制造业	19	28.12	6.63	15.64	9.01	16.88
其他制造业	133	138.46	33.74	66.67	32.51	80.93
日用杂品制造	115	83.70	24.67	50.68	25.81	49.51
其他未列明制造业	18	54.76	9.07	15.98	6.69	31.42
废弃资源综合利用业	135	161.89	46.91	79.99	30.92	90.42
金属废料和碎屑加工处理	70	95.37	22.63	41.11	16.53	56.68
非金属废料和碎屑加工处理	65	66.53	24.28	38.89	14.39	33.75
金属制品、机械和设备修理业	14	22.49	10.45	16.80	6.33	9.83
专用设备修理	3	4.49	0.26	0.72	0.46	3.38
铁路、船舶、航空航天等运输设备修理	7	16.64	10.03	15.77	5.74	5.54
电力、热力、燃气及水生产和供应业	**681**	**10741.10**	**6747.16**	**12510.20**	**5715.52**	**2250.66**
电力、热力生产和供应业	405	8405.38	5896.54	11178.00	5246.29	1242.03
电力生产	341	5224.62	3290.34	5427.79	2105.31	953.33
电力供应	4	3030.64	2528.12	5622.57	3094.44	237.29
热力生产和供应	60	150.12	78.08	127.65	46.54	51.41
燃气生产和供应业	117	729.41	249.94	368.78	118.08	302.86
燃气生产和供应业	116	729.10	249.81	368.32	117.74	302.69
水的生产和供应业	159	1606.31	600.68	963.41	351.16	705.78
自来水生产和供应	98	1332.58	517.48	827.97	300.84	582.10
污水处理及其再生利用	60	273.48	83.19	135.44	50.32	123.52

单位：亿元

应收账款	存货	#产成品	负债合计	流动负债合计	#应付账款	所有者权益合计	实收资本	国家资本	集体资本
4258.13	1854.17	635.10	7942.93	7214.02	3269.48	7523.60	4082.72	440.26	19.55
880.91	298.79	69.19	1088.73	1078.02	727.23	899.26	387.29	0.60	0.16
661.90	348.57	121.91	1326.95	1252.91	700.40	715.96	271.89	25.37	0.23
135.93	52.89	23.78	173.71	167.16	59.03	265.94	81.83	2.94	0.46
65.64	34.07	1.08	135.22	131.89	31.94	124.56	11.10	9.86	
206.41	120.14	44.51	433.29	420.12	239.71	184.90	115.16	0.15	2.52
330.56	98.51	35.92	651.53	621.86	154.52	208.56	127.03	6.50	0.27
891.23	426.47	160.34	2245.05	1809.25	642.64	2662.52	1846.86	359.87	3.38
1023.54	444.11	168.48	1761.91	1613.38	681.99	2361.89	1187.80	33.97	12.51
62.02	30.63	9.88	126.54	119.43	32.01	100.00	53.76	1.00	
503.14	337.85	91.84	1149.62	1051.80	366.09	1505.39	454.03	72.47	4.13
387.43	238.73	63.74	874.46	794.79	285.27	1161.35	335.59	67.56	1.95
83.70	73.34	21.18	199.82	186.24	52.74	243.25	79.08	1.63	1.52
22.22	18.58	5.08	55.39	51.55	22.81	62.80	23.70	3.28	0.66
4.48	2.99	0.50	8.39	8.14	2.51	20.61	10.23		
4.95	4.12	1.30	10.95	10.47	2.51	17.17	5.22		
22.50	17.86	7.27	55.41	53.59	18.36	83.05	31.78	4.15	0.03
15.18	14.09	6.50	28.73	27.87	8.86	54.97	23.25	0.10	0.03
7.32	3.77	0.77	26.68	25.72	9.51	28.08	8.52	4.05	
22.09	23.58	8.68	86.86	81.19	21.49	75.03	53.61	3.45	4.67
14.58	16.79	4.76	59.16	56.64	17.88	36.21	28.34	1.50	1.19
7.51	6.78	3.92	27.70	24.55	3.62	38.83	25.27	1.96	3.48
3.08	2.15	0.50	13.91	12.81	3.07	8.58	9.20	0.16	
0.43	0.26	0.03	2.22	1.19	0.29	2.26	0.87		
2.37	1.48	0.37	10.75	10.75	2.31	5.89	8.06	0.16	
336.11	**135.94**	**7.46**	**6319.97**	**3868.50**	**812.28**	**4421.12**	**2836.15**	**971.60**	**67.40**
270.56	101.40	3.57	4930.05	3082.07	714.22	3475.33	2354.87	713.69	54.65
245.57	97.20	3.42	3331.72	1607.38	245.07	1892.90	1369.80	706.61	48.55
17.78	1.72		1508.63	1409.30	454.16	1522.01	942.65	0.01	
7.21	2.48	0.15	89.71	65.39	14.99	60.41	42.43	7.07	6.10
35.43	15.79	2.96	352.23	307.37	41.67	377.18	142.12	17.71	3.01
35.30	15.79	2.96	352.06	307.20	41.62	377.04	142.02	17.71	2.91
30.13	18.75	0.93	1037.70	479.06	56.39	568.61	339.15	240.20	9.74
19.43	17.35	0.71	844.12	403.68	41.72	488.46	275.83	215.62	5.77
10.62	1.38	0.21	193.48	75.29	14.61	80.01	63.24	24.58	3.97

1-A-6 续表 6

行业	法人资本	个人资本	港澳台资本	外商资本	营业收入	营业成本
总计	**9747.84**	**5608.89**	**3007.61**	**6386.18**	**132053.81**	**111560.12**
采矿业	**22.21**	**4.44**	**3.13**	**0.31**	**573.11**	**446.96**
煤炭开采和洗选业	13.58	0.33			401.81	320.18
烟煤和无烟煤开采洗选	13.58	0.33			401.81	320.18
石油和天然气开采业						
石油开采						
黑色金属矿采选业	2.28	0.77			27.29	24.41
铁矿采选	2.28	0.70			26.46	23.64
有色金属矿采选业	0.11	0.08			4.94	2.64
常用有色金属矿采选	0.11	0.08			4.94	2.64
非金属矿采选业	6.23	3.26	3.13	0.31	63.16	47.89
土砂石开采	5.17	1.94	1.02		30.29	24.58
采盐	1.06	1.31	2.11		32.34	23.19
制造业	**8245.20**	**5533.82**	**2845.63**	**6298.63**	**125251.17**	**105551.14**
农副食品加工业	131.70	104.84	15.48	90.89	3083.67	2808.74
谷物磨制	10.70	28.77	1.65	3.93	602.88	545.48
饲料加工	28.32	18.87	4.48	5.62	533.56	477.52
植物油加工	25.72	9.41	4.63	48.49	1082.14	1017.81
制糖业	1.29	0.17			13.05	12.33
屠宰及肉类加工	47.00	18.87	1.42	6.49	416.67	381.16
水产品加工	4.43	7.54	1.30	3.52	135.02	115.64
蔬菜、菌类、水果和坚果加工	9.70	11.60	2.01	0.93	179.62	156.45
其他农副食品加工	4.55	9.62		21.91	120.74	102.33
食品制造业	56.38	36.02	31.58	65.64	805.55	573.18
焙烤食品制造	7.15	1.99	6.83	11.09	77.55	59.96
糖果、巧克力及蜜饯制造	1.75	2.28	2.78	0.80	40.13	31.15
方便食品制造	12.94	6.82	0.86	4.88	108.88	88.44
乳制品制造	10.75	0.38	13.20	17.34	95.12	68.08
罐头食品制造	2.00	1.29		0.07	29.29	24.69
调味品、发酵制品制造	2.09	2.13		7.21	67.26	50.43
其他食品制造	19.70	21.14	7.91	24.25	387.32	250.41
酒、饮料和精制茶制造业	123.99	24.43	11.02	45.74	1044.24	681.42
酒的制造	49.71	17.99	0.93	21.38	467.45	217.71
饮料制造	74.28	5.96	9.86	24.22	567.65	456.57
精制茶加工	0.01	0.47	0.23	0.15	9.14	7.14
烟草制品业					794.11	308.99
卷烟制造					775.75	297.10
其他烟草制品制造					18.36	11.89

单位：亿元

销售费用	管理费用	财务费用			投资收益（损失以"-"号记）	营业利润	利润总额	亏损企业亏损额	平均用工人数（人）
			利息收入	利息支出					
3800.38	**5890.64**	**1034.12**	**191.21**	**1110.39**	**370.10**	**8834.42**	**8974.94**	**659.75**	**9521595**
8.13	**57.67**	**9.12**	**1.76**	**9.36**	**-1.43**	**19.31**	**22.56**	**3.85**	**63433**
3.15	36.03	5.15	1.34	5.15	-1.58	14.13	17.25	0.58	45477
3.15	36.03	5.15	1.34	5.15	-1.58	14.13	17.25	0.58	45477
1.15	1.33	0.21	0.01	0.18		0.14	0.14	0.07	2802
1.10	1.32	0.21	0.01	0.18		0.14	0.13	0.07	2788
0.16	0.46	0.07		0.07	0.04	1.52	1.52	0.13	898
0.16	0.46	0.07		0.07	0.04	1.52	1.52	0.13	898
3.18	4.41	1.22	0.20	1.26	0.11	4.96	5.10		5801
0.56	2.33	0.09	0.14	0.22	0.04	1.91	2.10		2682
2.53	1.96	1.11	0.05	1.02	0.07	2.90	2.84		2895
3739.00	**5745.87**	**909.18**	**175.30**	**978.11**	**339.33**	**8395.48**	**8517.09**	**636.53**	**9313991**
63.00	62.26	19.00	4.43	17.00	1.76	123.37	125.12	14.55	146442
9.61	12.42	4.25	0.11	2.89	0.05	28.29	28.20	0.53	24304
15.61	14.84	3.07	0.45	3.99	1.42	22.73	22.75	1.88	25599
18.73	10.79	4.56	3.61	3.97	-0.52	28.42	29.14	6.42	13836
0.27	0.63	0.47	0.01	0.43	0.26	-0.63	-0.58	1.06	936
6.97	9.55	2.58	0.09	2.27	0.44	15.47	16.38	3.51	39122
2.26	4.20	1.12	0.04	0.99	0.07	11.24	11.42	0.10	12851
5.04	4.80	1.29	0.01	1.00	0.06	11.28	11.37	0.44	20107
4.52	5.03	1.67	0.10	1.46	-0.03	6.57	6.44	0.61	9687
104.10	46.96	5.52	1.17	6.46	4.21	64.54	66.75	18.06	79798
6.22	4.46	-0.29	0.75	0.49	2.00	8.38	8.52	0.87	12123
1.87	2.39	0.03	0.10	0.17	0.82	6.01	6.04	0.20	5336
6.26	5.71	0.36	0.19	0.47	0.19	7.88	8.08	0.62	16641
16.68	5.74	1.01	0.12	1.05	0.01	-8.57	-8.52	13.74	11525
1.18	1.11	0.45		0.27	0.04	1.48	1.63	0.19	4585
3.66	3.58	0.31	0.01	0.25	0.49	9.27	10.20	0.37	7087
68.23	23.95	3.65		3.75	0.66	40.09	40.81	2.07	22501
58.63	48.80	13.11	0.85	13.40	17.52	198.36	200.06	1.59	68723
30.76	29.96	1.51	0.55	1.76	16.88	149.63	150.84	0.52	33335
27.43	18.37	11.54	0.30	11.58	0.64	47.71	48.20	1.05	34908
0.43	0.46	0.06	0.01	0.06		1.02	1.02	0.01	480
8.00	23.48	-3.61	3.41		0.82	87.92	90.24		5918
7.70	21.23	-3.47	3.27		0.82	84.14	86.40		4901
0.30	2.24	-0.14	0.14			3.79	3.84		1017

1-A-6 续表 7

行　业					营业收入	营业成本
	法人资本	个人资本	港澳台资本	外商资本		
纺织业	305.36	337.08	103.56	147.88	5306.23	4751.57
棉纺织及印染精加工	118.48	158.84	48.26	38.19	2500.66	2255.49
毛纺织及染整精加工	67.93	32.60	4.13	14.56	664.89	614.76
麻纺织及染整精加工	2.32	3.66	5.09		46.28	40.78
丝绢纺织及印染精加工	2.64	5.34	0.48	0.45	78.51	70.31
化纤织造及印染精加工	48.11	61.75	18.15	10.31	617.51	551.20
针织或钩针编织物及其制品制造	8.81	24.37	5.61	7.10	273.61	243.42
家用纺织制成品制造	28.72	24.43	9.91	26.87	661.05	574.34
产业用纺织制成品制造	28.37	26.10	11.91	50.42	463.73	401.27
纺织服装、服饰业	116.82	144.79	42.01	46.94	2858.86	2435.55
机织服装制造	89.57	115.75	32.62	26.22	2095.22	1780.92
针织或钩针编织服装制造	16.80	16.26	6.92	14.66	496.76	429.98
服饰制造	10.45	12.78	2.48	6.07	266.88	224.66
皮革、毛皮、羽毛及其制品和制鞋业	14.11	21.22	12.98	12.94	533.40	467.72
皮革鞣制加工	0.06	1.91	1.40	1.83	25.26	23.81
皮革制品制造	3.56	4.78	2.34	5.25	125.82	110.73
毛皮鞣制及制品加工	1.78	0.41			6.32	6.59
羽毛（绒）加工及制品制造	2.77	3.77	2.54	2.82	157.34	137.81
制鞋业	5.94	10.34	6.70	3.04	218.66	188.79
木材加工和木、竹、藤、棕、草制品业	42.97	82.83	5.72	15.00	861.92	749.69
木材加工	1.26	9.20	1.64	0.80	123.32	109.71
人造板制造	22.93	48.56	1.84	4.03	510.53	447.16
木质制品制造	17.61	23.93	2.23	10.17	218.85	184.89
竹、藤、棕、草等制品制造	1.17	1.13			9.22	7.93
家具制造业	39.08	24.25	6.98	17.09	339.01	282.78
木质家具制造	25.88	16.38	4.31	10.49	165.04	137.02
竹、藤家具制造	0.11	0.20	0.07		3.65	3.20
金属家具制造	3.48	2.44	0.33	2.44	51.98	43.78
塑料家具制造	0.04	0.31			1.39	1.20
其他家具制造	9.57	4.93	2.29	4.16	116.97	97.59
造纸和纸制品业	212.98	58.99	70.63	310.12	1469.84	1233.94
纸浆制造						
造纸	191.78	43.90	48.13	288.75	1064.01	889.09
纸制品制造	21.19	14.99	17.51	21.36	401.24	340.74
印刷和记录媒介复制业	59.88	50.87	14.27	25.46	755.35	622.63
印刷	56.23	49.09	14.14	24.44	746.03	614.92
装订及印刷相关服务	0.45	0.85		0.41	4.75	3.76
记录媒介复制	3.20	0.94	0.13	0.60	4.57	3.96

单位：亿元

销售费用	管理费用	财务费用			投资收益（损失以“-”号记）	营业利润	利润总额	亏损企业亏损额	平均用工人数（人）
			利息收入	利息支出					
86.50	173.49	56.12	2.89	57.30	13.13	231.90	240.70	14.55	628376
33.39	74.31	23.30	1.18	22.08	3.38	107.23	110.14	7.02	293213
6.05	17.78	13.35	0.48	12.79	6.28	17.49	21.95	1.50	62388
0.69	1.53	0.77	0.02	0.62	0.13	2.40	2.56	0.14	7676
1.30	2.55	1.02	0.04	5.32	0.12	3.23	3.43	0.08	10104
7.02	22.34	9.52	0.39	8.52	0.81	25.75	26.45	1.71	92157
5.18	12.29	1.72	0.25	1.92	0.12	9.80	9.93	1.20	33717
20.29	22.30	3.08	0.32	2.92	0.30	36.68	36.38	1.59	77342
12.58	20.41	3.36	0.21	3.12	1.98	29.31	29.86	1.30	51779
95.16	134.73	16.70	1.76	16.94	4.14	161.82	164.33	8.57	515409
63.80	98.25	13.08	1.34	13.25	4.06	128.55	130.73	6.28	338502
15.32	23.43	2.42	0.29	2.65	0.08	22.75	22.90	1.23	106756
16.04	13.05	1.21	0.13	1.04		10.52	10.70	1.06	70151
12.14	18.74	2.92	0.14	2.38	0.09	28.77	29.72	1.80	85296
0.20	0.93	0.20		0.19		0.19	0.35	0.74	3366
2.58	4.63	1.24	0.02	0.60	0.01	5.85	5.92	0.27	25185
0.12	0.29	0.06		0.02		-0.76	-0.06	0.15	967
4.26	5.10	0.67	0.01	0.79		8.48	8.24	0.07	10263
4.99	7.79	0.75	0.11	0.78	0.08	15.00	15.27	0.58	45515
19.85	22.91	7.35	0.20	5.87	0.12	56.88	57.90	3.90	91947
2.77	2.31	1.08	0.01	0.67		6.79	6.82	0.37	8155
7.40	10.65	2.80	0.06	1.94	-0.07	39.95	40.90	1.07	59552
9.43	9.62	3.43	0.10	3.21	0.19	9.55	9.59	2.30	23211
0.25	0.34	0.04	0.03	0.05		0.60	0.59	0.16	1029
13.67	21.35	2.18	0.18	2.12	0.25	17.31	17.11	2.64	63955
5.83	11.19	1.30	0.12	1.13	0.20	8.59	8.44	1.40	33942
0.13	0.16			0.01		0.13	0.13		747
1.46	2.84	0.08		0.20	0.05	3.58	3.74	0.31	8239
0.07	0.07	0.01		0.01		0.02	0.02		358
6.18	7.09	0.79	0.06	0.77		5.00	4.77	0.94	20669
56.34	61.12	26.42	2.70	24.28	2.55	100.33	103.40	11.35	87924
39.94	42.39	23.97	2.18	21.70	2.37	79.06	81.80	8.31	54063
16.37	18.58	2.39	0.52	2.52	0.19	21.07	21.29	3.04	33713
23.68	45.59	5.58	0.14	5.83	0.81	54.56	56.37	4.17	94136
23.35	44.61	5.49	0.13	5.76	0.78	54.40	56.13	4.06	92568
0.20	0.40	0.05		0.02		0.32	0.33		860
0.13	0.58	0.04	0.01	0.05	0.03	-0.16	-0.08	0.11	708

1-A-6 续表 8

行业	法人资本	个人资本	港澳台资本	外商资本	营业收入	营业成本
文教、工美、体育和娱乐用品制造业	40.38	84.03	30.33	40.68	1842.09	1573.13
文教办公用品制造	5.80	12.39	4.70	3.56	148.38	122.71
乐器制造	0.57	0.42	0.35	2.19	29.47	26.06
工艺美术及礼仪用品制造	22.53	42.77	11.45	12.68	1026.35	883.61
体育用品制造	3.70	9.17	3.75	5.57	193.32	169.48
玩具制造	5.58	12.28	6.49	4.23	310.38	262.50
游艺器材及娱乐用品制造	2.20	6.99	3.58	12.45	134.20	108.77
石油、煤炭及其他燃料加工业	50.28	48.51	4.24	28.84	2141.94	1755.31
精炼石油产品制造	37.41	28.92	4.24	23.92	1893.10	1539.84
煤炭加工	11.51	18.85		4.92	227.62	197.95
生物质燃料加工	1.37	0.74			21.22	17.52
化学原料和化学制品制造业	976.84	376.45	384.92	798.47	11684.99	9752.79
基础化学原料制造	352.09	111.88	160.02	285.79	4179.05	3449.25
肥料制造	10.79	11.57	2.26	0.20	179.07	152.53
农药制造	75.41	34.10	3.66	15.37	970.19	791.08
涂料、油墨、颜料及类似产品制造	57.99	49.03	28.39	51.05	858.93	679.60
合成材料制造	233.29	74.35	31.00	223.06	3029.60	2695.10
专用化学产品制造	228.56	82.80	155.24	199.88	2117.07	1747.10
炸药、火工及焰火产品制造	0.43	0.31			4.84	3.48
日用化学产品制造	18.30	12.42	4.35	23.12	346.24	234.66
医药制造业	215.44	109.21	64.46	145.13	3423.76	1700.70
化学药品原料药制造	72.92	21.89	13.71	20.96	425.98	304.21
化学药品制剂制造	84.60	18.58	25.84	114.45	2071.08	815.55
中药饮片加工	4.45	6.62		0.03	199.61	98.08
中成药生产	12.19	18.69		0.24	262.70	160.50
兽用药品制造	7.68	3.21	4.10	0.29	62.82	50.73
生物药品制品制造	26.71	26.18	13.19	2.78	219.91	125.47
卫生材料及医药用品制造	6.01	12.38	7.57	3.96	151.68	121.36
药用辅料及包装材料	0.88	1.66	0.05	2.44	29.99	24.78
化学纤维制造业	275.40	125.08	43.33	44.26	2847.50	2567.30
纤维素纤维原料及纤维制造	77.61	42.21	10.12	6.38	1023.57	917.50
合成纤维制造	178.25	79.91	33.21	37.27	1777.95	1611.33
生物基材料制造	19.54	2.97		0.62	45.98	38.47
橡胶和塑料制品业	242.94	176.08	125.41	293.96	3143.23	2625.43
橡胶制品业	65.94	32.14	53.81	123.28	781.09	634.83
塑料制品业	177.00	143.95	71.61	170.68	2362.14	1990.60
非金属矿物制品业	280.96	301.93	99.20	118.95	4053.86	3408.83
水泥、石灰和石膏制造	26.76	19.81	21.06	13.59	712.66	572.74
石膏、水泥制品及类似制品制造	86.31	119.08	11.91	16.97	1562.20	1377.63

单位：亿元

销售费用	管理费用	财务费用	利息收入	利息支出	投资收益（损失以"-"号记）	营业利润	利润总额	亏损企业亏损额	平均用工人数（人）
46.51	81.49	9.38	0.52	8.69	1.87	123.46	125.07	3.68	221348
5.89	9.24	0.87	-0.01	0.87	0.56	10.15	10.52	0.76	17769
0.72	1.54	0.12	0.01	0.11		0.77	0.84	0.28	3796
19.00	35.47	6.04	0.24	5.12	0.83	76.89	77.32	1.53	106417
4.30	7.33	0.55	0.15	0.66	0.07	10.90	11.18	0.11	24779
10.60	17.59	1.19	0.04	1.36	0.46	16.98	17.26	0.71	49994
5.99	10.31	0.61	0.08	0.57	-0.05	7.77	7.95	0.30	18593
16.58	39.21	9.35	4.07	12.53	4.25	109.37	115.26	2.02	29418
12.00	29.72	3.71	1.42	4.44	3.16	97.02	101.31	0.51	18791
4.43	9.20	5.58	2.65	8.08	1.11	9.22	10.77	1.50	9948
0.15	0.29	0.07		0.01	-0.02	3.13	3.18	0.01	679
292.58	512.30	113.58	16.42	115.84	26.05	903.77	910.85	63.81	441341
78.62	173.52	30.21	5.68	33.38	11.61	354.95	355.93	22.83	137303
3.37	6.38	3.66	0.13	3.72	0.31	13.09	12.65	2.41	11429
21.33	61.65	12.86	2.04	13.91	4.34	81.99	80.69	9.24	49595
44.08	66.40	7.74	0.61	6.15	0.94	56.36	56.72	8.79	58218
49.19	80.76	38.17	4.50	36.72	1.54	158.09	161.13	10.31	71591
64.02	99.87	19.10	3.08	20.46	6.60	183.73	187.31	9.69	87327
0.28	0.65	-0.04	0.05	0.01		0.42	0.42	0.02	1157
31.70	23.06	1.88	0.34	1.48	0.71	55.14	56.00	0.52	24721
926.01	355.64	8.73	2.22	15.54	18.62	441.69	447.34	17.38	218581
21.60	42.98	5.52	0.37	4.62	0.12	48.73	50.52	7.97	38543
740.81	244.08	-0.64	-0.28	4.94	11.31	281.83	281.53	7.69	101922
58.09	9.54	0.57	0.49	0.89	5.17	36.81	38.39		13153
56.28	18.98	1.23	0.04	1.12	1.72	25.72	26.44	0.23	16467
3.54	4.73	0.21	0.07	0.33	0.28	3.53	3.64	0.35	6160
38.68	23.20	0.30	1.45	2.20	0.20	31.13	32.21	0.75	20285
5.94	10.39	1.26	0.06	1.20	0.02	11.57	12.23	0.35	19304
1.07	1.74	0.29		0.24	-0.21	2.37	2.39	0.03	2747
29.09	80.27	38.99	5.88	40.51	16.69	138.91	141.01	9.98	144514
9.61	21.82	18.08	1.68	18.69	5.88	58.66	59.64	2.47	44515
18.53	55.02	20.13	4.17	21.04	11.04	78.17	78.92	7.40	96458
0.95	3.44	0.78	0.02	0.78	-0.23	2.08	2.46	0.11	3541
94.68	188.79	22.47	3.03	21.82	3.23	201.03	200.70	22.42	355056
29.89	52.43	4.75	1.10	4.84	0.84	56.06	52.60	9.40	93423
64.79	136.36	17.72	1.93	16.98	2.39	144.97	148.10	13.03	261633
120.71	166.86	38.77	4.38	34.89	3.05	296.01	308.47	12.71	301166
14.44	19.88	10.85	1.82	8.17	0.34	89.11	97.98	0.49	25017
44.62	44.24	13.15	0.74	11.35	1.27	77.80	77.55	3.91	91297

1-A-6 续表 9

行业					营业收入	营业成本
	法人资本	个人资本	港澳台资本	外商资本		
砖瓦、石材等建筑材料制造	39.06	38.73	12.44	7.34	346.40	287.61
玻璃制造	17.58	10.21	17.43	6.63	131.23	106.25
玻璃制品制造	19.50	23.00	5.25	32.35	289.58	243.16
玻璃纤维和玻璃纤维增强塑料制品制造	17.63	22.83	13.88	10.95	315.32	263.45
陶瓷制品制造	25.04	9.37	8.13	11.49	134.19	102.99
耐火材料制品制造	12.96	29.44	3.30	8.68	204.93	163.07
石墨及其他非金属矿物制品制造	36.12	29.46	5.80	10.94	357.35	291.92
黑色金属冶炼和压延加工业	333.78	254.55	201.71	107.48	9310.79	8271.04
炼铁	2.76	0.25		19.90	191.50	181.66
炼钢	46.47	40.73	112.40	29.32	1507.38	1321.75
钢压延加工	282.54	209.34	89.17	55.75	7442.03	6610.24
铁合金冶炼	2.01	4.24	0.14	2.50	169.88	157.39
有色金属冶炼和压延加工业	143.93	158.45	35.87	116.59	4156.15	3802.19
常用有色金属冶炼	20.82	7.74	0.02	1.05	448.99	424.70
贵金属冶炼	0.51	0.74	0.49		28.13	28.70
稀有稀土金属冶炼	2.54	2.28		2.06	84.11	74.60
有色金属合金制造	25.56	54.19	14.64	48.42	878.78	771.03
有色金属压延加工	94.51	93.50	20.72	65.06	2716.13	2503.16
金属制品业	384.82	374.63	129.02	204.69	5889.38	5080.94
结构性金属制品制造	113.45	123.37	33.72	42.70	1644.10	1441.68
金属工具制造	12.90	16.75	13.15	11.13	280.80	230.61
集装箱及金属包装容器制造	47.21	37.17	7.40	18.05	593.56	513.24
金属丝绳及其制品制造	28.70	32.14	26.33	45.87	690.64	603.51
建筑、安全用金属制品制造	22.04	22.56	9.86	14.83	316.12	266.98
金属表面处理及热处理加工	15.27	19.20	5.63	8.68	284.14	243.20
搪瓷制品制造	1.03	1.93	1.90	0.76	29.60	24.00
金属制日用品制造	9.20	9.24	6.14	12.27	162.80	133.70
铸造及其他金属制品制造	135.02	112.28	24.89	50.41	1887.63	1624.02
通用设备制造业	534.71	495.10	134.41	490.23	8208.20	6744.85
锅炉及原动设备制造	100.52	51.52	12.37	21.08	812.51	674.75
金属加工机械制造	65.12	61.72	10.79	39.62	975.71	800.44
物料搬运设备制造	80.13	113.42	38.31	38.50	1110.99	898.85
泵、阀门、压缩机及类似机械制造	73.55	98.84	13.26	93.14	1238.26	989.99
轴承、齿轮和传动部件制造	83.41	39.45	10.95	125.26	1058.28	880.10
烘炉、风机、包装等设备制造	66.01	61.61	23.85	73.86	1397.80	1140.29
文化、办公用机械制造	9.29	6.92	10.22	39.65	480.91	437.25
通用零部件制造	38.94	51.75	12.86	44.90	910.94	750.84
其他通用设备制造业	17.75	9.87	1.80	14.20	222.81	172.35

单位：亿元

销售费用	管理费用	财务费用			投资收益（损失以“-”号记）	营业利润	利润总额	亏损企业亏损额	平均用工人数（人）
			利息收入	利息支出					
14.20	18.31	3.14	0.08	2.64	0.18	20.74	22.10	1.71	29664
5.12	8.51	1.96	0.17	1.98	0.20	8.35	8.41	0.43	17805
8.31	16.22	2.61	0.28	2.61	0.12	17.53	17.83	2.44	43911
9.55	15.60	1.00	0.40	1.86	0.12	23.91	24.67	0.75	27276
6.24	11.90	0.84	0.32	1.11	0.17	11.08	11.66	1.05	19391
8.80	13.17	2.14	0.11	1.99	0.17	16.66	17.38	0.27	21323
9.45	19.03	3.09	0.45	3.18	0.49	30.82	30.88	1.66	25482
67.38	191.99	70.69	8.51	72.06	22.18	666.85	602.75	13.10	236051
0.79	0.97	0.56	0.02	0.56	-0.12	6.99	6.89	1.20	5615
9.53	39.20	9.48	4.82	13.10	1.85	120.88	115.39	0.32	31066
55.88	149.61	59.62	3.66	57.41	20.45	531.08	472.41	11.56	190539
1.17	2.21	1.02	0.02	0.99		7.89	8.06	0.02	8831
33.53	77.73	29.55	3.78	28.83	3.75	211.25	203.44	9.23	126599
3.39	6.62	3.34	0.27	2.63	2.47	16.37	16.88	0.16	11256
0.06	0.23	-0.06	0.03	0.06	-0.01	0.43	0.55	0.08	149
1.72	4.11	0.68	0.01	0.59		2.41	3.39	0.76	4287
9.50	23.46	7.38	0.93	7.51	0.55	64.88	63.48	3.37	33549
18.86	43.32	18.21	2.54	18.02	0.74	127.16	119.14	4.85	77358
124.93	261.40	46.63	3.90	51.04	1.04	341.09	344.83	28.17	502198
31.35	62.50	16.83	-1.05	18.97	1.52	85.73	87.05	5.41	125780
8.75	16.43	1.73	0.14	1.67	0.34	21.86	22.36	0.64	38399
14.77	27.33	4.37	0.99	6.00	0.83	32.63	33.44	3.17	46607
16.42	31.21	5.65	0.67	5.55	-3.17	23.25	23.01	7.76	41972
10.02	15.61	1.97	0.48	2.33	0.20	19.65	20.02	1.27	32893
5.59	16.40	2.59	0.14	2.26	0.52	15.25	14.97	3.11	39287
0.82	1.64		0.05	0.08		2.97	3.06	0.04	2776
5.98	8.44	0.49	0.13	0.81	0.32	13.60	13.61	0.42	21384
31.21	81.84	13.01	2.35	13.37	0.49	126.13	127.33	6.35	153100
250.09	519.74	40.91	10.32	53.17	32.28	644.27	659.92	28.24	754804
22.56	60.06	2.94	3.87	7.77	14.89	65.68	67.36	3.74	75857
34.20	59.51	9.92	0.82	8.56	1.47	67.93	69.00	3.35	90678
43.14	85.60	2.53	1.42	5.53	10.04	83.90	85.38	4.98	96537
42.04	84.68	8.48	0.73	8.06	1.69	105.92	108.80	4.68	102473
25.22	60.90	7.65	0.96	9.07	0.67	80.06	83.58	3.94	102043
44.39	79.64	3.29	1.07	6.04	1.63	127.58	130.67	3.97	124052
6.29	17.43	-1.23	0.59	0.60	0.57	20.39	20.94	0.51	34332
22.71	54.55	6.63	0.43	6.57	0.76	70.86	71.83	1.87	107992
9.54	17.37	0.69	0.44	0.95	0.57	21.96	22.37	1.21	20840

1-A-6 续表 10

行业					营业收入	营业成本
	法人资本	个人资本	港澳台资本	外商资本		
专用设备制造业	458.16	424.41	111.93	317.56	6451.43	5276.17
采矿、冶金、建筑专用设备制造	79.33	98.98	12.94	79.68	2458.70	2133.86
化工、木材、非金属加工专用设备制造	53.13	58.47	38.37	82.85	841.23	670.79
食品、饮料、烟草及饲料生产专用设备制造	7.71	12.27	0.86	4.93	151.48	121.77
印刷、制药、日化及日用品生产专用设备制造	5.95	8.68	4.81	18.20	146.53	117.73
纺织、服装和皮革加工专用设备制造	14.14	25.12	9.11	10.73	378.16	307.41
电子和电工机械专用设备制造	24.00	15.50	5.66	21.47	332.23	257.57
农、林、牧、渔专用机械制造	25.43	12.48	0.41	21.99	289.56	242.27
医疗仪器设备及器械制造	58.52	53.88	28.01	53.10	652.78	459.27
环保、邮政、社会公共服务及其他专用设备制造	189.95	139.03	11.75	24.61	1200.76	965.50
汽车制造业	659.22	235.32	73.99	531.31	7744.95	6326.14
汽车整车制造	390.61	36.02		54.63	2154.90	1713.39
汽车用发动机制造	1.26	0.03		17.04	212.83	166.08
改装汽车制造	10.24	13.04	2.49		99.09	82.97
电车制造	0.72	2.45			25.98	23.07
汽车车身、挂车制造	2.41	1.58	0.14	3.09	45.94	38.82
汽车零部件及配件制造	253.98	182.20	71.36	456.54	5206.21	4301.82
铁路、船舶、航空航天和其他运输设备制造业	208.48	123.39	35.18	81.42	2728.66	2297.43
铁路运输设备制造	35.18	20.38	2.37	8.66	499.30	395.43
城市轨道交通设备制造	3.86	4.63		1.89	93.63	73.67
船舶及相关装置制造	123.53	73.80	15.61	27.76	1282.52	1099.52
航空、航天器及设备制造	12.93	2.12	2.93	9.61	177.11	147.18
摩托车制造	13.71	9.30	5.98	8.73	288.91	243.77
自行车和残疾人座车制造	10.17	1.48	4.40	17.93	132.23	116.99
助动车制造	7.15	9.16	0.58	0.42	191.18	166.61
非公路休闲车及零配件制造	1.14	2.12	3.28	5.15	54.66	46.48
潜水救捞及其他未列明运输设备制造	0.80	0.40	0.04	1.27	9.11	7.76
电气机械和器材制造业	1275.21	906.57	185.43	507.04	13799.68	11761.29
电机制造	122.27	89.10	14.52	61.72	2008.52	1672.93
输配电及控制设备制造	654.97	320.13	90.40	110.13	4831.88	4117.02
电线、电缆、光缆及电工器材制造	301.64	313.08	33.89	71.16	3659.81	3175.62
电池制造	110.64	29.53	27.75	147.82	1130.33	1005.80
家用电力器具制造	52.43	106.03	11.51	85.44	1626.07	1350.58
非电力家用器具制造	11.04	6.42		4.64	110.83	86.36
照明器具制造	18.61	34.97	6.51	25.84	380.88	314.38
其他电气机械及器材制造	3.59	7.32	0.84	0.27	51.35	38.59

单位：亿元

销售费用	管理费用	财务费用			投资收益（损失以“-”号记）	营业利润	利润总额	亏损企业亏损额	平均用工人数（人）
			利息收入	利息支出					
242.09	397.87	49.38	4.26	56.06	18.96	467.16	481.97	28.08	555389
86.13	81.35	24.53	1.65	26.74	3.18	124.93	126.03	5.37	109166
25.71	72.35	3.84	0.33	5.49	1.76	64.70	67.92	3.19	118019
7.26	11.09	0.75	0.11	0.89	0.28	9.64	10.74	0.65	16040
7.80	10.20	0.77	0.07	0.64	0.08	9.88	9.98	0.14	12848
14.98	24.84	1.80	0.26	1.76	0.09	26.89	27.17	1.03	35206
11.46	28.97	2.11	0.24	2.23	0.39	30.39	30.41	3.04	34976
8.97	18.94	2.02	-0.12	2.43	0.08	17.38	19.97	3.37	31497
39.10	68.73	2.02	0.66	4.14	4.63	85.41	87.72	2.68	97739
40.69	81.40	11.53	1.05	11.74	8.46	97.95	102.03	8.61	99898
208.15	469.79	50.42	10.77	48.03	26.26	645.14	655.13	74.66	514836
59.87	108.66	10.57	4.93	11.41	14.53	228.93	229.42	33.64	61371
9.54	9.57	0.01	0.36	0.19	0.03	27.18	27.26	0.05	6149
4.27	7.98	1.03	0.12	1.00	-0.12	0.66	1.01	2.41	7334
0.77	0.87	0.16		0.12		0.87	0.88	0.28	2906
1.61	3.01	0.57	0.02	0.55		1.96	2.01	0.57	4608
132.09	339.71	38.07	5.34	34.76	11.81	385.55	394.55	37.72	432468
52.88	162.02	18.79	10.84	28.58	22.67	200.90	226.72	18.49	261662
14.36	38.17	5.29	1.25	5.51	2.01	48.51	49.58	0.84	42701
2.16	8.46	0.76	0.37	0.89	0.24	8.22	7.98	1.01	4340
11.67	65.54	8.71	6.96	16.45	18.97	105.09	129.55	11.60	122270
1.88	13.44	0.91	0.59	1.23	-0.31	13.30	13.50	0.36	15578
9.63	16.52	3.06	0.72	3.15	0.47	8.11	7.39	2.86	32212
3.76	6.41	0.43	0.27	0.88	0.13	4.28	4.81	0.97	20912
6.92	10.15	-0.32	0.56	0.32	1.15	8.73	8.61	0.59	14123
2.15	2.82	-0.05	0.14	0.15	0.01	4.26	4.89	0.26	8042
0.35	0.52					0.39	0.41		1484
400.44	662.96	110.14	25.92	117.39	29.63	851.21	867.65	77.25	929076
40.62	104.27	8.15	2.08	10.79	2.50	174.73	177.17	6.17	152471
141.24	260.78	44.57	6.16	46.27	9.25	261.32	271.26	40.40	348705
86.69	136.92	42.05	5.88	41.00	15.58	230.39	232.82	6.87	166979
18.30	48.46	13.87	1.81	8.90	-1.81	39.06	40.30	16.81	84602
91.00	77.25	-1.06	8.18	6.53	4.21	106.48	106.55	3.65	109593
8.09	7.42	0.65	0.03	0.78	-0.17	7.39	7.45	0.14	9415
12.01	22.93	1.55	1.77	2.84	0.03	27.19	27.35	3.08	50814
2.48	4.94	0.37	0.01	0.27	0.04	4.66	4.74	0.13	6497

1-A-6 续表 11

行业	法人资本	个人资本	港澳台资本	外商资本	营业收入	营业成本
计算机、通信和其他电子设备制造业	884.65	296.30	844.07	1597.90	17333.95	15550.30
计算机制造	55.80	12.88	144.68	173.18	3968.69	3738.43
通信设备制造	99.09	27.51	26.84	92.85	2554.97	2336.67
广播电视设备制造	15.15	25.14	10.90	27.24	368.32	294.00
雷达及配套设备制造	0.15	1.09			133.04	108.71
非专业视听设备制造	29.68	14.79	29.89	38.12	1062.32	971.18
智能消费设备制造	38.50	7.79	14.35	59.62	1148.30	1009.03
电子器件制造	376.12	94.43	209.92	803.14	3794.14	3395.59
电子元件及电子专用材料制造	257.61	105.17	389.35	389.19	4074.60	3507.80
其他电子设备制造	12.55	7.50	18.15	14.57	229.58	188.87
仪器仪表制造业	151.99	131.14	18.88	75.42	2274.84	1823.39
通用仪器仪表制造	115.74	89.71	13.20	47.43	1687.11	1355.31
专用仪器仪表制造	20.09	35.41	1.41	19.03	415.28	331.79
钟表与计时仪器制造						
光学仪器制造	7.23	2.25	1.99	8.29	123.87	98.31
衡器制造	8.47	0.76	0.38	0.62	17.39	11.93
其他仪器仪表制造业	0.47	2.90	1.80	0.05	29.67	24.79
其他制造业	6.18	7.02	1.34	13.05	163.06	140.15
日用杂品制造	5.37	6.31	1.08	10.36	127.26	110.64
其他未列明制造业	0.82	0.70	0.26	2.69	35.80	29.52
废弃资源综合利用业	14.59	19.45	7.68	3.77	185.31	165.50
金属废料和碎屑加工处理	10.14	10.06	2.69	2.76	133.34	124.32
非金属废料和碎屑加工处理	4.44	9.39	4.99	1.00	51.98	41.18
金属制品、机械和设备修理业	3.96	0.86		4.22	15.21	12.04
专用设备修理	0.16			0.71	2.43	1.66
铁路、船舶、航空航天等运输设备修理	3.60	0.80		3.51	11.21	9.12
电力、热力、燃气及水生产和供应业	**1480.43**	**70.63**	**158.85**	**87.24**	**6229.52**	**5562.02**
电力、热力生产和供应业	1396.36	41.37	115.72	33.09	5320.16	4868.15
电力生产	433.66	36.89	113.22	30.87	2053.25	1703.46
电力供应	942.64				3173.45	3085.99
热力生产和供应	20.05	4.47	2.50	2.23	93.46	78.70
燃气生产和供应业	44.80	16.37	17.95	42.28	674.06	543.02
燃气生产和供应业	44.80	16.37	17.95	42.28	672.06	541.14
水的生产和供应业	39.27	12.89	25.18	11.87	235.30	150.85
自来水生产和供应	19.68	7.70	22.81	4.26	184.69	113.45
污水处理及其再生利用	19.59	5.12	2.37	7.60	50.47	37.33

单位：亿元

销售费用	管理费用	财务费用			投资收益（损失以“-”号记）	营业利润	利润总额	亏损企业亏损额	平均用工人数（人）
			利息收入	利息支出					
200.22	746.01	87.58	38.68	105.60	35.85	783.17	819.97	140.12	1648817
24.08	93.32	-4.44	3.11	5.82	3.88	114.77	128.13	8.52	341312
23.67	92.02	16.43	4.23	13.78	5.90	98.32	101.63	7.08	194126
11.06	27.30	2.07	1.01	2.90	0.80	32.56	34.59	3.33	50520
0.37	10.98	0.22	0.24	0.45	0.42	13.49	13.81		9201
9.78	42.63	5.15	8.17	10.62	0.26	33.30	36.97	5.80	63281
21.11	53.15	2.71	3.68	3.76	1.72	62.24	62.11	3.42	92867
45.25	202.93	40.94	6.40	40.26	18.93	145.21	155.33	78.00	373730
59.89	207.57	22.74	11.71	26.72	3.12	265.94	269.37	32.39	498830
4.99	16.10	1.74	0.13	1.29	0.82	17.32	18.03	1.58	24950
83.85	154.59	10.00	3.57	13.32	25.89	223.83	231.33	3.43	168849
64.06	107.79	7.06	2.49	9.32	24.47	175.07	180.66	1.78	113428
16.31	34.29	2.53	0.73	3.19	0.72	28.54	29.80	1.05	36015
1.86	8.82	0.18	0.30	0.51	0.45	14.39	14.51	0.42	13121
0.68	1.72	0.04	0.03	0.09	0.23	3.77	4.02		3089
0.91	1.77	0.18	0.01	0.20	0.02	2.04	2.32	0.16	2457
4.49	9.17	0.76	0.39	0.80	1.46	9.37	9.63	1.00	23421
4.07	4.81	0.80	0.08	0.71	0.57	6.81	7.14	0.14	21106
0.43	4.36	-0.04	0.31	0.09	0.89	2.57	2.49	0.85	2315
3.03	7.43	1.30	-0.02	1.33	0.20	10.61	12.66	1.40	10021
1.66	4.35	0.67	-0.06	0.74	0.03	5.11	6.44	0.89	4842
1.36	3.08	0.62	0.04	0.59	0.17	5.50	6.22	0.51	5179
0.71	1.17	0.48	0.01	0.52	0.01	0.64	0.67	0.18	2920
0.28	0.17	0.02		0.01	0.01	0.29	0.29		271
0.34	0.88	0.45	0.01	0.51		0.26	0.29	0.18	2393
53.25	**87.10**	**115.81**	**14.14**	**122.92**	**32.19**	**419.64**	**435.28**	**19.37**	**144171**
2.11	47.98	105.67	10.16	110.18	22.50	295.54	306.52	14.61	94386
1.44	43.44	102.30	8.35	105.35	18.66	209.96	213.90	12.87	54385
	0.22	1.74	1.56	3.21	3.82	77.64	84.18		35777
0.66	4.32	1.64	0.25	1.62	0.03	7.93	8.44	1.74	4224
19.99	18.10	3.50	2.13	5.09	4.53	91.41	93.57	1.09	16854
19.93	18.08	3.50	2.13	5.09	4.53	91.37	93.53	1.09	16755
31.15	21.02	6.64	1.85	7.64	5.16	32.69	35.19	3.67	32931
30.85	17.38	3.90	1.50	5.00	5.15	24.88	28.19	1.42	28198
0.30	3.60	2.73	0.35	2.64	0.02	7.80	6.92	2.25	4700

1-A-7 规模以上国有控股

行业	企业单位数（个）	资产总计	固定资产净额	固定资产原价	累计折旧	流动资产合计
总计	**1128**	**23117.53**	**9416.97**	**18343.36**	**8768.27**	**9757.35**
采矿业	**18**	**882.77**	**342.18**	**933.13**	**573.90**	**245.66**
煤炭开采和洗选业	4	663.21	236.90	467.41	214.96	202.98
石油和天然气开采业	2					
有色金属矿采选业	2					
非金属矿采选业	9	73.62	31.17	59.69	27.29	24.94
制造业	**832**	**13956.77**	**3408.95**	**6755.62**	**3244.89**	**8069.28**
农副食品加工业	32	88.01	26.27	38.29	12.00	56.22
食品制造业	17	81.68	22.80	42.93	20.00	34.05
酒、饮料和精制茶制造业	12	621.65	118.67	301.97	182.24	405.73
烟草制品业	6	733.66	93.99	171.75	77.76	587.80
纺织业	19	67.51	27.01	51.18	23.90	28.69
纺织服装、服饰业	35	65.99	16.51	29.72	13.06	44.88
造纸和纸制品业	5	38.99	14.68	34.77	19.54	15.70
印刷和记录媒介复制业	20	29.36	9.77	27.43	16.38	14.37
文教、工美、体育和娱乐用品制造业	6	16.57	1.65	4.09	2.44	12.82
石油、煤炭及其他燃料加工业	8	360.95	176.64	364.84	187.21	144.01
化学原料和化学制品制造业	76	1715.22	562.32	1452.66	855.14	806.47
医药制造业	23	166.96	24.26	43.13	18.78	91.74
化学纤维制造业	12	202.97	72.51	259.78	168.85	80.56
橡胶和塑料制品业	10	39.31	13.48	31.18	17.69	21.67
非金属矿物制品业	73	414.90	134.19	228.59	92.07	215.42
黑色金属冶炼和压延加工业	11	452.48	237.17	498.75	256.31	132.33
有色金属冶炼和压延加工业	21	133.20	35.47	60.39	21.44	85.01
金属制品业	34	311.67	89.50	145.46	52.55	186.19
通用设备制造业	59	576.92	119.41	203.77	83.26	359.11
专用设备制造业	45	1415.97	244.94	360.20	113.20	944.23
汽车制造业	63	1304.03	308.80	665.06	339.09	816.63
铁路、船舶、航空航天和其他运输设备制造业	60	1298.39	278.42	497.89	212.07	776.26
电气机械和器材制造业	78	1280.96	212.49	322.45	109.39	907.15
计算机、通信和其他电子设备制造业	73	1785.84	509.83	822.50	311.98	861.79
仪器仪表制造业	24	674.36	40.40	67.54	27.09	392.92
废弃资源综合利用业	4	6.77	1.98	2.86	0.88	4.46
金属制品、机械和设备修理业	3	13.34	8.90	14.33	5.43	3.48
电力、热力、燃气及水生产和供应业	**278**	**8277.99**	**5665.84**	**10654.61**	**4949.48**	**1442.41**
电力、热力生产和供应业	167	6736.33	5057.11	9695.97	4606.49	772.68
燃气生产和供应业	32	294.24	132.91	202.30	69.26	107.07
水的生产和供应业	79	1247.41	475.82	756.34	273.74	562.65

工业企业主要经济指标

单位：亿元

应收账款	存货	#产成品	负债合计	流动负债合计	#应付账款	所有者权益合计	实收资本	国家资本	集体资本
2454.50	**2243.76**	**605.68**	**13055.76**	**9771.01**	**2870.74**	**10061.77**	**5425.74**	**3082.17**	**72.83**
31.31	**32.24**	**12.29**	**564.34**	**355.61**	**67.14**	**318.43**	**149.31**	**129.25**	**1.69**
25.14	22.94	8.47	401.30	212.28	56.04	261.90	59.52	45.11	0.58
2.69	6.67	2.67	36.95	33.91	3.55	36.66	11.55	7.18	1.00
2221.52	**2110.76**	**590.64**	**7617.23**	**6468.52**	**2114.93**	**6339.54**	**3079.09**	**2052.17**	**31.44**
5.01	27.50	5.95	65.19	61.68	26.63	22.82	17.59	13.78	
7.88	5.55	2.26	39.55	37.96	9.51	42.13	21.76	15.48	0.96
9.27	189.00	24.23	198.22	190.79	17.94	423.43	42.92	6.65	
16.90	284.32	17.26	131.27	131.13	44.74	602.39	22.52	22.52	
5.83	11.72	5.94	31.92	28.33	4.90	35.59	35.11	14.18	0.59
6.48	5.04	1.92	22.45	18.81	5.74	43.54	8.53	4.94	0.17
0.65	4.62	0.95	19.12	11.30	3.73	19.87	14.55	13.40	0.03
3.91	3.08	1.23	8.32	7.74	1.94	21.03	14.66	9.25	
2.39	4.27	2.23	9.88	9.84	2.39	6.69	3.42	0.85	1.77
27.60	74.10	14.53	202.69	164.95	74.27	158.27	100.77	94.30	
108.34	204.46	55.67	791.27	661.23	169.70	923.96	524.47	340.31	11.00
17.18	18.84	8.73	58.08	55.90	5.35	108.87	32.54	13.20	0.05
2.48	26.40	13.76	70.70	60.53	12.58	132.27	86.31	56.83	0.02
5.55	8.36	5.15	26.77	25.41	4.07	12.54	11.17	6.40	
97.58	25.81	12.40	248.61	237.18	55.47	166.29	84.69	52.14	3.04
26.46	41.94	12.39	229.38	213.02	84.62	223.10	204.81	120.89	
10.93	31.77	10.03	92.16	82.76	23.03	41.04	38.38	18.78	0.96
69.30	56.35	21.83	176.98	166.41	54.22	134.69	121.59	91.39	2.50
114.80	110.56	43.79	348.82	321.55	97.62	228.10	95.27	56.30	2.16
385.72	245.39	137.94	992.03	788.04	181.37	423.94	79.57	54.02	0.39
247.73	120.81	53.31	855.03	716.70	383.66	449.00	382.42	178.06	0.24
247.51	212.38	25.99	926.03	717.39	233.72	372.35	266.91	238.29	0.83
409.48	123.67	65.60	801.80	698.42	226.89	479.15	213.63	142.32	4.32
256.90	222.83	40.89	943.58	745.77	252.35	842.25	545.74	409.33	2.44
126.00	46.81	4.18	284.89	274.25	126.38	389.47	92.49	70.26	
2.56	0.07	0.04	3.13	2.79	0.47	3.64	2.31	2.15	
1.41	0.70		9.11	9.11	1.81	4.23	7.24	0.16	
201.67	**100.75**	**2.76**	**4874.19**	**2946.89**	**688.67**	**3403.80**	**2197.34**	**900.75**	**39.69**
170.12	79.04	1.54	3938.30	2493.80	628.68	2798.04	1894.49	678.94	36.34
10.65	7.63	0.51	124.17	111.25	16.47	170.07	60.09	13.67	
20.91	14.08	0.71	811.73	341.83	43.52	435.69	242.77	208.14	3.35

1-A-7 续表

行业					营业收入	营业成本
	法人资本	个人资本	港澳台资本	外商资本		
总计	**1886.97**	**111.38**	**36.39**	**236.00**	**18823.08**	**15529.04**
采矿业	**16.72**	**1.65**			**495.74**	**379.67**
煤炭开采和洗选业	13.58	0.25			380.74	299.69
石油和天然气开采业						
有色金属矿采选业						
非金属矿采选业	2.06	1.31			33.52	24.17
制造业	**691.92**	**91.67**	**23.33**	**188.55**	**13261.18**	**10532.17**
农副食品加工业	1.32	2.49			143.93	133.60
食品制造业	5.17	0.05	0.10		98.15	70.85
酒、饮料和精制茶制造业	31.92	4.30		0.05	328.27	108.33
烟草制品业					794.11	308.99
纺织业	17.35	1.98	0.31	0.70	76.28	70.85
纺织服装、服饰业	2.89	0.34		0.20	41.23	28.08
造纸和纸制品业		1.12			27.90	22.11
印刷和记录媒介复制业	5.24	0.17			18.16	15.12
文教、工美、体育和娱乐用品制造业	0.52			0.28	42.04	40.03
石油、煤炭及其他燃料加工业		6.48			1329.71	1047.72
化学原料和化学制品制造业	97.86	7.47	1.45	66.39	2065.45	1673.75
医药制造业	12.87	6.42			90.62	44.41
化学纤维制造业	21.98	0.03	7.45		279.44	228.87
橡胶和塑料制品业	1.12	0.52	3.15		44.85	40.92
非金属矿物制品业	25.40	4.06		0.05	373.45	282.87
黑色金属冶炼和压延加工业	75.82	7.36		0.74	431.68	371.68
有色金属冶炼和压延加工业	14.61	0.95	1.16	1.91	439.09	424.62
金属制品业	24.85	1.15		1.69	211.19	185.06
通用设备制造业	26.42	10.11	0.20	0.09	325.01	275.03
专用设备制造业	21.79	1.67	0.16	1.55	1212.57	1095.21
汽车制造业	159.71	2.64	0.54	41.24	2112.42	1682.33
铁路、船舶、航空航天和其他运输设备制造业	15.36	2.24		10.18	735.36	614.67
电气机械和器材制造业	54.64	3.78	2.70	5.88	908.62	791.31
计算机、通信和其他电子设备制造业	51.58	24.70	4.27	53.41	800.56	684.21
仪器仪表制造业	19.65	0.06	1.85	0.67	273.05	241.62
废弃资源综合利用业	0.16				3.68	3.41
金属制品、机械和设备修理业	3.58			3.51	7.69	6.85
电力、热力、燃气及水生产和供应业	**1178.33**	**18.06**	**13.06**	**47.45**	**5066.16**	**4617.21**
电力、热力生产和供应业	1146.28	10.32	9.65	12.96	4658.27	4338.38
燃气生产和供应业	12.87	0.72	1.04	31.79	243.52	177.03
水的生产和供应业	19.18	7.02	2.38	2.70	164.37	101.80

单位：亿元

销售费用	管理费用	财务费用			投资收益（损失以“-”号记）	营业利润	利润总额	亏损企业亏损额	平均用工人　数（人）
			利息收入	利息支出					
341.46	**681.84**	**182.37**	**35.39**	**204.42**	**81.27**	**1393.51**	**1442.55**	**96.44**	**662426**
6.41	**55.10**	**8.90**	**1.64**	**9.05**	**-1.47**	**14.69**	**17.93**	**3.78**	**60110**
3.12	35.97	5.15	1.34	5.15	-1.58	13.62	16.74	0.58	45384
2.65	2.37	1.08	0.07	1.04	0.10	2.60	2.70		3592
295.28	**576.00**	**94.91**	**26.02**	**113.01**	**62.19**	**1099.96**	**1134.25**	**80.56**	**500394**
3.52	2.30	0.39	0.06	0.44	0.58	4.85	4.93	0.48	3097
8.18	4.80	1.56	0.03	1.53	0.48	12.09	12.88	0.22	6261
25.01	22.77	0.33	0.36	0.64	16.19	139.61	140.79	0.08	21464
8.00	23.48	-3.61	3.41		0.82	87.92	90.24		5918
1.03	2.74	0.63	0.02	0.66	0.05	0.67	1.21	0.29	9265
0.65	10.93	-0.38	0.37	0.06	0.03	2.17	2.40	0.28	13702
0.35	2.80	0.63	0.12	0.77	-0.29	1.49	1.54	1.55	2399
0.50	1.94	0.01	0.03	0.07	0.12	0.59	0.70	0.30	2968
0.76	0.89	0.13	0.03	0.15		0.07	0.12	0.38	1355
2.14	19.44	1.07	1.04	2.10	2.59	68.59	68.27		8081
27.50	82.87	13.97	4.47	18.49	10.77	182.64	181.74	7.14	47030
23.13	8.48	0.44	0.11	0.64	7.21	20.77	21.19	0.44	8102
3.12	17.57	0.05	0.61	0.83	1.14	26.67	27.49	1.67	11710
0.95	2.26	0.62	0.01	0.65	0.06	0.06	0.13	0.30	3829
17.29	15.10	5.20	0.33	5.17	0.22	48.63	49.26	0.32	16977
4.08	16.99	4.36	0.31	4.32	0.04	31.80	30.57	0.68	8992
3.05	3.96	2.15	0.24	2.29		4.30	5.43	0.78	6328
3.11	11.10	1.42	0.90	2.44	0.04	9.22	9.72	1.59	14960
11.03	28.98	1.29	-0.28	2.31	2.01	9.74	11.61	4.58	26299
45.18	27.12	16.57	1.07	17.40	0.07	24.93	25.03	2.30	40139
42.25	81.99	0.56	3.69	3.50	-0.70	276.18	277.28	5.80	55315
9.13	53.13	11.20	3.22	13.43	0.02	41.23	59.79	5.12	65702
29.19	50.08	12.20	2.43	14.40	2.16	48.22	50.95	8.36	46648
16.64	63.76	23.75	2.03	18.85	1.59	26.90	29.67	37.19	59273
8.61	15.72	-0.03	1.10	1.16	16.10	27.80	27.91	0.57	10607
0.02	0.44	0.05	0.01	0.06		-0.27	0.33	0.11	405
	0.49	0.24	0.01	0.30		0.06	0.06		1674
39.77	**50.73**	**78.56**	**7.73**	**82.36**	**20.56**	**278.86**	**290.37**	**12.10**	**101922**
0.85	28.00	73.60	5.90	76.52	14.46	211.00	218.81	10.26	71032
11.53	8.17	0.44	0.58	1.04	3.01	47.86	48.46	0.44	6727
27.39	14.56	4.52	1.25	4.81	3.09	20.00	23.09	1.40	24163

1-A-8 规模以上私营

行 业	企业单位数（个）	资产总计	固定资产净额	固定资产原价	累计折旧	流动资产合计
总计	**30895**	**38445.36**	**9162.65**	**17213.35**	**7796.37**	**22903.11**
采矿业	**19**	**20.12**	**2.88**	**5.28**	**2.40**	**9.52**
煤炭开采和洗选业	2					
烟煤和无烟煤开采洗选	2					
黑色金属矿采选业	4	2.03	0.71	1.19	0.48	1.14
铁矿采选	3	1.81	0.66	1.11	0.46	1.04
非金属矿采选业	13	15.11	2.14	3.84	1.70	5.49
土砂石开采	13	15.11	2.14	3.84	1.70	5.49
制造业	**30727**	**37933.62**	**8953.54**	**16884.35**	**7680.89**	**22747.84**
农副食品加工业	1002	788.41	202.75	360.68	147.53	472.84
谷物磨制	358	157.91	56.59	109.31	49.45	80.20
饲料加工	172	162.87	44.00	74.56	29.74	93.30
植物油加工	54	168.75	19.83	33.47	13.39	135.48
制糖业	2					
屠宰及肉类加工	163	119.02	24.23	46.10	17.85	69.09
水产品加工	77	43.09	11.01	17.43	6.02	22.63
蔬菜、菌类、水果和坚果加工	116	80.75	31.89	53.94	20.67	37.83
其他农副食品加工	60	45.31	12.27	22.21	9.69	27.97
食品制造业	247	212.88	69.06	107.88	36.40	110.05
焙烤食品制造	26	13.62	3.84	7.81	3.97	6.76
糖果、巧克力及蜜饯制造	13	19.02	6.64	8.76	2.03	11.12
方便食品制造	44	40.26	11.77	18.33	4.73	21.39
乳制品制造	15	24.20	7.97	12.68	4.70	11.03
罐头食品制造	24	13.75	4.06	7.51	3.42	8.26
调味品、发酵制品制造	25	18.84	10.00	14.61	4.23	6.06
其他食品制造	100	83.19	24.77	38.17	13.31	45.43
酒、饮料和精制茶制造业	66	86.46	26.46	50.25	22.91	42.78
酒的制造	45	56.16	14.90	30.96	15.64	29.06
饮料制造	18	29.05	11.34	18.86	7.10	13.26
精制茶加工	3	1.25	0.22	0.43	0.17	0.47
纺织业	3415	2049.97	590.98	1150.41	542.72	1241.01
棉纺织及印染精加工	1711	932.71	283.50	565.53	270.98	551.87
毛纺织及染整精加工	189	188.68	38.78	88.66	49.39	132.49
麻纺织及染整精加工	22	21.81	4.80	11.06	6.25	14.54
丝绢纺织及印染精加工	63	27.01	7.82	19.45	10.20	15.57
化纤织造及印染精加工	531	414.93	128.95	228.48	99.00	241.31
针织或钩针编织物及其制品制造	243	147.51	39.32	78.78	38.75	91.41
家用纺织制成品制造	368	169.96	40.52	71.86	30.07	109.02
产业用纺织制成品制造	288	147.37	47.28	86.60	38.10	84.81

工业企业主要经济指标

单位：亿元

应收账款	存货	#产成品	负债合计	流动负债合计	#应付账款	所有者权益合计	实收资本	国家资本	集体资本
7674.51	**5092.31**	**2158.68**	**21430.27**	**19335.95**	**4595.83**	**17015.04**	**7538.29**	**60.77**	**124.79**
5.33	**1.01**	**0.90**	**13.34**	**11.57**	**3.69**	**6.78**	**6.14**		
0.21	0.39	0.36	2.08	1.93	0.07	-0.04	0.77		
0.16	0.37	0.36	1.96	1.81		-0.14	0.70		
2.71	0.60	0.54	8.76	7.14	1.57	6.35	5.29		
2.71	0.60	0.54	8.76	7.14	1.57	6.35	5.29		
7632.68	**5083.55**	**2155.26**	**21122.05**	**19132.77**	**4553.89**	**16811.52**	**7397.12**	**43.49**	**122.05**
94.44	142.42	64.56	435.34	394.37	42.17	353.07	154.80	0.46	2.28
18.27	26.72	10.60	71.15	62.87	10.21	86.76	33.75	0.20	0.26
19.56	20.19	7.86	106.46	97.00	-16.18	56.41	32.99		1.44
17.67	43.09	20.16	104.35	93.92	25.64	64.40	24.64		
17.26	19.47	9.80	64.05	57.58	8.91	54.97	27.62		0.50
4.20	8.20	3.66	24.44	22.07	3.20	18.64	8.02		0.08
9.85	15.33	8.51	35.47	32.50	6.66	45.27	16.56	0.26	
6.63	8.02	3.40	22.45	21.54	3.50	22.86	10.94		0.01
27.24	35.41	13.60	115.09	103.16	18.51	97.79	53.02		0.72
1.71	1.92	0.50	6.83	6.71	0.95	6.79	3.99		
2.63	3.26	1.60	15.37	14.64	1.74	3.65	2.13		
6.98	6.85	2.17	20.16	18.12	5.67	20.10	15.08		0.02
0.62	0.87	0.15	12.44	9.59	1.80	11.76	4.09		0.60
1.04	4.39	2.50	8.41	7.93	1.38	5.34	2.62		0.10
1.38	2.37	0.50	10.31	9.25	2.06	8.53	2.35		
12.88	15.76	6.18	41.56	36.93	4.92	41.63	22.76		
5.92	13.23	4.53	43.89	40.76	6.67	42.57	25.82		
4.47	10.35	3.27	27.82	26.25	4.08	28.34	14.49		
1.41	2.84	1.24	15.27	14.00	2.19	13.78	11.20		
0.04	0.04	0.02	0.80	0.51	0.41	0.45	0.12		
357.52	390.53	184.40	1314.95	1249.19	190.62	734.95	380.06	0.26	0.72
150.99	175.80	84.40	598.78	564.15	77.24	333.86	168.46	0.23	0.40
31.76	49.97	21.16	132.81	128.24	28.98	55.87	29.40		0.03
2.97	5.89	2.59	14.15	13.80	1.74	7.67	3.67		
2.87	8.10	3.70	14.41	13.30	1.08	12.60	4.35	0.01	0.03
65.40	78.22	41.04	280.77	268.68	27.44	134.16	82.17		0.18
27.32	23.44	10.51	90.99	86.36	17.55	56.52	28.22		
39.01	30.71	13.05	102.22	97.64	19.68	67.74	28.75	0.02	0.07
37.20	18.40	7.95	80.84	77.00	16.91	66.53	35.03		0.01

1-A-8 续表 1

行业	企业单位数（个）	资产总计	固定资产净额	固定资产原价	累计折旧	流动资产合计
纺织服装、服饰业	1242	1184.08	263.58	463.01	192.52	667.84
机织服装制造	751	936.47	197.84	348.02	145.64	512.09
针织或钩针编织服装制造	292	156.74	40.20	70.41	28.79	102.13
服饰制造	199	90.87	25.54	44.58	18.09	53.62
皮革、毛皮、羽毛及其制品和制鞋业	326	139.49	36.14	71.39	34.47	87.84
皮革鞣制加工	13	8.49	1.86	2.87	1.00	6.20
皮革制品制造	71	35.95	7.58	13.47	5.69	25.24
毛皮鞣制及制品加工	7	4.95	1.56	3.71	2.15	3.25
羽毛（绒）加工及制品制造	67	35.74	9.64	22.50	12.57	18.55
制鞋业	168	54.35	15.50	28.85	13.05	34.60
木材加工和木、竹、藤、棕、草制品业	845	431.37	111.01	200.49	82.95	236.12
木材加工	132	33.44	11.53	20.98	8.28	18.49
人造板制造	560	258.93	80.67	144.47	59.11	129.22
木质制品制造	148	129.81	16.76	32.37	14.95	81.63
竹、藤、棕、草等制品制造	5	9.19	2.05	2.66	0.61	6.78
家具制造业	237	178.04	49.03	68.69	18.57	102.21
木质家具制造	157	88.12	23.79	36.30	12.16	51.23
竹、藤家具制造	4	1.43	0.45	0.65	0.20	0.92
金属家具制造	31	28.07	6.58	8.93	2.33	18.75
塑料家具制造	2					
其他家具制造	43	59.84	17.92	22.48	3.82	31.03
造纸和纸制品业	390	368.17	110.83	182.41	69.14	184.79
造纸	206	261.69	83.26	132.15	47.85	120.16
纸制品制造	183	105.79	27.30	49.96	21.26	64.26
印刷和记录媒介复制业	461	344.97	99.85	199.86	98.97	207.68
印刷	452	340.65	98.80	196.83	97.02	205.05
装订及印刷相关服务	5	2.51	0.58	1.25	0.65	1.37
记录媒介复制	4	1.80	0.46	1.77	1.30	1.25
文教、工美、体育和娱乐用品制造业	839	479.55	147.59	244.03	92.16	258.95
文教办公用品制造	64	56.02	14.80	25.30	9.38	28.36
乐器制造	16	7.15	1.44	3.47	2.03	5.05
工艺美术及礼仪用品制造	420	259.85	84.24	141.08	54.87	140.12
体育用品制造	108	58.71	18.50	26.81	7.64	31.91
玩具制造	181	74.16	23.65	38.65	14.51	37.20
游艺器材及娱乐用品制造	50	23.67	4.96	8.72	3.74	16.31

单位：亿元

应收账款	存货	#产成品	负债合计	流动负债合计	#应付账款	所有者权益合计	实收资本	国家资本	集体资本
136.04	210.76	95.52	689.15	574.49	161.46	494.93	171.09	1.14	0.49
80.36	175.97	81.26	537.15	428.44	131.73	399.32	135.38	1.11	0.41
37.77	20.94	8.24	98.09	95.23	18.99	58.65	19.19	0.01	0.01
17.92	13.85	6.02	53.91	50.81	10.75	36.97	16.52	0.02	0.08
31.87	24.25	8.38	79.71	77.74	17.66	59.78	26.71		0.06
2.27	1.76	0.31	5.76	5.68	2.03	2.73	1.77		
9.72	6.51	1.90	22.61	21.98	3.32	13.34	6.44		
0.68	1.57	0.40	3.03	3.03	0.69	1.92	2.21		0.03
8.40	5.40	2.31	18.98	18.65	5.03	16.77	4.53		
10.80	9.01	3.46	29.33	28.39	6.58	25.02	11.76		0.04
67.34	66.90	31.35	204.72	184.91	34.64	226.65	104.23	0.20	0.10
5.79	4.09	1.33	14.92	12.38	1.67	18.52	9.72	0.14	0.05
44.57	37.46	19.12	117.85	103.49	23.06	141.08	62.38	0.03	0.06
15.68	21.21	9.75	68.35	65.45	9.79	61.45	30.51	0.03	
1.30	4.14	1.14	3.60	3.60	0.12	5.60	1.62		
23.39	29.72	13.29	102.69	98.82	22.79	75.34	40.78		0.30
10.42	18.32	8.70	46.23	43.87	7.30	41.89	27.15		0.03
0.05	0.41	0.12	0.87	0.87	0.39	0.56	0.31		
4.05	3.04	0.96	14.81	14.59	5.75	13.26	4.02		0.03
8.74	7.83	3.48	40.52	39.24	9.24	19.32	9.01		0.23
69.36	44.18	16.92	232.67	185.16	42.02	135.50	91.82	0.01	0.01
38.59	31.44	12.14	167.08	123.39	25.47	94.61	67.12		0.01
30.71	12.44	4.59	65.02	61.19	16.11	40.77	24.60	0.01	
81.06	41.65	18.28	202.93	189.46	44.09	142.04	76.04	2.40	3.22
80.12	41.29	18.16	201.56	187.81	43.54	139.10	74.03	2.40	3.22
0.44	0.17	0.01	0.78	1.16	0.46	1.73	1.08		
0.50	0.20	0.11	0.60	0.50	0.09	1.21	0.93		
92.76	72.30	28.87	261.06	243.52	50.40	218.50	91.43	0.06	0.78
10.35	7.11	3.07	24.72	22.63	4.50	31.30	15.01		
1.74	2.17	0.94	5.40	4.91	1.67	1.75	0.72		
51.48	40.32	15.94	144.89	136.40	23.75	114.96	45.30	0.06	
10.45	8.19	3.70	31.37	30.10	7.78	27.34	10.88		
13.85	10.85	3.91	41.12	37.51	10.60	33.04	14.28		0.75
4.89	3.65	1.32	13.57	11.96	2.10	10.10	5.25		0.03

1-A-8 续表 2

行 业	企业单位数（个）	资产总计	固定资产净额	固定资产原价	累计折旧	流动资产合计
石油、煤炭及其他燃料加工业	89	350.26	76.19	132.89	55.87	215.26
精炼石油产品制造	56	136.45	10.16	34.92	24.76	89.39
煤炭加工	15	205.12	63.62	95.13	30.71	119.90
生物质燃料加工	18	8.69	2.41	2.83	0.41	5.97
化学原料和化学制品制造业	1653	3005.20	827.95	1497.25	651.69	1621.96
基础化学原料制造	454	669.32	198.38	377.66	168.48	339.27
肥料制造	49	56.26	14.37	22.53	7.95	31.35
农药制造	75	209.44	54.99	100.79	45.62	104.67
涂料、油墨、颜料及类似产品制造	283	340.58	91.41	173.31	80.83	198.12
合成材料制造	264	946.74	305.99	551.76	245.27	478.59
专用化学产品制造	451	704.06	144.02	241.29	92.72	421.22
炸药、火工及焰火产品制造	5	3.04	0.30	0.83	0.51	0.98
日用化学产品制造	72	75.75	18.48	29.06	10.29	47.76
医药制造业	338	840.31	184.29	300.19	108.40	454.59
化学药品原料药制造	94	243.12	68.62	113.27	41.28	124.21
化学药品制剂制造	47	155.28	21.40	38.02	15.89	71.49
中药饮片加工	28	33.41	4.83	7.29	2.39	22.23
中成药生产	17	140.63	23.39	40.38	14.42	85.67
兽用药品制造	20	22.12	6.46	12.00	5.51	10.37
生物药品制品制造	46	171.04	41.27	58.86	17.12	97.68
卫生材料及医药用品制造	74	68.84	15.71	26.14	10.20	40.33
药用辅料及包装材料	12	5.86	2.61	4.23	1.59	2.61
化学纤维制造业	564	1098.52	323.69	667.26	340.94	611.60
纤维素纤维原料及纤维制造	73	544.74	178.71	348.42	169.69	275.89
合成纤维制造	482	534.89	139.16	310.19	168.42	325.67
生物基材料制造	9	18.89	5.81	8.65	2.83	10.04
橡胶和塑料制品业	1599	1143.50	285.97	498.79	208.28	730.15
橡胶制品业	267	209.78	57.13	104.83	45.86	127.55
塑料制品业	1332	933.73	228.84	393.96	162.41	602.60
非金属矿物制品业	2021	1963.41	432.14	904.32	461.53	1288.37
水泥、石灰和石膏制造	132	341.76	84.68	247.89	162.40	204.04
石膏、水泥制品及类似制品制造	824	802.52	138.66	296.70	154.01	588.66
砖瓦、石材等建筑材料制造	269	201.62	48.64	77.57	28.25	125.29
玻璃制造	61	33.45	9.97	18.13	7.84	20.01
玻璃制品制造	189	140.43	44.42	74.69	29.75	80.81

单位：亿元

应收账款	存货	#产成品	负债合计	流动负债合计	#应付账款	所有者权益合计	实收资本	国家资本	集体资本
41.95	35.89	17.68	216.33	182.58	59.40	133.94	51.26		
17.69	17.23	7.69	85.39	76.50	23.90	51.06	28.14		
23.06	17.55	9.43	124.54	99.73	35.40	80.59	21.64		
1.20	1.11	0.56	6.40	6.36	0.10	2.29	1.48		
476.19	347.70	136.65	1571.00	1401.31	282.86	1434.20	615.06	7.03	4.19
87.65	67.72	31.08	358.37	301.89	62.27	310.95	149.80	1.83	1.15
4.04	8.74	3.98	34.81	34.02	6.72	21.45	10.38		0.10
16.49	34.83	15.33	93.27	80.66	15.65	116.17	45.75		0.92
84.18	41.90	20.38	155.65	144.99	35.63	184.93	65.49	0.02	1.83
103.00	125.98	30.72	540.08	472.19	75.24	406.65	149.44	4.01	0.01
167.88	53.12	25.91	352.83	333.19	80.03	351.24	180.66	0.51	0.17
0.22	0.21	0.14	1.35	0.41	0.08	1.69	0.27	0.06	
12.73	15.21	9.11	34.64	33.97	7.24	41.12	13.28	0.60	
136.82	94.20	37.61	417.66	361.12	61.31	422.65	150.62		9.00
48.55	30.18	12.84	108.76	92.00	16.14	134.36	45.11		0.47
10.59	13.25	7.10	117.68	114.05	7.10	37.59	22.00		1.69
9.11	4.22	3.39	16.90	16.04	2.90	16.51	5.87		
31.53	18.50	2.51	61.01	36.00	17.81	79.63	16.87		0.04
2.70	2.66	1.22	9.43	8.60	1.55	12.69	5.69		
17.67	16.75	6.98	69.12	61.37	8.57	101.91	41.26		6.80
15.52	8.17	3.33	32.13	30.61	6.73	36.71	12.16		
1.16	0.48	0.23	2.63	2.45	0.52	3.24	1.66		
114.92	188.62	84.47	713.10	601.46	79.17	385.42	190.90	1.25	1.03
43.99	97.61	32.81	347.76	255.70	37.83	196.98	75.08		
69.33	88.68	50.25	354.33	336.02	39.40	180.56	109.35	1.25	0.94
1.61	2.33	1.40	11.01	9.74	1.94	7.88	6.47		0.10
324.08	145.94	67.50	608.75	576.78	135.95	534.75	269.72	1.38	7.39
51.76	22.32	11.32	106.91	99.43	26.34	102.87	48.78	0.05	1.70
272.32	123.62	56.18	501.85	477.36	109.61	431.88	220.94	1.33	5.69
590.03	192.75	85.43	1222.87	1137.93	310.32	740.57	387.33	1.83	3.79
35.22	21.16	7.56	246.89	231.25	35.75	94.87	34.37	0.69	0.10
350.27	67.72	27.53	556.86	521.56	183.58	245.69	153.58	0.52	1.35
57.69	20.94	9.92	109.40	102.17	24.85	92.22	53.98	0.01	0.40
9.71	4.71	2.49	19.67	18.61	3.31	13.78	9.69		0.28
40.19	18.09	11.35	84.08	78.30	20.30	56.35	26.16		0.18

1-A-8 续表 3

行　业	企　业 单位数 （个）	资产总计	固定资产 净　额	固定资产 原　价	累计折旧	流动资产 合　计
玻璃纤维和玻璃纤维增强塑料制品制造	147	113.63	32.71	57.03	23.47	63.55
陶瓷制品制造	52	42.34	12.31	21.48	8.98	23.75
耐火材料制品制造	122	107.47	18.59	38.34	19.24	76.68
石墨及其他非金属矿物制品制造	225	180.17	42.17	72.48	27.60	105.59
黑色金属冶炼和压延加工业	648	3842.85	1018.99	2122.54	1091.94	1996.18
炼铁	8	9.43	1.85	6.43	4.57	3.68
炼钢	6	113.69	42.64	57.24	14.60	50.43
钢压延加工	610	3699.42	967.81	2048.29	1068.87	1932.84
铁合金冶炼	24	20.31	6.69	10.59	3.89	9.23
有色金属冶炼和压延加工业	751	1119.76	205.98	418.92	179.30	724.05
常用有色金属冶炼	44	64.78	10.57	14.82	3.97	39.11
贵金属冶炼	3	1.52	0.37	0.49	0.11	0.97
稀有稀土金属冶炼	16	13.97	2.27	4.31	2.02	10.14
有色金属合金制造	138	392.95	84.15	175.96	68.43	197.07
有色金属压延加工	550	646.54	108.62	223.35	104.76	476.76
金属制品业	2622	2567.26	591.89	1196.61	562.76	1595.57
结构性金属制品制造	773	721.95	136.69	256.02	112.86	498.19
金属工具制造	159	123.09	38.05	73.53	34.70	69.01
集装箱及金属包装容器制造	150	189.55	46.92	78.26	30.40	105.19
金属丝绳及其制品制造	271	207.44	58.57	108.78	49.33	125.75
建筑、安全用金属制品制造	162	134.56	30.48	58.31	27.51	74.51
金属表面处理及热处理加工	191	172.27	41.90	78.26	35.50	115.11
搪瓷制品制造	13	7.79	1.42	2.66	1.18	5.27
金属制日用品制造	79	48.78	13.94	26.97	12.20	29.10
铸造及其他金属制品制造	824	961.83	223.91	513.83	259.07	573.45
通用设备制造业	2973	2712.99	600.15	1100.09	491.65	1664.27
锅炉及原动设备制造	216	358.16	71.57	136.93	65.07	215.99
金属加工机械制造	470	399.26	93.28	168.07	73.22	225.96
物料搬运设备制造	321	454.40	71.92	129.85	56.88	301.42
泵、阀门、压缩机及类似机械制造	448	349.15	86.65	158.34	68.72	217.87
轴承、齿轮和传动部件制造	282	279.30	87.60	168.16	79.80	155.74
烘炉、风机、包装等设备制造	435	373.94	76.21	127.73	50.88	234.76
文化、办公用机械制造	39	24.22	7.25	12.01	4.76	14.69
通用零部件制造	659	378.29	93.08	177.59	83.63	227.70
其他通用设备制造业	103	96.28	12.59	21.40	8.68	70.14

单位：亿元

应收账款	存货	#产成品	负债合计	流动负债合计	#应付账款	所有者权益合计	实收资本	国家资本	集体资本
24.01	12.05	5.95	59.33	51.62	9.43	54.30	26.78		
8.82	6.11	3.23	21.93	20.08	3.92	20.41	9.90	0.13	0.05
30.82	13.26	5.70	47.91	45.63	13.81	59.56	31.60	0.40	0.20
33.31	28.71	11.70	76.80	68.71	15.38	103.38	41.28	0.08	1.23
192.72	500.28	224.19	2249.68	1937.08	369.63	1593.17	324.32		0.79
0.82	1.35	0.44	4.93	2.46	2.19	4.49	1.05		
6.87	14.74	4.69	70.09	64.72	45.87	43.61	14.04		0.10
181.57	482.10	218.04	2165.55	1861.88	320.68	1533.86	306.32		0.69
3.46	2.09	1.02	9.11	8.01	0.89	11.21	2.92		
186.39	138.39	60.24	727.28	674.26	164.94	392.48	189.72	0.82	2.05
10.63	7.03	3.15	37.72	33.07	8.96	27.06	10.25		0.38
0.46	0.23	0.14	0.70	0.67	0.54	0.82	0.75		
2.35	4.86	1.58	7.86	7.11	1.09	6.11	2.37	0.82	
39.92	33.49	13.80	263.46	260.45	106.97	129.49	49.28		0.42
133.03	92.78	41.58	417.53	372.96	47.39	229.01	127.07		1.25
654.25	340.78	138.58	1443.62	1326.96	281.79	1123.63	544.56	1.90	7.91
206.10	109.95	45.18	433.49	411.41	85.84	288.46	166.93	1.32	1.53
24.11	21.73	7.42	69.14	63.49	14.59	53.96	24.12	0.12	0.24
30.63	29.84	9.00	103.54	91.87	19.29	86.00	40.98		1.63
53.31	27.50	12.18	110.12	103.22	22.83	97.32	39.47	0.26	
31.10	16.63	7.88	66.97	64.49	17.61	67.58	35.72		0.05
50.22	18.61	7.70	110.45	105.57	17.26	61.83	29.71	0.20	0.12
1.82	1.48	0.64	2.93	2.87	1.06	4.86	2.96		
9.42	6.08	2.79	20.13	19.02	4.24	28.64	14.54		0.08
247.53	108.96	45.79	526.85	465.02	99.06	434.99	190.11	0.01	4.27
643.70	407.99	152.21	1364.29	1272.94	328.63	1348.69	562.49	1.22	4.99
72.60	55.69	18.98	198.65	188.65	33.42	159.52	61.44	0.04	0.51
72.88	68.30	23.65	201.68	181.99	44.75	197.57	78.84	0.09	0.53
111.60	75.41	23.57	210.80	202.63	56.26	243.60	117.26		0.11
94.22	47.38	17.07	164.75	150.25	45.69	184.40	94.85	0.05	2.39
70.77	36.92	17.69	146.91	134.81	45.58	132.39	41.87	0.17	0.61
80.81	57.25	23.64	169.26	157.72	36.68	204.67	75.28	0.26	0.49
5.24	4.22	1.80	11.57	10.95	2.47	12.65	7.41		
111.10	44.70	19.35	209.52	196.64	49.44	168.77	67.50	0.61	0.35
24.46	18.13	6.46	51.15	49.31	14.35	45.12	18.04		

1-A-8 续表 4

行业	企业单位数（个）	资产总计	固定资产净额	固定资产原价	累计折旧	流动资产合计
专用设备制造业	2222	2338.88	476.41	961.30	475.22	1528.31
采矿、冶金、建筑专用设备制造	460	517.19	123.81	259.68	133.49	323.28
化工、木材、非金属加工专用设备制造	420	338.35	71.62	136.45	63.14	224.41
食品、饮料、烟草及饲料生产专用设备制造	61	94.06	18.10	53.12	34.74	63.32
印刷、制药、日化及日用品生产专用设备制造	68	52.47	10.83	21.81	10.96	34.92
纺织、服装和皮革加工专用设备制造	207	194.64	38.69	69.65	30.28	113.11
电子和电工机械专用设备制造	114	83.07	18.42	34.43	14.65	55.34
农、林、牧、渔专用机械制造	66	101.42	20.72	54.61	33.01	64.04
医疗仪器设备及器械制造	243	228.34	53.48	92.88	38.68	142.24
环保、邮政、社会公共服务及其他专用设备制造	583	729.32	120.74	238.65	116.27	507.65
汽车制造业	1115	1437.31	299.11	524.39	210.10	934.03
汽车整车制造	14	186.22	12.36	19.92	3.24	138.26
汽车用发动机制造	2					
改装汽车制造	20	30.28	4.77	6.96	2.19	21.75
电车制造	18	14.38	5.84	8.25	2.06	7.44
汽车车身、挂车制造	16	7.74	1.66	3.52	1.85	4.95
汽车零部件及配件制造	1045	1196.79	274.06	485.27	200.71	760.21
铁路、船舶、航空航天和其他运输设备制造业	477	971.94	195.22	380.30	182.97	557.38
铁路运输设备制造	72	165.25	23.74	76.56	52.62	124.83
城市轨道交通设备制造	11	75.19	5.30	11.84	6.53	35.24
船舶及相关装置制造	180	532.33	128.77	226.67	96.71	269.49
航空、航天器及设备制造	14	21.26	5.85	10.01	4.13	11.96
摩托车制造	70	46.11	13.74	25.97	11.69	26.82
自行车和残疾人座车制造	27	13.26	2.67	5.26	2.57	8.99
助动车制造	84	97.77	12.67	18.59	5.79	67.14
非公路休闲车及零配件制造	14	19.18	2.10	4.59	2.48	11.87
潜水救捞及其他未列明运输设备制造	5	1.59	0.36	0.81	0.45	1.04
电气机械和器材制造业	2793	4964.32	1008.80	1753.82	729.78	3245.69
电机制造	429	569.63	140.35	248.73	106.88	356.46
输配电及控制设备制造	1202	1971.11	466.09	768.82	294.72	1219.76
电线、电缆、光缆及电工器材制造	593	1473.02	221.13	415.14	190.97	1059.44
电池制造	107	372.14	69.87	97.45	27.42	230.02
家用电力器具制造	180	271.15	44.42	93.86	48.49	174.30
非电力家用器具制造	33	33.02	7.82	17.05	8.16	17.11
照明器具制造	206	242.28	53.48	104.38	50.45	165.44
其他电气机械及器材制造	43	31.96	5.64	8.39	2.69	23.17

单位：亿元

应收账款	存货	#产成品	负债合计	流动负债合计	#应付账款	所有者权益合计	实收资本	国家资本	集体资本
582.70	350.84	128.76	1229.00	1155.46	278.43	1109.88	596.98	1.31	3.63
136.53	81.25	32.78	231.87	215.65	45.68	285.32	120.23	0.09	1.08
93.54	52.63	15.82	190.29	181.34	56.99	148.06	68.30	0.07	1.12
22.46	13.86	7.07	65.24	64.62	9.05	28.82	15.38		
11.66	9.61	4.08	28.90	27.31	6.94	23.57	9.79		
37.25	29.16	10.48	101.85	98.05	29.34	92.79	30.08	1.00	
22.91	13.20	4.04	47.81	42.71	11.40	35.26	19.22	0.08	0.08
30.72	15.66	6.90	68.93	66.38	20.13	32.49	16.24		0.01
41.23	32.04	14.09	106.93	97.06	21.78	121.41	57.19	0.05	0.22
186.39	103.45	33.50	387.18	362.34	77.11	342.15	260.55	0.01	1.12
437.37	169.12	74.82	864.06	804.03	295.42	573.25	259.78	3.76	5.53
85.77	10.70	4.78	146.47	140.13	29.68	39.75	29.00	3.66	0.71
6.37	4.66	0.50	22.28	17.42	6.04	8.00	7.30		0.01
0.70	3.32	0.62	9.53	8.63	2.90	4.85	3.11		
1.98	1.46	0.76	4.28	3.81	1.04	3.47	3.06		
341.72	148.92	68.15	680.64	633.17	255.40	516.14	216.41	0.10	4.81
166.28	134.76	32.81	557.43	459.13	138.24	414.51	171.21	13.34	0.71
48.86	22.02	8.75	85.71	82.74	32.37	79.54	29.09		0.30
14.65	7.47	4.26	30.83	24.13	7.19	44.37	4.80		
65.95	77.51	8.86	306.04	223.43	60.74	226.29	108.20	13.34	0.20
2.96	4.30	1.78	7.76	5.86	2.38	13.50	5.02		
10.15	8.73	4.66	31.47	28.88	8.10	14.64	8.65		0.20
3.09	1.65	0.59	8.90	8.69	2.64	4.36	1.65		
18.72	11.05	3.11	70.49	69.60	19.37	27.28	11.11		0.01
1.68	1.83	0.71	15.35	14.91	5.42	3.82	2.38		
0.21	0.19	0.10	0.88	0.88	0.03	0.71	0.33		
1352.52	573.59	278.13	2553.64	2348.99	643.21	2410.67	1237.75	3.67	55.53
135.39	76.07	27.84	277.19	260.28	80.71	292.44	94.68	0.19	1.38
524.08	178.98	80.52	981.66	902.55	234.66	989.45	557.85	1.62	49.69
474.33	174.30	104.95	759.25	709.74	169.28	713.77	399.40	1.00	0.73
95.55	57.26	18.60	243.92	203.66	65.29	128.23	80.41	0.87	0.24
59.25	45.38	28.22	146.62	136.90	46.79	124.54	48.73		3.40
4.58	3.64	1.49	16.00	12.85	3.24	17.02	7.48		
45.70	34.21	14.95	114.29	109.11	37.86	128.00	41.57		
13.64	3.75	1.56	14.72	13.89	5.38	17.24	7.63		0.10

1-A-8 续表 5

行业	企业单位数（个）	资产总计	固定资产净额	固定资产原价	累计折旧	流动资产合计
计算机、通信和其他电子设备制造业	1100	2261.37	509.67	882.92	363.34	1339.90
计算机制造	64	99.60	17.31	28.16	10.46	70.04
通信设备制造	102	403.23	49.37	68.10	18.61	270.06
广播电视设备制造	71	81.15	10.75	21.47	10.50	54.55
雷达及配套设备制造	4	4.20	1.13	2.02	0.89	2.70
非专业视听设备制造	36	67.61	7.65	12.86	5.17	47.68
智能消费设备制造	31	112.86	29.68	43.65	13.78	60.96
电子器件制造	263	634.35	189.64	314.32	117.25	367.74
电子元件及电子专用材料制造	478	796.76	193.91	377.58	182.47	424.00
其他电子设备制造	51	61.61	10.23	14.76	4.21	42.16
仪器仪表制造业	505	906.39	176.52	381.95	202.62	538.67
通用仪器仪表制造	350	670.08	127.45	290.41	161.77	393.17
专用仪器仪表制造	98	185.07	33.95	65.78	30.44	116.00
光学仪器制造	30	26.80	11.19	19.58	8.17	12.92
衡器制造	13	6.74	1.75	3.03	1.28	4.18
其他仪器仪表制造业	13	17.12	2.04	2.93	0.89	11.99
其他制造业	88	59.97	13.54	25.78	12.14	36.98
日用杂品制造	78	54.06	11.72	23.32	11.50	34.13
其他未列明制造业	10	5.91	1.81	2.45	0.64	2.85
废弃资源综合利用业	90	80.29	18.42	34.11	13.53	48.82
金属废料和碎屑加工处理	44	43.28	6.36	13.67	5.36	29.03
非金属废料和碎屑加工处理	46	37.00	12.06	20.44	8.17	19.78
金属制品、机械和设备修理业	9	5.73	1.33	1.83	0.49	3.96
铁路、船舶、航空航天等运输设备修理	5	4.37	1.17	1.52	0.36	3.05
电力、热力、燃气及水生产和供应业	**149**	**491.62**	**206.23**	**323.72**	**113.08**	**145.74**
电力、热力生产和供应业	110	434.55	191.01	296.98	103.68	123.78
电力生产	94	407.53	176.01	275.67	97.67	116.73
热力生产和供应	16	27.02	15.00	21.31	6.02	7.06
燃气生产和供应业	17	13.02	4.02	6.26	2.05	7.55
燃气生产和供应业	17	13.02	4.02	6.26	2.05	7.55
水的生产和供应业	22	44.06	11.20	20.48	7.35	14.42
自来水生产和供应	7	22.45	4.94	8.49	1.71	2.46
污水处理及其再生利用	14	21.36	6.25	11.98	5.63	11.81

单位：亿元

应收账款	存货	#产成品	负债合计	流动负债合计	#应付账款	所有者权益合计	实收资本	国家资本	集体资本
546.43	244.44	105.96	1185.15	1070.46	376.95	1076.21	453.67	1.31	4.56
31.66	12.35	6.76	50.71	47.69	22.80	48.89	19.12	0.05	0.15
92.39	50.69	20.12	242.15	233.32	77.29	161.08	52.09	0.23	0.08
24.42	8.95	3.60	36.19	35.83	9.80	44.97	16.24	0.01	0.26
1.26	0.70	0.20	1.91	1.90	0.28	2.29	0.54		
14.35	5.55	1.87	35.90	32.17	9.05	31.71	12.05		
27.54	11.42	6.92	76.34	65.31	22.09	36.51	16.04		0.27
146.79	72.80	34.65	342.55	301.37	109.80	291.80	151.54	0.62	0.13
194.41	74.94	29.71	366.31	322.81	117.96	430.45	172.82	0.40	3.68
13.62	7.03	2.13	33.09	30.07	7.87	28.52	13.25		
171.75	121.41	40.36	439.29	407.62	96.43	467.10	137.18	0.06	1.50
124.80	83.75	29.76	318.84	292.34	69.13	351.23	104.77	0.06	0.83
37.19	30.32	8.15	93.77	90.04	20.61	91.29	24.09		
4.55	3.64	1.62	14.14	13.39	3.47	12.66	3.57		0.66
1.46	1.01	0.16	3.30	3.08	1.58	3.44	1.47		
3.49	2.68	0.66	8.85	8.40	1.51	8.27	3.17		
12.56	10.39	4.38	21.39	20.97	3.79	38.58	12.21	0.10	0.03
11.36	9.45	3.80	17.00	16.60	3.27	37.05	10.87	0.10	0.03
1.20	0.94	0.58	4.38	4.37	0.52	1.53	1.34		
13.79	13.87	5.33	51.79	48.66	15.30	28.49	25.36		0.72
9.21	8.15	1.96	32.43	30.97	13.28	10.85	12.87		
4.58	5.72	3.37	19.36	17.69	2.02	17.64	12.49		0.72
1.28	1.20	0.47	3.51	3.45	1.09	2.22	1.19		
1.01	0.79	0.37	2.57	2.57	0.62	1.79	0.92		
36.50	**7.75**	**2.52**	**294.88**	**191.62**	**38.25**	**196.74**	**135.03**	**17.28**	**2.74**
33.46	6.20	1.38	262.78	166.62	30.62	171.77	116.43	7.26	2.49
32.68	5.14	1.33	248.44	156.31	29.23	159.08	109.26	7.26	2.49
0.78	1.06	0.05	14.34	10.31	1.39	12.69	7.17		
1.20	1.04	0.98	7.73	7.48	2.68	5.29	2.38	0.28	0.15
1.20	1.04	0.98	7.73	7.48	2.68	5.29	2.38	0.28	0.15
1.84	0.51	0.16	24.37	17.52	4.95	19.69	16.22	9.74	0.11
0.51	0.15	0.02	12.39	6.58	3.25	10.06	9.42	8.73	0.05
1.25	0.35	0.13	11.88	10.84	1.64	9.48	6.71	1.01	0.06

1-A-8 续表 6

行业	法人资本	个人资本	港澳台资本	外商资本	营业收入	营业成本
总计	**3330.28**	**3990.21**	**10.72**	**21.20**	**51698.03**	**44444.12**
采矿业	**3.35**	**2.79**			**59.51**	**54.94**
煤炭开采和洗选业						
烟煤和无烟煤开采洗选						
黑色金属矿采选业		0.77			16.68	15.88
铁矿采选		0.70			15.84	15.11
非金属矿采选业	3.35	1.94			21.76	18.56
土砂石开采	3.35	1.94			21.76	18.56
制造业	**3234.05**	**3965.34**	**10.71**	**21.16**	**51466.35**	**44258.31**
农副食品加工业	64.55	87.51			1564.76	1409.68
谷物磨制	8.41	24.88			425.53	383.61
饲料加工	16.35	15.21			328.75	294.83
植物油加工	17.13	7.51			267.50	246.09
制糖业						
屠宰及肉类加工	12.00	15.12			254.58	233.58
水产品加工	1.75	6.20			72.01	62.98
蔬菜、菌类、水果和坚果加工	6.86	9.45			132.46	115.23
其他农副食品加工	1.95	8.98			73.33	63.59
食品制造业	26.08	25.99	0.22	0.01	244.36	199.54
焙烤食品制造	2.70	1.28			16.66	12.91
糖果、巧克力及蜜饯制造	0.60	1.30	0.22		11.99	10.51
方便食品制造	8.41	6.65			36.82	30.86
乳制品制造	3.11	0.38			24.37	19.18
罐头食品制造	1.53	0.99			25.16	21.08
调味品、发酵制品制造	**0.84**	**1.52**			**30.97**	**25.23**
其他食品制造	8.88	13.87		0.01	98.40	79.77
酒、饮料和精制茶制造业	12.28	13.00	0.34	0.20	88.82	72.86
酒的制造	3.66	10.84			59.89	51.25
饮料制造	8.62	2.04	0.34	0.20	23.70	17.51
精制茶加工		0.12			5.22	4.10
纺织业	113.94	261.99	0.99	1.85	3183.70	2866.34
棉纺织及印染精加工	42.90	123.53	0.54	0.55	1631.75	1471.54
毛纺织及染整精加工	10.03	19.25	0.08		249.34	229.78
麻纺织及染整精加工	0.40	3.27			28.39	25.32
丝绢纺织及印染精加工	1.21	3.10			34.36	30.52
化纤织造及印染精加工	31.17	50.40	0.37	0.04	448.37	407.10
针织或钩针编织物及其制品制造	6.67	20.61		0.95	202.30	181.80
家用纺织制成品制造	8.97	19.38		0.31	348.56	310.32
产业用纺织制成品制造	12.58	22.44			240.61	209.97

单位：亿元

销售费用	管理费用	财务费用			投资收益（损失以“-”号记）	营业利润	利润总额	亏损企业亏损额	平均用工人数（人）
			利息收入	利息支出					
1149.63	**2121.52**	**453.89**	**41.99**	**430.01**	**66.32**	**3311.21**	**3332.43**	**145.87**	**4146543**
1.08	**1.13**	**0.19**		**0.18**		**1.54**	**1.48**	**0.07**	**1218**
0.69	0.05	0.02		0.02		0.02	-0.03	0.07	166
0.64	0.04	0.02		0.02		0.01	-0.04	0.07	152
0.37	1.02	0.17		0.16		1.01	1.00		959
0.37	1.02	0.17		0.16		1.01	1.00		959
1146.76	**2111.82**	**445.57**	**40.59**	**422.17**	**65.18**	**3286.27**	**3306.59**	**143.87**	**4134526**
30.61	36.81	12.50	0.21	10.06	1.68	71.24	71.83	3.66	92613
6.90	9.69	3.53	0.05	2.16	0.01	19.24	19.18	0.29	19059
8.26	8.43	2.57	0.04	3.13	0.01	13.87	13.81	0.88	15445
5.03	4.01	2.45	0.03	1.26	0.93	10.54	11.07	1.11	5189
3.11	6.04	1.00	0.03	0.91	0.42	10.64	10.82	0.54	24176
0.86	2.44	0.53		0.49	0.01	4.90	4.97	0.06	6463
4.08	3.59	0.97	0.03	0.78	0.04	7.98	8.07	0.36	14678
2.34	2.33	1.14	0.02	1.03		3.62	3.43	0.42	7158
10.27	12.97	2.16	0.09	1.83	0.14	18.09	19.16	1.38	33200
1.40	1.19	0.16	0.03	0.17		0.85	0.86	0.09	3698
0.36	0.63	0.17		0.16		0.28	0.29	0.19	1897
1.24	2.04	0.36	0.02	0.28	0.04	2.22	2.41	0.26	6707
1.85	1.12	0.09	-0.01	0.10	0.01	2.22	2.23		3926
0.97	0.89	0.42	-0.01	0.23	0.04	1.47	1.59	0.18	3716
0.66	**1.54**	**0.09**		**0.08**		**3.26**	**3.72**	**0.09**	**3241**
3.80	5.57	0.88	0.07	0.82	0.05	7.79	8.04	0.59	10015
4.36	3.56	0.88	0.08	0.83	0.09	6.06	6.44	0.43	9691
1.40	1.99	0.54	0.07	0.49	0.03	3.75	3.83	0.25	5148
2.59	1.30	0.29	0.02	0.31	0.06	1.87	2.17	0.18	4335
0.38	0.26	0.04		0.03		0.44	0.44		208
44.89	100.29	30.41	1.50	27.70	1.54	129.03	133.72	7.44	395401
20.39	46.08	15.73	0.53	14.12	0.41	70.90	71.27	3.08	191577
2.05	8.32	3.26	0.31	3.04	0.39	5.42	8.42	1.12	32028
0.36	0.73	0.55	0.01	0.46	0.03	1.33	1.48	0.10	4360
0.65	1.32	0.34		0.32	0.01	1.35	1.41	0.06	6272
3.64	14.04	6.14	0.29	5.33	0.59	16.35	17.13	1.49	63360
3.66	8.28	1.25	0.19	1.46	0.07	6.50	6.46	0.40	23564
8.39	11.85	1.51	0.14	1.57	-0.03	15.03	15.04	0.68	44559
5.75	9.67	1.63	0.03	1.41	0.08	12.14	12.51	0.49	29681

1-A-8 续表 7

行　业					营业收入	营业成本
	法人资本	个人资本	港澳台资本	外商资本		
纺织服装、服饰业	53.34	115.19	0.74	0.19	1746.31	1489.62
机织服装制造	40.81	92.25	0.65	0.16	1299.83	1106.54
针织或钩针编织服装制造	7.15	11.91	0.09	0.03	264.44	231.95
服饰制造	5.39	11.03		0.01	182.04	151.12
皮革、毛皮、羽毛及其制品和制鞋业	7.37	18.91	0.10	0.28	358.11	314.62
皮革鞣制加工		1.77			8.97	8.28
皮革制品制造	2.20	3.99		0.25	75.04	66.59
毛皮鞣制及制品加工	1.77	0.41			5.47	5.77
羽毛（绒）加工及制品制造	1.56	2.97			118.56	102.89
制鞋业	1.84	9.76	0.10	0.03	150.07	131.09
木材加工和木、竹、藤、棕、草制品业	33.89	69.19		0.84	683.39	595.57
木材加工	1.17	7.56		0.80	88.93	78.99
人造板制造	20.08	42.17		0.04	452.68	396.15
木质制品制造	11.78	18.70			134.77	114.56
竹、藤、棕、草等制品制造	0.86	0.76			7.01	5.87
家具制造业	21.70	18.78			217.56	181.38
木质家具制造	15.24	11.88			105.72	88.59
竹、藤家具制造	0.11	0.20			3.29	2.90
金属家具制造	1.89	2.09			38.85	33.02
塑料家具制造						
其他家具制造	4.42	4.35			68.79	56.08
造纸和纸制品业	39.21	52.60			518.56	456.99
造纸	27.30	39.81			337.57	296.56
纸制品制造	11.91	12.68			179.31	158.99
印刷和记录媒介复制业	28.50	41.92			449.47	381.48
印刷	28.27	40.14			445.31	378.09
装订及印刷相关服务	0.23	0.85			3.09	2.43
记录媒介复制		0.93			1.07	0.96
文教、工美、体育和娱乐用品制造业	24.25	65.26	0.75	0.32	1036.03	882.76
文教办公用品制造	2.87	12.14			104.69	85.42
乐器制造	0.10	0.41	0.20		19.19	17.27
工艺美术及礼仪用品制造	13.46	31.77			542.29	465.36
体育用品制造	2.48	8.11		0.30	126.72	112.95
玩具制造	3.62	9.39	0.50	0.01	173.52	148.56
游艺器材及娱乐用品制造	1.73	3.43	0.05	0.01	69.62	53.21

单位：亿元

销售费用	管理费用	财务费用			投资收益（损失以“-”号记）	营业利润	利润总额	亏损企业亏损额	平均用工人数（人）
			利息收入	利息支出					
60.36	67.15	13.31	0.54	12.36	1.92	104.92	106.36	4.61	276763
38.98	48.34	11.07	0.40	10.38	1.90	86.11	87.37	3.51	174816
6.89	11.47	1.34	0.05	1.18	0.01	11.51	11.59	0.61	59519
14.49	7.34	0.91	0.09	0.79		7.30	7.40	0.49	42428
8.28	12.07	2.23	0.02	1.68	0.03	18.54	19.03	0.37	49565
0.09	0.24	0.11		0.10		0.20	0.24	0.01	1292
1.45	2.27	0.73		0.36		3.64	3.69	0.03	12229
0.11	0.27	0.06		0.02		-0.77	-0.07	0.15	926
3.63	4.17	0.71		0.70		6.32	6.04		7473
3.00	5.11	0.62	0.02	0.49	0.03	9.15	9.12	0.18	27645
12.76	16.35	5.36	0.12	3.87	0.10	49.53	50.44	2.59	74598
1.69	1.71	0.61		0.28		5.36	5.38	0.37	7087
6.12	9.05	2.49	0.03	1.62	-0.07	36.61	37.42	0.66	52359
4.80	5.33	2.22	0.05	1.92	0.18	6.91	7.00	1.56	14407
0.15	0.27	0.03	0.03	0.05		0.66	0.65		745
7.49	12.76	1.54	0.09	1.54	0.09	13.16	13.08	0.80	41324
3.61	5.88	0.89	0.08	0.70	0.04	6.08	5.88	0.41	23063
0.11	0.13	0.01		0.01		0.13	0.13		641
0.90	1.62	0.03	-0.01	0.13	0.05	3.11	3.26	0.03	5574
2.81	5.09	0.61	0.02	0.69		3.83	3.79	0.37	11921
12.44	17.66	6.75	0.15	5.43		21.72	23.40	3.10	41984
7.74	10.45	5.65	0.12	4.36	0.01	15.23	16.72	2.56	24156
4.67	7.20	1.10	0.04	1.06	-0.02	6.30	6.40	0.54	17758
11.48	24.01	4.74	0.13	4.18	0.53	25.94	27.22	2.34	53790
11.34	23.64	4.70	0.13	4.15	0.53	25.74	27.02	2.29	53022
0.10	0.28	0.03		0.02		0.23	0.25		499
0.04	0.08	0.01		0.02		-0.04	-0.04	0.05	269
26.11	45.87	6.16	0.25	5.19	0.78	70.21	71.11	1.12	116465
4.04	6.99	0.65	-0.03	0.64	0.54	8.31	8.73	0.10	9515
0.44	0.81	0.10		0.09		0.43	0.36	0.08	2251
9.88	19.36	3.42	0.15	2.92	0.17	40.84	41.14	0.64	59915
2.67	4.29	0.51	0.11	0.49	0.05	5.82	6.02	0.03	12830
4.73	7.61	1.18	0.01	0.86	0.02	10.25	10.25	0.19	25590
4.36	6.81	0.30	0.01	0.19	0.01	4.57	4.60	0.08	6364

1-A-8 续表 8

行 业					营业收入	营业成本
	法人资本	个人资本	港澳台资本	外商资本		
石油、煤炭及其他燃料加工业	15.43	35.83			397.96	350.00
精炼石油产品制造	8.16	19.98			215.90	192.52
煤炭加工	6.43	15.21			161.74	140.72
生物质燃料加工	0.84	0.64			20.32	16.76
化学原料和化学制品制造业	364.17	234.11	0.29	5.28	3622.95	3037.78
基础化学原料制造	84.37	57.77		4.68	866.75	718.38
肥料制造	4.24	6.03			81.98	72.92
农药制造	30.39	14.42		0.02	239.96	191.47
涂料、油墨、颜料及类似产品制造	29.08	34.38		0.19	408.82	333.02
合成材料制造	87.22	58.19			1075.73	951.78
专用化学产品制造	125.22	54.07	0.29	0.40	829.08	680.38
炸药、火工及焰火产品制造	0.06	0.15			3.34	2.53
日用化学产品制造	3.58	9.10			117.29	87.30
医药制造业	75.61	65.69	0.31	0.01	858.11	583.67
化学药品原料药制造	32.25	12.39			219.36	150.38
化学药品制剂制造	14.51	5.59	0.22		128.70	81.77
中药饮片加工	1.66	4.21			32.95	26.88
中成药生产	6.30	10.53			194.32	127.04
兽用药品制造	3.77	1.91	0.01	0.01	38.11	33.56
生物药品制品制造	13.27	21.19			134.23	72.47
卫生材料及医药用品制造	3.68	8.38	0.09	0.01	92.91	75.84
药用辅料及包装材料	0.17	1.49			17.52	15.74
化学纤维制造业	105.77	82.84			1614.03	1478.52
纤维素纤维原料及纤维制造	46.24	28.85			731.81	676.35
合成纤维制造	56.11	51.05			863.62	786.31
生物基材料制造	3.42	2.95			18.61	15.86
橡胶和塑料制品业	113.67	146.15	0.88	0.24	1567.92	1338.91
橡胶制品业	21.77	25.26			240.18	202.24
塑料制品业	91.90	120.90	0.88	0.24	1327.74	1136.67
非金属矿物制品业	139.93	240.48	0.22	1.08	2498.44	2147.34
水泥、石灰和石膏制造	17.58	15.99			416.12	350.35
石膏、水泥制品及类似制品制造	50.67	100.82	0.18	0.05	1039.06	929.30
砖瓦、石材等建筑材料制造	24.17	29.39			241.19	201.99
玻璃制造	3.29	6.10		0.02	46.04	39.13
玻璃制品制造	8.92	16.02	0.02	1.01	179.84	153.05

单位：亿元

销售费用	管理费用	财务费用			投资收益（损失以“-”号记）	营业利润	利润总额	亏损企业亏损额	平均用工人数（人）
			利息收入	利息支出					
6.92	11.42	5.79	2.66	8.02	1.36	18.93	20.83	1.31	12691
3.86	4.84	1.60	0.07	1.44	0.36	9.59	9.82	0.24	5407
2.92	6.36	4.13	2.59	6.58	1.00	6.27	7.90	1.06	6697
0.14	0.22	0.06				3.07	3.11	0.01	587
86.49	171.86	43.91	5.74	44.26	5.57	268.81	273.42	15.87	185185
21.31	45.31	8.60	0.48	6.90	0.06	68.98	69.54	4.98	48668
1.89	2.13	0.56	0,03	0.51	0.28	4.27	4.06	0.15	4772
4.71	22.47	1.64	0.71	2.20	1.33	18.15	17.25	3.98	16012
12.85	29.13	3.09	0.20	2.71	0.12	28.37	29.44	1.44	30483
13.51	27.95	22.30	2.72	22.93	1.01	57.42	59.19	3.44	31324
21.57	37.52	7.36	1.44	8.58	2.77	79.73	82.10	1.83	43101
0.14	0.35	0.01		0.01		0.28	0.27	0.02	537
10.50	7.01	0.36	0.15	0.43		11.60	11.56	0.04	10288
104.13	64.61	5.24	0.37	7.75	1.23	96.15	98.93	4.30	67310
6.95	19.47	1.88	0.19	1.97	-0.10	38.97	39.82	2.45	17623
23.84	11.34	0.93	-1.14	2.06	0.58	10.57	10.83	0.63	7889
2.08	1.31	0.25		0.14	-0.02	2.29	2.27		3197
35.54	13.14	0.95	-0.02	0.79	0.51	17.19	17.75	0.17	10648
1.18	1.83	0.08	-0.02	0.09	0.19	1.46	1.48	0.30	3053
30.87	11.45	0.07	1.32	1.65	0.03	18.54	19.09	0.66	11953
3.42	5.66	0.92	0.04	0.90	0.04	6.39	6.94	0.09	11844
0.25	0.41	0.16		0.14		0.74	0.74		1103
15.68	34.64	23.52	1.93	23.95	6.18	63.33	63.79	4.21	83900
5.64	11.65	13.10	1.26	13.83	4.05	27.23	27.50	0.62	30628
9.39	21.97	10.13	0.65	9.84	2.36	35.63	35.71	3.48	51817
0.65	1.02	0.28	0.02	0.28	-0.23	0.47	0.58	0.11	1455
37.54	80.36	12.65	0.56	11.18	0.38	92.26	94.15	4.35	171620
5.99	14.56	1.84	0.07	1.56	0.06	14.56	15.08	0.87	33433
31.55	65.80	10.81	0.49	9.61	0.32	77.69	79.07	3.47	138187
66.48	91.12	24.39	2.05	19.46	0.40	155.09	165.56	6.11	192486
7.58	10.93	6.93	1.55	4.93	0.18	37.81	46.05	0.31	15821
24.39	28.54	8.11	0.21	6.48	-0.01	43.48	43.28	2.53	66456
9.54	11.46	2.26	0.04	1.81	0.01	14.43	15.62	0.62	20563
1.27	2.18	0.59	0.01	0.52	-0.02	2.46	2.43	0.04	6542
4.42	9.20	1.40	0.05	1.21	-0.07	10.62	10.68	1.21	27735

1-A-8 续表 9

行业					营业收入	营业成本
	法人资本	个人资本	港澳台资本	外商资本		
玻璃纤维和玻璃纤维增强塑料制品制造	11.83	14.95			169.01	143.96
陶瓷制品制造	2.85	6.86			56.45	42.68
耐火材料制品制造	4.44	26.55			135.06	109.78
石墨及其他非金属矿物制品制造	16.16	23.79	0.02		215.67	177.09
黑色金属冶炼和压延加工业	114.54	203.02	1.71	4.25	5956.87	5323.39
炼铁	0.80	0.25			21.33	19.98
炼钢	0.40	13.54			178.85	156.24
钢压延加工	111.84	187.82	1.71	4.25	5718.62	5113.23
铁合金冶炼	1.50	1.42			38.07	33.94
有色金属冶炼和压延加工业	71.33	115.31		0.22	2568.35	2332.89
常用有色金属冶炼	4.07	5.79			78.79	72.54
贵金属冶炼	0.02	0.74			5.62	5.55
稀有稀土金属冶炼	0.45	1.11			52.96	46.00
有色金属合金制造	13.01	35.85			546.55	473.16
有色金属压延加工	53.78	71.82		0.22	1884.43	1735.64
金属制品业	218.61	314.93	0.30	0.90	3659.25	3178.34
结构性金属制品制造	61.98	102.02		0.08	1084.18	951.13
金属工具制造	8.74	15.01	0.01		149.21	125.08
集装箱及金属包装容器制造	15.26	23.89	0.10	0.11	176.43	144.94
金属丝绳及其制品制造	13.89	25.33			362.23	322.81
建筑、安全用金属制品制造	15.94	19.70		0.03	208.41	177.15
金属表面处理及热处理加工	10.96	17.67	0.08	0.69	212.92	183.08
搪瓷制品制造	1.03	1.93			9.02	7.28
金属制日用品制造	5.56	8.90			81.01	68.99
铸造及其他金属制品制造	85.26	100.48	0.11		1375.84	1197.88
通用设备制造业	204.78	349.47	0.88	1.15	3482.24	2906.37
锅炉及原动设备制造	30.44	30.36	0.10		350.59	295.42
金属加工机械制造	32.39	44.71	0.01	1.11	529.40	448.40
物料搬运设备制造	36.76	80.39			416.43	342.54
泵、阀门、压缩机及类似机械制造	30.48	61.93			491.71	400.25
轴承、齿轮和传动部件制造	13.05	27.99		0.04	366.34	311.04
烘炉、风机、包装等设备制造	26.37	48.16			609.50	506.61
文化、办公用机械制造	3.37	4.04			56.20	46.65
通用零部件制造	21.92	43.85	0.77		552.98	470.08
其他通用设备制造业	9.99	8.05			109.08	85.38

单位：亿元

销售费用	管理费用	财务费用			投资收益（损失以“-”号记）	营业利润	利润总额	亏损企业亏损额	平均用工人数（人）
			利息收入	利息支出					
5.17	7.98	1.30	0.06	1.18	0.03	9.60	9.76	0.25	15727
2.68	4.05	0.62	0.04	0.55		6.06	6.38	0.11	8819
5.62	7.45	1.52	0.04	1.39		9.74	10.35	0.03	13350
5.80	9.31	1.66	0.04	1.39	0.29	20.91	20.99	1.01	17473
39.95	109.13	46.37	2.33	44.39	19.62	408.03	376.66	5.06	148444
0.07	0.44	0.12		0.12		0.67	0.65	0.22	1661
0.08	1.87	0.90	0.03	0.93		18.99	18.47		7732
39.44	105.86	45.00	2.29	43.04	19.62	386.00	355.15	4.83	136904
0.36	0.95	0.34	0.02	0.30		2.36	2.39	0.02	2147
14.16	38.19	14.68	2.10	13.92	2.91	163.93	153.97	3.09	72612
0.69	1.74	0.94	0.03	0.51	2.31	4.93	4.93	0.09	3828
0.02	0.03	0.01		0.01	-0.01	-0.03	0.08		62
1.39	2.44	0.12		0.17		2.62	2.67	0.01	2072
3.09	12.27	3.02	0.33	2.78	0.46	53.32	51.54	0.74	20561
8.98	21.72	10.59	1.74	10.45	0.14	103.10	94.75	2.25	46089
67.14	144.39	32.39	3.07	31.19	-3.08	213.23	215.63	10.60	310635
20.97	41.35	11.13	0.78	11.01	0.66	55.13	55.99	2.16	86661
3.04	8.04	1.21	0.05	1.08	0.13	11.04	11.22	0.41	21479
6.06	12.63	2.56	0.19	2.56	0.10	8.95	9.24	1.76	19422
6.10	9.55	2.81	0.07	2.51	-4.21	15.35	15.39	0.42	21361
6.76	8.64	1.30	0.02	1.11	0.04	13.29	13.42	0.21	19590
3.99	11.67	2.09	0.08	1.86	0.33	11.17	10.91	2.49	30119
0.48	0.68	0.07	0.01	0.06		0.45	0.45	0.04	1436
2.00	3.50	0.77	0.09	0.70	0.04	5.28	5.35	0.06	10540
17.73	48.32	10.46	1.77	10.31	-0.16	92.57	93.65	3.05	100027
95.90	204.74	26.29	2.05	24.99	4.59	232.83	235.41	8.56	360240
8.69	22.28	4.02	0.53	4.03	0.41	18.66	18.29	1.04	35619
14.44	28.08	3.76	0.29	3.50	0.34	32.06	31.88	1.65	50718
14.62	30.02	2.42	0.50	2.76	2.18	25.77	26.47	2.16	43722
17.75	30.28	4.63	0.06	4.10	0.13	34.63	35.67	0.47	48870
7.47	20.72	3.17	0.09	3.00	0.52	23.27	23.72	0.67	38283
15.57	29.56	2.43	0.23	2.40	0.60	52.66	53.15	0.97	59177
1.86	4.66	0.44	0.03	0.40	0.02	3.16	3.17	0.11	5200
11.10	29.64	4.91	0.13	4.26	0.33	34.25	34.50	0.65	66566
4.41	9.51	0.52	0.17	0.54	0.07	8.37	8.56	0.83	12085

1-A-8 续表 10

行业	法人资本	个人资本	港澳台资本	外商资本	营业收入	营业成本
专用设备制造业	287.12	304.23	0.47	0.22	2639.41	2146.97
采矿、冶金、建筑专用设备制造	42.48	76.50		0.07	636.05	535.00
化工、木材、非金属加工专用设备制造	25.70	41.26		0.15	371.45	300.62
食品、饮料、烟草及饲料生产专用设备制造	4.68	10.31	0.38		105.80	87.56
印刷、制药、日化及日用品生产专用设备制造	1.82	7.97			63.74	51.31
纺织、服装和皮革加工专用设备制造	7.38	21.70			240.47	196.82
电子和电工机械专用设备制造	9.42	9.64			106.37	84.17
农、林、牧、渔专用机械制造	5.24	10.99			101.20	85.97
医疗仪器设备及器械制造	33.13	23.78			236.04	174.28
环保、邮政、社会公共服务及其他专用设备制造	157.25	102.07	0.09		778.29	631.24
汽车制造业	95.74	154.58	0.09	0.09	1498.57	1235.24
汽车整车制造	15.19	9.44			73.44	56.56
汽车用发动机制造						
改装汽车制造	3.91	3.37			19.44	15.34
电车制造	0.72	2.39			25.79	22.88
汽车车身、挂车制造	1.49	1.57			6.53	5.64
汽车零部件及配件制造	73.55	137.77	0.09	0.09	1369.76	1131.37
铁路、船舶、航空航天和其他运输设备制造业	75.29	81.87			957.10	821.73
铁路运输设备制造	16.71	12.08			214.84	182.13
城市轨道交通设备制造	0.21	4.59			17.15	14.51
船舶及相关装置制造	46.39	48.26			463.89	398.70
航空、航天器及设备制造	3.95	1.07			16.79	14.49
摩托车制造	2.36	6.09			59.92	52.38
自行车和残疾人座车制造	0.61	1.04			16.11	13.73
助动车制造	4.79	6.31			143.98	124.80
非公路休闲车及零配件制造	0.26	2.12			20.07	17.19
潜水救捞及其他未列明运输设备制造	0.01	0.32			4.35	3.80
电气机械和器材制造业	576.43	599.38	0.91	1.84	6494.39	5589.18
电机制造	31.32	61.72	0.07		878.09	740.14
输配电及控制设备制造	283.27	222.80	0.32	0.16	2207.38	1894.30
电线、电缆、光缆及电工器材制造	159.39	236.15	0.50	1.63	2218.65	1931.14
电池制造	59.42	19.89			345.45	301.13
家用电力器具制造	25.96	19.35	0.02		490.91	431.57
非电力家用器具制造	2.64	4.84			52.27	44.38
照明器具制造	12.49	29.04		0.05	262.95	217.22
其他电气机械及器材制造	1.94	5.59			38.68	29.29

单位：亿元

销售费用	管理费用	财务费用			投资收益（损失以“-”号记）	营业利润	利润总额	亏损企业亏损额	平均用工人数（人）
			利息收入	利息支出					
92.89	175.85	25.52	1.68	24.80	5.91	186.54	192.53	8.17	275642
18.10	32.16	6.92	0.27	6.55	0.18	39.59	40.43	1.03	47442
12.33	32.93	3.20	0.16	2.98	0.38	20.60	21.53	1.42	49841
4.32	7.34	0.80	0.03	0.83	0.26	5.18	6.22	0.46	10461
2.19	4.79	0.74		0.56	0.08	5.08	5.08	0.13	7358
7.95	14.28	1.65	0.21	1.63	0.16	18.74	18.91	0.49	23858
4.11	9.25	1.12	0.01	1.00	0.04	6.31	6.39	1.71	11188
2.35	4.69	1.08	0.05	1.05	0.04	6.58	6.74	0.63	12877
15.52	21.70	1.44	0.24	1.86	0.11	23.19	23.69	0.77	42455
26.03	48.73	8.57	0.70	8.34	4.65	61.27	63.55	1.53	70162
38.83	95.27	15.61	0.58	13.80	0.49	109.89	113.41	5.76	172914
2.72	6.24	1.93	0.12	1.61	0.07	6.78	6.80	1.92	5755
0.88	1.99	0.27	0.01	0.26		0.86	0.96	0.30	2548
0.77	0.87	0.16		0.12		0.87	0.88	0.28	2751
0.18	0.49	0.06	0.01	0.07		0.12	0.09	0.06	1221
34.25	85.64	13.19	0.45	11.74	0.41	101.18	104.60	3.20	160353
18.49	52.14	2.76	4.66	6.89	3.85	61.92	62.80	3.73	102872
3.84	9.04	1.60	0.04	1.47	0.23	17.18	17.34	0.35	12552
0.31	2.06	0.59	0.24	0.77	0.22	-0.25	-0.17	1.01	1341
5.85	26.12	-0.27	3.98	3.54	3.12	34.71	35.54	1.41	60679
0.24	1.04	0.04	0.01	0.05	-0.30	0.89	0.98	0.04	1670
1.33	3.44	0.75	0.01	0.62	0.10	1.79	1.93	0.33	9642
0.27	0.88	0.11		0.11	0.10	1.15	1.07	0.02	3258
5.50	8.11	-0.22	0.37	0.23	0.40	5.82	5.63	0.54	10508
0.96	1.28	0.13	0.01	0.09		0.50	0.34	0.03	2672
0.19	0.17	0.03		0.01		0.13	0.13		550
147.21	269.38	46.13	5.43	45.81	2.16	408.73	414.04	21.80	432846
16.27	37.66	4.29	0.27	4.11	0.37	75.01	75.34	1.19	72415
55.66	107.40	16.28	1.70	16.54	1.59	122.37	124.84	13.49	168403
47.47	72.03	17.75	1.50	16.28	0.92	138.68	139.74	1.17	85780
7.53	15.45	3.33	0.34	3.27	-0.59	16.89	18.05	3.76	25184
8.68	16.68	2.63	0.16	2.79	0.21	29.60	29.56	0.74	38780
1.42	2.45	0.55	0.06	0.54	-0.22	3.01	3.00	0.09	4361
8.29	14.25	1.00	1.40	2.09	-0.16	19.75	19.98	1.27	33304
1.89	3.46	0.30		0.20	0.03	3.43	3.51	0.09	4619

1-A-8 续表 11

行 业					营业收入	营业成本
	法人资本	个人资本	港澳台资本	外商资本		
计算机、通信和其他电子设备制造业	278.26	168.16	0.23	1.15	2297.68	1915.41
计算机制造	9.23	9.68			138.21	113.09
通信设备制造	36.25	15.53			277.49	231.78
广播电视设备制造	3.24	12.70		0.02	88.23	71.56
雷达及配套设备制造	0.15	0.39			1.86	1.11
非专业视听设备制造	2.46	9.33		0.26	87.31	70.27
智能消费设备制造	11.75	4.03			96.67	76.49
电子器件制造	96.34	53.89	0.23	0.33	596.94	507.82
电子元件及电子专用材料制造	111.49	56.72		0.53	915.14	761.90
其他电子设备制造	7.35	5.89			95.84	81.39
仪器仪表制造业	56.12	79.49		0.02	1038.12	823.37
通用仪器仪表制造	44.55	59.33			772.92	616.13
专用仪器仪表制造	9.66	14.43			204.09	158.44
光学仪器制造	0.88	2.03			40.79	32.83
衡器制造	0.71	0.76			5.92	4.78
其他仪器仪表制造业	0.32	2.84		0.02	13.31	10.32
其他制造业	5.19	5.89		1.00	90.41	77.96
日用杂品制造	4.56	5.18		1.00	85.60	73.92
其他未列明制造业	0.63	0.70			4.81	4.05
废弃资源综合利用业	10.63	12.73	1.28		127.62	116.14
金属废料和碎屑加工处理	8.42	4.45			89.41	85.70
非金属废料和碎屑加工处理	2.21	8.28	1.28		38.21	30.44
金属制品、机械和设备修理业	0.32	0.86			5.86	4.28
铁路、船舶、航空航天等运输设备修理	0.12	0.80			4.29	3.02
电力、热力、燃气及水生产和供应业	**92.88**	**22.08**	**0.01**	**0.04**	**172.18**	**130.88**
电力、热力生产和供应业	88.39	18.25	0.01	0.04	138.71	103.95
电力生产	83.96	15.51	0.01	0.04	118.77	87.28
热力生产和供应	4.44	2.73			19.93	16.66
燃气生产和供应业	1.43	0.51			17.26	14.87
燃气生产和供应业	1.43	0.51			17.26	14.87
水的生产和供应业	3.06	3.32			16.20	12.06
自来水生产和供应	0.40	0.24			4.98	3.98
污水处理及其再生利用	2.65	3.00			11.09	8.02

单位：亿元

销售费用	管理费用	财务费用			投资收益（损失以“-”号记）	营业利润	利润总额	亏损企业亏损额	平均用工人数（人）
			利息收入	利息支出					
43.22	139.84	25.41	1.62	18.46	4.78	172.72	174.49	10.65	255580
5.77	10.35	0.66	0.11	0.58	0.98	8.34	8.61	0.25	17139
4.98	18.37	4.74	0.26	4.10	2.53	18.67	19.20	0.67	26194
2.68	6.63	0.52	0.17	0.51	0.04	6.58	6.74	0.16	12629
0.03	0.52	0.04		0.03		0.13	0.15		550
0.85	3.10	0.98	0.03	0.80	0.07	12.20	11.59	0.20	5825
2.16	6.54	1.00	-0.19	0.72	1.09	12.42	12.52	0.05	10721
11.33	37.42	6.94	0.49	6.31	0.22	34.91	35.40	3.97	64820
13.70	52.22	9.94	0.72	5.05	-0.63	72.00	72.47	5.25	111057
1.73	4.68	0.59	0.02	0.35	0.48	7.47	7.81	0.09	6645
37.30	70.85	7.27	0.66	7.10	1.22	94.52	97.08	1.00	82621
27.26	49.19	4.70	0.53	4.73	1.07	72.32	74.00	0.87	54308
8.69	17.05	2.18	0.11	2.02	0.13	16.53	17.07	0.08	19298
0.60	2.71	0.26	0.01	0.21		4.12	4.15		5676
0.17	0.57	0.02		0.02		0.35	0.36		1480
0.57	1.17	0.11	0.01	0.12	0.02	1.17	1.46	0.04	1305
2.65	3.85	0.73	0.08	0.57	0.57	5.31	5.45	0.06	14250
2.48	3.49	0.64	0.08	0.54	0.57	5.19	5.28	0.04	13721
0.17	0.36	0.09		0.02		0.12	0.17	0.02	529
2.30	4.16	0.68	-0.17	0.76	0.15	5.34	6.36	1.23	6216
1.13	2.03	0.19	-0.17	0.32	0.02	1.58	2.07	0.84	2221
1.17	2.13	0.49		0.44	0.13	3.76	4.29	0.39	3995
0.43	0.53	0.21		0.21		0.30	0.32	0.18	1068
0.34	0.40	0.21		0.21		0.20	0.23	0.18	812
1.79	**8.56**	**8.13**	**1.39**	**7.65**	**1.14**	**23.40**	**24.36**	**1.92**	**10799**
0.90	6.46	7.89	1.01	7.08	1.10	20.20	20.96	1.73	7838
0.57	5.45	7.50	0.98	6.83	1.09	18.73	19.48	1.39	6830
0.34	1.01	0.39	0.03	0.25	0.01	1.46	1.48	0.34	1008
0.46	0.87	0.02		0.05	0.03	1.04	1.04	0.07	677
0.46	0.87	0.02		0.05	0.03	1.04	1.04	0.07	677
0.42	1.24	0.23	0.38	0.52	0.01	2.16	2.37	0.12	2284
0.26	0.47	-0.11	0.35	0.23	0.01	0.35	0.35		1198
0.16	0.72	0.34	0.03	0.28		1.80	1.94	0.12	1053

1-A-9 规模以上外商和港澳台商

行业	企业单位数（个）	资产总计	固定资产净额	固定资产原价	累计折旧	流动资产合计
总计	**9172**	**40652.62**	**11040.40**	**23608.42**	**12337.58**	**24339.77**
采矿业	**2**					
非金属矿采选业	2					
制造业	**9016**	**38988.11**	**10215.78**	**22017.19**	**11572.60**	**23891.94**
农副食品加工业	144	611.20	142.81	260.67	116.41	399.17
谷物磨制	7	26.15	7.80	10.76	2.96	14.67
饲料加工	34	74.95	11.96	23.64	11.63	46.59
植物油加工	20	337.10	52.95	113.82	59.54	262.75
屠宰及肉类加工	15	65.46	34.47	49.81	15.35	24.60
水产品加工	35	34.16	7.77	13.41	5.57	18.81
蔬菜、菌类、水果和坚果加工	25	25.55	5.95	9.08	3.12	15.22
其他农副食品加工	7	39.64	19.87	36.48	16.61	13.92
食品制造业	102	357.04	86.89	175.89	75.99	191.01
焙烤食品制造	22	66.76	22.58	45.80	22.79	35.77
糖果、巧克力及蜜饯制造	5	46.76	5.15	10.65	5.50	23.79
方便食品制造	18	52.08	15.20	30.57	15.36	20.76
乳制品制造	7	45.16	15.98	41.11	12.87	18.71
罐头食品制造	2					
调味品、发酵制品制造	9	18.70	5.26	9.12	3.56	12.06
其他食品制造	39	126.62	22.39	37.88	15.47	79.36
酒、饮料和精制茶制造业	48	169.43	71.16	152.42	81.00	78.41
酒的制造	12	54.52	20.56	49.56	28.86	27.72
饮料制造	33	112.66	50.42	102.50	51.94	48.68
精制茶加工	3	2.24	0.17	0.37	0.20	2.00
纺织业	540	990.90	303.33	670.90	358.48	593.97
棉纺织及印染精加工	192	438.84	135.47	300.60	163.68	261.46
毛纺织及染整精加工	38	83.79	16.72	48.68	30.66	61.91
麻纺织及染整精加工	11	17.00	3.80	11.02	7.11	11.48
丝绢纺织及印染精加工	6	3.82	1.03	2.91	1.81	2.20
化纤织造及印染精加工	76	137.49	37.45	80.95	43.49	89.57
针织或钩针编织物及其制品制造	30	30.38	11.63	23.27	11.58	16.00
家用纺织制成品制造	105	136.26	43.54	85.99	37.26	74.70
产业用纺织制成品制造	82	143.33	53.69	117.49	62.90	76.66
纺织服装、服饰业	475	498.62	104.40	220.12	114.75	335.38
机织服装制造	312	351.62	72.54	144.31	70.98	234.04
针织或钩针编织服装制造	99	109.03	21.10	54.63	33.36	77.19
服饰制造	64	37.97	10.75	21.18	10.42	24.14

投资工业企业主要经济指标

单位：亿元

应收账款	存货	#产成品	负债合计	流动负债合计	#应付账款	所有者权益合计	实收资本	国家资本	集体资本
8938.12	**5220.16**	**1986.88**	**19987.55**	**17924.10**	**6669.12**	**20665.07**	**12383.49**	**565.67**	**67.29**
8859.41	**5192.65**	**1985.13**	**19151.15**	**17333.68**	**6605.28**	**19836.96**	**11919.61**	**463.85**	**61.49**
56.72	107.82	42.40	361.31	338.29	49.36	249.89	150.42	8.49	
2.86	4.79	1.97	11.81	9.62	2.75	14.35	7.55		
8.22	10.53	1.88	46.02	42.82	11.27	28.93	16.19	2.77	
22.93	70.91	32.73	230.59	223.96	26.28	106.51	59.55	1.62	
12.51	5.36	1.65	28.46	25.57	0.81	36.99	29.52	4.00	
2.39	7.94	1.38	10.55	9.16	1.60	23.61	7.39	0.09	
2.66	4.00	1.15	16.19	15.10	2.12	9.36	4.74		
4.63	3.62	1.19	12.15	7.87	3.24	27.49	24.27		
51.71	33.01	15.22	141.13	133.28	37.06	215.91	119.85	0.16	7.00
7.40	3.46	0.79	21.91	20.44	2.33	44.86	20.94		
1.04	1.38	0.55	2.50	2.47	0.30	44.26	4.95		
5.17	5.18	1.55	23.37	22.94	8.74	28.71	17.02		7.00
5.77	1.95	0.58	34.21	32.54	6.15	10.96	31.27		
9.45	1.09	0.49	3.93	3.01	1.53	14.77	7.21		
22.81	19.77	11.17	54.57	51.28	17.73	72.05	38.27	0.11	
20.40	22.67	7.65	76.30	68.13	25.09	93.13	78.99	2.71	0.10
2.66	13.10	2.91	23.09	22.26	4.66	31.44	35.39	2.63	
17.41	8.70	4.44	52.50	45.16	20.34	60.16	43.17	0.08	0.10
0.32	0.87	0.30	0.71	0.71	0.09	1.54	0.43		
153.73	192.73	85.88	475.17	426.48	102.64	515.74	348.76	3.44	0.93
64.90	85.45	36.73	214.80	195.68	40.37	224.04	148.33	3.15	0.78
14.72	27.48	15.50	41.36	36.44	16.57	42.43	19.96		0.07
3.63	5.53	3.04	7.96	7.00	2.52	9.04	7.03		
0.66	0.99	0.60	1.76	1.67	0.19	2.06	1.05		
16.95	26.60	11.34	83.35	82.11	5.59	54.14	43.66		
6.11	5.27	2.02	13.19	10.71	3.76	17.19	13.54		0.07
19.19	19.54	7.34	61.74	53.81	18.63	74.52	46.65	0.30	
27.57	21.87	9.30	51.00	39.05	15.00	92.33	68.54		
117.75	78.13	35.33	255.00	242.59	75.98	243.62	129.30	0.71	2.77
85.42	53.12	24.97	185.36	177.67	55.96	166.25	89.61	0.10	2.54
26.10	18.86	7.21	50.17	46.35	14.40	58.87	29.36	0.61	0.24
6.22	6.14	3.16	19.47	18.57	5.61	18.50	10.32		

1-A-9 续表 1

行　业	企业单位数（个）	资产总计	固定资产净额	固定资产原价	累计折旧	流动资产合计
皮革、毛皮、羽毛及其制品和制鞋业	89	103.28	20.17	38.02	17.78	73.85
皮革鞣制加工	7	15.54	3.25	5.99	2.74	9.56
皮革制品制造	41	28.83	4.95	10.46	5.50	21.95
羽毛（绒）加工及制品制造	8	14.25	1.71	4.33	2.62	11.60
制鞋业	33	44.66	10.26	17.25	6.92	30.74
木材加工和木、竹、藤、棕、草制品业	46	89.16	25.30	40.21	14.60	56.51
木材加工	2					
人造板制造	21	23.68	5.80	14.07	8.19	13.78
木质制品制造	21	60.34	17.48	23.36	5.65	40.10
竹、藤、棕、草等制品制造	2					
家具制造业	50	76.25	20.96	35.95	14.98	44.97
木质家具制造	21	36.88	10.66	18.31	7.65	18.18
金属家具制造	12	6.79	1.88	3.80	1.92	4.78
其他家具制造	16	32.39	8.36	13.71	5.35	21.89
造纸和纸制品业	100	1233.76	343.73	796.39	420.89	616.70
造纸	46	1058.81	288.12	696.45	377.63	509.12
纸制品制造	53	163.52	45.88	89.05	42.09	106.56
印刷和记录媒介复制业	85	176.36	46.34	111.93	62.94	103.27
印刷	82	173.00	44.99	109.56	61.92	101.42
记录媒介复制	2					
文教、工美、体育和娱乐用品制造业	264	355.63	94.72	177.56	82.84	201.27
文教办公用品制造	20	30.15	8.29	17.21	8.92	19.00
乐器制造	9	8.10	1.52	4.05	2.53	6.05
工艺美术及礼仪用品制造	123	160.05	48.84	93.68	45.20	75.47
体育用品制造	46	30.53	9.33	17.00	7.64	19.90
玩具制造	56	72.73	10.66	25.92	14.94	48.91
游艺器材及娱乐用品制造	10	54.08	16.08	19.70	3.61	31.94
石油、煤炭及其他燃料加工业	17	128.96	30.37	56.46	26.10	77.34
精炼石油产品制造	12	80.98	14.61	27.72	13.11	55.67
煤炭加工	5	47.98	15.76	28.74	12.98	21.67
化学原料和化学制品制造业	745	3618.07	1219.01	2919.03	1674.70	1884.53
基础化学原料制造	193	1254.78	520.76	1251.28	719.02	561.41
肥料制造	2					
农药制造	28	148.73	38.81	78.09	38.85	93.65
涂料、油墨、颜料及类似产品制造	117	271.98	63.22	131.76	67.43	179.41
合成材料制造	166	811.25	211.57	694.04	476.75	488.74
专用化学产品制造	195	989.42	343.23	656.63	309.04	479.84
日用化学产品制造	44	140.71	41.16	106.89	63.51	80.75

单位：亿元

应收账款	存货	#产成品	负债合计	流动负债合计	#应付账款	所有者权益合计	实收资本	国家资本	集体资本
27.31	22.20	7.96	46.14	44.22	15.86	57.14	30.17		0.19
3.17	4.34	2.27	8.46	8.11	2.32	7.08	3.29		
6.14	8.62	1.58	15.15	14.14	6.58	13.67	8.82		0.05
3.66	4.38	1.72	6.63	6.07	2.52	7.62	6.21		
14.35	4.85	2.38	15.90	15.90	4.43	28.76	11.84		0.14
21.88	14.57	6.46	42.69	34.89	13.19	46.47	25.44		
2.02	5.08	1.71	14.08	7.82	2.32	9.60	9.55		
18.98	8.77	4.16	27.31	25.85	10.76	33.04	13.58		
18.57	11.30	4.76	27.98	24.85	9.32	48.27	34.86		
5.84	5.78	2.56	12.97	10.05	3.21	23.91	19.83		
1.46	1.10	0.34	2.49	2.29	0.50	4.30	3.37		
11.22	4.36	1.87	12.38	12.37	5.61	20.01	11.59		
172.94	86.68	35.78	631.48	504.69	122.39	602.28	541.74	7.35	0.02
129.10	67.12	29.45	520.59	407.10	90.63	538.23	492.62	7.02	0.02
43.76	19.29	6.05	103.72	91.02	28.30	59.81	44.12	0.34	
41.91	17.14	8.66	79.00	72.17	19.53	97.36	55.50		1.38
41.45	16.80	8.55	77.62	70.97	19.08	95.38	54.29		1.38
51.39	61.34	28.31	173.41	157.13	48.45	182.22	87.32		0.45
7.26	6.64	4.17	11.57	11.42	4.38	18.58	11.10		
0.96	2.80	0.96	2.85	1.99	0.99	5.25	2.42		
20.01	22.06	8.74	83.35	74.37	15.45	76.70	32.81		0.25
5.63	4.91	1.59	11.78	9.74	2.97	18.75	10.23		
8.31	12.41	8.24	33.91	31.39	9.80	38.82	13.03		0.20
9.22	12.51	4.61	29.94	28.23	14.85	24.13	17.74		
14.56	25.20	11.98	67.84	62.53	21.27	61.12	45.61		
12.90	20.85	9.21	36.61	35.27	10.40	44.37	33.64		
1.66	4.35	2.77	31.24	27.25	10.87	16.75	11.97		
553.24	444.69	199.47	1519.10	1323.56	391.21	2098.97	1516.36	22.53	3.07
128.01	109.51	43.63	440.97	390.28	124.41	813.81	613.84	8.57	1.32
23.53	30.44	12.55	78.53	66.38	16.20	70.19	26.79	2.57	
81.72	43.01	18.66	129.00	118.07	47.79	142.98	95.12		
135.78	128.33	62.99	397.37	350.89	86.97	413.88	304.68	11.39	0.83
154.18	107.81	49.19	402.98	332.04	98.51	586.45	432.42		0.93
29.79	25.40	12.42	69.92	65.56	17.31	70.79	42.58		

1-A-9 续表 2

行业	企业单位数（个）	资产总计	固定资产净额	固定资产原价	累计折旧	流动资产合计
医药制造业	129	1048.62	229.39	406.33	171.42	646.17
化学药品原料药制造	26	101.54	36.39	74.47	34.82	47.14
化学药品制剂制造	42	754.38	147.00	248.36	99.25	480.47
中药饮片加工	2					
中成药生产	2					
兽用药品制造	4	14.10	3.78	6.14	2.36	9.21
生物药品制品制造	21	73.77	18.62	32.38	13.77	43.85
卫生材料及医药用品制造	27	39.76	13.52	28.18	14.53	23.16
药用辅料及包装材料	5	6.52	1.97	5.05	3.08	3.91
化学纤维制造业	53	265.04	102.80	246.11	130.93	132.61
纤维素纤维原料及纤维制造	11	85.34	31.73	93.09	58.00	45.72
合成纤维制造	40	173.61	69.23	149.53	71.30	84.26
生物基材料制造	2					
橡胶和塑料制品业	568	1210.54	387.66	882.17	483.59	709.77
橡胶制品业	117	496.16	193.45	458.71	261.05	256.60
塑料制品业	451	714.38	194.20	423.46	222.53	453.17
非金属矿物制品业	272	760.08	205.48	459.48	250.50	443.09
水泥、石灰和石膏制造	8	62.72	26.52	63.06	36.54	32.22
石膏、水泥制品及类似制品制造	62	257.30	27.90	56.69	28.61	172.36
砖瓦、石材等建筑材料制造	27	50.45	11.47	24.78	13.31	27.30
玻璃制造	14	65.49	26.97	60.13	32.46	32.52
玻璃制品制造	44	97.86	36.50	76.84	39.99	50.24
玻璃纤维和玻璃纤维增强塑料制品制造	27	55.75	27.71	70.12	42.41	24.82
陶瓷制品制造	26	66.18	22.91	55.77	32.47	33.98
耐火材料制品制造	26	49.16	8.28	21.17	12.56	37.44
石墨及其他非金属矿物制品制造	38	55.15	17.21	30.92	12.15	32.20
黑色金属冶炼和压延加工业	104	1078.07	327.40	757.85	414.36	486.22
炼铁	2					
炼钢	4	479.29	139.07	334.16	188.93	179.83
钢压延加工	97	577.14	188.12	406.76	215.41	292.60
有色金属冶炼和压延加工业	125	427.90	102.04	220.57	115.24	285.81
常用有色金属冶炼	8	16.38	3.17	8.81	5.64	9.40
稀有稀土金属冶炼	2					
有色金属合金制造	30	143.37	36.76	63.44	26.43	87.06
有色金属压延加工	84	257.15	61.29	144.77	80.43	179.28
金属制品业	543	1225.83	310.77	674.54	354.98	796.85
结构性金属制品制造	93	261.13	60.88	103.84	42.78	166.95
金属工具制造	63	78.95	19.20	43.10	23.68	54.95
集装箱及金属包装容器制造	41	157.00	30.99	64.32	33.21	111.02
金属丝绳及其制品制造	48	226.44	68.70	172.19	96.75	138.16

单位：亿元

应收账款	存货	#产成品	负债合计	流动负债合计	#应付账款	所有者权益合计	实收资本	国家资本	集体资本
160.76	155.43	68.14	460.31	395.92	80.40	588.31	257.87	7.51	1.09
11.55	14.18	7.26	58.54	27.02	9.18	43.00	44.88	0.36	
117.79	120.16	52.48	336.62	309.20	59.17	417.76	163.46	3.26	
0.60	2.18	0.51	1.74	1.73	0.74	12.36	4.70		0.04
18.56	4.34	1.91	21.33	18.07	6.57	52.44	21.52		
7.06	5.93	2.31	12.57	11.07	3.22	27.18	15.39	0.45	0.60
1.53	1.03	0.43	2.18	2.18	0.62	4.34	2.36		
24.45	41.67	20.90	136.17	126.25	21.02	128.87	124.15	6.78	
3.97	14.80	7.55	26.28	23.45	8.51	59.06	35.50	2.96	
20.44	25.96	13.11	106.54	99.45	12.15	67.07	87.61	3.82	
267.14	174.82	75.86	464.02	402.06	144.83	746.52	481.31	6.26	2.26
98.14	63.14	27.66	160.76	139.30	49.00	335.40	203.97	3.20	0.13
169.00	111.68	48.20	303.26	262.76	95.84	411.12	277.34	3.05	2.13
130.07	68.80	28.50	331.94	305.52	71.32	428.13	276.23	1.99	2.80
1.89	4.19	0.99	15.06	12.86	2.75	47.66	36.31	1.54	
61.38	8.87	5.11	140.17	137.47	30.69	117.13	40.30		0.08
11.20	6.03	2.34	20.92	18.49	5.28	29.53	23.47	0.45	
4.15	5.23	1.59	33.35	27.51	4.44	32.15	27.36		
12.26	12.16	5.32	45.42	39.15	9.30	52.44	48.31		2.57
8.29	5.15	2.61	13.71	13.16	3.05	42.05	26.57		0.15
8.49	12.02	4.03	16.67	16.43	6.14	49.52	35.65		
11.30	7.79	3.40	21.13	18.95	5.15	28.03	16.28		
11.11	7.36	3.12	25.53	21.48	4.52	29.62	21.99		
96.08	132.08	53.26	657.91	596.09	135.90	420.17	355.23	1.32	6.32
13.78	39.76	12.29	240.37	233.21	34.28	238.92	164.64		0.74
73.35	89.18	40.42	389.54	337.01	101.52	187.60	169.97	1.32	5.58
89.81	82.94	33.42	218.39	183.42	48.39	209.51	184.42	7.51	
3.37	4.20	2.28	9.80	8.82	1.10	6.59	3.64		
26.65	28.17	9.25	71.24	50.53	20.97	72.13	73.17	0.48	
60.54	48.15	20.24	130.72	117.47	26.17	126.43	104.46	7.03	
279.81	184.79	72.22	521.00	481.47	146.52	704.83	412.40	5.96	7.28
49.98	40.34	16.02	124.24	112.69	22.83	136.89	95.10	1.99	4.31
19.96	18.23	7.61	35.61	34.16	16.11	43.34	23.39	0.03	0.05
37.09	25.21	7.98	75.08	70.92	20.24	81.92	35.99	3.62	0.04
50.61	24.99	8.99	85.76	75.72	18.29	140.68	83.64		0.52

1-A-9 续表 3

行　业	企　业 单位数 （个）	资产总计	固定资产 净　额	固定资产 原　价	累计折旧	流动资产 合　计
建筑、安全用金属制品制造	59	81.78	13.35	36.61	22.77	61.24
金属表面处理及热处理加工	47	44.48	15.26	31.82	16.30	24.70
搪瓷制品制造	3	10.83	1.29	3.67	2.38	8.00
金属制日用品制造	32	72.10	17.91	35.69	17.43	49.79
铸造及其他金属制品制造	157	293.12	83.19	183.31	99.69	182.04
通用设备制造业	943	2835.36	594.92	1237.66	638.34	1968.47
锅炉及原动设备制造	40	154.18	27.83	65.60	37.48	109.81
金属加工机械制造	115	217.82	49.14	95.62	46.26	153.67
物料搬运设备制造	100	453.15	55.74	98.81	42.99	356.52
泵、阀门、压缩机及类似机械制造	189	533.89	105.02	230.44	124.44	358.49
轴承、齿轮和传动部件制造	119	445.68	170.15	326.35	155.68	227.33
烘炉、风机、包装等设备制造	163	544.49	96.83	188.88	91.85	399.91
文化、办公用机械制造	33	207.48	29.80	107.04	77.09	167.74
通用零部件制造	154	209.01	49.11	103.51	54.09	143.13
其他通用设备制造业	30	69.66	11.30	21.41	8.46	51.87
专用设备制造业	666	2176.28	383.31	835.65	446.78	1557.24
采矿、冶金、建筑专用设备制造	93	624.63	90.04	256.47	166.34	472.00
化工、木材、非金属加工专用设备制造	196	428.16	88.63	193.87	104.71	303.63
食品、饮料、烟草及饲料生产专用设备制造	17	33.18	5.90	12.23	6.17	24.93
印刷、制药、日化及日用品生产专用设备制造	29	78.82	22.96	45.65	21.43	49.66
纺织、服装和皮革加工专用设备制造	38	119.81	15.53	32.09	16.30	96.47
电子和电工机械专用设备制造	58	86.61	17.89	37.65	18.63	62.15
农、林、牧、渔专用机械制造	24	174.18	21.39	41.79	20.27	139.74
医疗仪器设备及器械制造	114	410.09	94.17	170.15	74.07	252.23
环保、邮政、社会公共服务及其他专用设备制造	97	220.82	26.81	45.75	18.87	156.44
汽车制造业	668	3710.68	1037.90	2047.75	988.01	2138.86
汽车整车制造	9	997.28	302.10	613.16	303.15	486.11
汽车用发动机制造	5	40.68	14.20	44.63	28.47	20.17
改装汽车制造	2					
汽车车身、挂车制造	6	10.91	4.34	4.89	0.54	4.94
汽车零部件及配件制造	646	2654.44	717.09	1384.61	655.55	1620.88
铁路、船舶、航空航天和其他运输设备制造业	173	1237.98	171.90	355.14	176.00	838.97
铁路运输设备制造	22	153.80	14.53	28.33	13.79	120.60
城市轨道交通设备制造	3	96.83	1.93	5.39	3.46	86.90
船舶及相关装置制造	42	731.99	86.90	173.60	86.24	485.47
航空、航天器及设备制造	13	55.54	15.90	39.36	18.49	28.28
摩托车制造	20	44.17	9.60	28.55	18.72	25.72
自行车和残疾人座车制造	42	104.08	27.92	52.09	23.18	59.03
助动车制造	7	12.03	0.65	1.69	1.04	10.28
非公路休闲车及零配件制造	18	35.44	13.70	24.65	10.48	19.69
潜水救捞及其他未列明运输设备制造	6	4.11	0.76	1.50	0.60	3.01

单位：亿元

应收账款	存货	#产成品	负债合计	流动负债合计	#应付账款	所有者权益合计	实收资本	国家资本	集体资本
23.43	13.43	4.58	39.57	38.27	15.34	42.21	28.04		0.06
9.88	5.60	2.47	18.19	15.72	4.50	26.29	17.31		0.55
2.71	1.31	0.29	5.65	5.16	0.77	5.18	2.66		
17.76	11.65	5.78	25.25	24.78	9.58	46.85	21.99		
68.39	44.05	18.49	111.65	104.05	38.88	181.47	104.27	0.32	1.75
746.19	483.18	158.48	1344.16	1239.33	498.43	1491.20	757.26	4.10	3.12
32.59	32.91	11.07	81.54	75.27	23.76	72.63	44.42	1.78	
49.65	51.79	13.00	99.66	89.57	37.55	118.16	59.20	1.40	0.18
127.28	59.58	24.19	277.68	258.58	85.28	175.48	104.46		
140.48	90.32	25.53	252.40	230.38	101.36	281.50	138.32		1.06
86.75	67.98	20.76	194.53	172.98	78.86	251.15	158.77	0.44	0.06
156.00	89.98	34.95	250.24	238.43	91.88	294.25	114.38		
83.05	38.64	10.53	76.45	75.43	45.94	131.02	54.24	0.34	
60.83	33.07	15.98	79.41	67.89	28.55	129.59	63.99	0.13	0.23
9.57	18.92	2.47	32.24	30.80	5.27	37.42	19.48		1.58
551.44	370.84	133.29	1012.80	951.77	369.28	1163.48	535.38	8.20	0.96
171.01	115.79	46.61	336.57	317.83	116.41	288.06	125.26	7.13	0.03
106.27	62.89	16.22	164.72	155.93	69.87	263.44	137.91	0.09	0.05
7.63	8.59	2.66	11.51	9.79	3.99	21.66	9.21	0.84	
14.66	11.17	2.79	45.68	42.43	13.21	33.13	23.76		
34.34	18.85	5.73	65.16	62.75	24.18	54.65	26.38	0.02	0.80
20.47	18.07	5.17	34.67	33.51	15.38	51.93	31.07		
49.68	44.56	22.65	101.31	97.64	41.77	72.87	31.09		
87.89	53.55	19.32	146.87	129.04	48.13	263.21	104.34	0.09	0.04
59.49	37.38	12.15	106.30	102.87	36.34	114.52	46.36	0.04	0.04
763.47	415.68	162.03	1944.04	1710.40	720.36	1766.64	1053.44	77.57	5.16
88.55	74.09	27.42	596.77	506.48	170.37	400.51	388.64	51.71	
4.45	4.16	0.57	13.79	13.08	3.82	26.88	24.91	7.87	
2.14	1.31	0.52	7.00	3.59	1.30	3.91	3.66		
664.78	335.16	133.49	1323.16	1183.92	543.82	1331.28	634.51	17.37	5.16
190.94	194.81	34.23	543.82	487.10	142.77	694.16	214.45	10.93	0.17
41.63	30.37	15.03	68.18	62.68	20.83	85.62	20.14	0.44	
36.94	12.34	1.23	68.66	68.54	24.57	28.17	7.71	2.17	
67.24	113.81	4.99	295.51	255.49	60.17	436.47	107.20	7.31	
8.60	9.55	1.80	24.03	22.21	6.34	31.50	14.62		
6.43	6.98	3.07	16.99	12.90	7.04	27.19	21.98	0.60	
21.36	14.27	5.76	54.33	49.51	16.67	49.75	29.66		
2.99	1.97	0.42	5.56	5.46	1.80	6.47	1.15		
4.65	4.68	1.84	9.60	9.34	5.08	25.84	9.90	0.42	0.17
1.11	0.85	0.08	0.97	0.97	0.26	3.14	2.09		

1-A-9 续表 4

行业	企业单位数（个）	资产总计	固定资产净额	固定资产原价	累计折旧	流动资产合计
电气机械和器材制造业	696	3803.67	815.38	1621.28	794.04	2471.82
电机制造	138	794.94	126.98	272.01	144.93	564.21
输配电及控制设备制造	250	1336.91	277.90	528.17	246.35	813.71
电线、电缆、光缆及电工器材制造	123	472.77	80.96	168.48	86.65	367.33
电池制造	58	584.25	213.79	371.63	152.95	304.01
家用电力器具制造	67	489.08	93.78	228.80	133.78	347.02
非电力家用器具制造	7	27.86	3.30	6.21	2.91	12.11
照明器具制造	48	89.80	17.91	44.33	25.60	57.99
其他电气机械及器材制造	5	8.06	0.78	1.64	0.87	5.44
计算机、通信和其他电子设备制造业	1123	10239.22	2899.44	6336.87	3406.04	6391.90
计算机制造	156	1803.98	327.91	753.17	424.13	1416.36
通信设备制造	63	919.21	106.83	226.81	119.38	759.88
广播电视设备制造	34	239.98	75.94	126.82	50.54	146.84
非专业视听设备制造	42	443.38	63.77	136.70	72.47	347.82
智能消费设备制造	23	608.85	94.45	203.10	108.65	481.18
电子器件制造	278	3264.60	1381.25	2975.78	1585.41	1469.10
电子元件及电子专用材料制造	490	2851.59	803.85	1837.54	1014.46	1716.38
其他电子设备制造	37	107.63	45.44	76.96	31.02	54.34
仪器仪表制造业	187	487.73	103.89	219.07	114.35	336.40
通用仪器仪表制造	118	304.51	60.52	118.78	57.84	217.73
专用仪器仪表制造	41	122.67	30.57	61.59	30.64	77.77
光学仪器制造	19	47.69	8.78	27.32	18.51	33.73
衡器制造	5	6.15	0.95	2.23	1.28	4.11
其他仪器仪表制造业	3	6.46	3.05	9.10	6.06	2.84
其他制造业	37	35.01	15.34	30.60	14.96	17.59
日用杂品制造	30	27.84	12.17	25.53	13.26	14.42
其他未列明制造业	7	7.17	3.17	5.07	1.70	3.17
废弃资源综合利用业	21	22.42	9.92	15.97	6.05	9.55
金属废料和碎屑加工处理	11	10.26	3.56	6.65	3.09	4.56
非金属废料和碎屑加工处理	10	12.17	6.36	9.32	2.96	4.99
金属制品、机械和设备修理业	3	15.00	9.05	14.60	5.55	4.22
专用设备修理	2					
电力、热力、燃气及水生产和供应业	**154**	**1659.03**	**822.55**	**1588.29**	**764.11**	**444.83**
电力、热力生产和供应业	66	924.57	505.93	1109.02	601.79	196.57
电力生产	55	903.67	497.16	1091.21	592.74	190.33
热力生产和供应	11	20.89	8.77	17.82	9.05	6.24
燃气生产和供应业	58	515.34	194.81	281.41	86.28	199.06
燃气生产和供应业	58	515.34	194.81	281.41	86.28	199.06
水的生产和供应业	30	219.12	121.80	197.85	76.05	49.21
自来水生产和供应	15	178.13	106.98	174.34	67.36	37.52
污水处理及其再生利用	15	40.99	14.83	23.51	8.68	11.68

单位：亿元

应收账款	存货	#产成品	负债合计	流动负债合计	#应付账款	所有者权益合计	实收资本	国家资本	集体资本
960.92	406.72	183.64	2099.93	1913.16	710.69	1703.75	989.80	21.32	7.10
196.13	79.54	37.89	436.06	411.61	137.07	358.88	129.91	0.52	0.24
345.30	115.20	46.82	747.85	660.39	248.64	589.06	380.71	14.57	6.18
162.92	61.96	32.64	275.96	269.73	81.93	196.81	131.77	1.89	0.14
130.12	90.48	40.49	355.72	296.33	111.19	228.53	200.17	2.83	0.54
99.91	43.70	19.22	233.15	226.06	118.29	255.93	105.54	1.52	
3.28	2.78	1.06	10.93	10.28	1.11	16.93	5.42		
21.64	10.98	4.71	36.74	35.27	12.84	53.06	34.92		
1.63	2.08	0.81	3.53	3.49	-0.37	4.53	1.36		
3179.97	1262.60	445.04	5292.86	4898.28	2489.78	4946.36	2960.49	256.21	7.71
825.01	274.56	57.52	994.11	987.90	679.21	809.86	340.06		
436.47	162.84	80.91	671.71	667.61	506.59	247.50	124.04		
83.45	26.85	15.29	91.69	86.73	35.29	148.29	43.34	0.37	
166.60	96.80	36.83	322.01	315.13	214.83	121.37	84.49		
242.50	76.61	23.08	486.95	469.28	86.96	121.91	84.74	0.02	0.01
652.39	279.88	101.68	1461.91	1191.77	446.94	1802.69	1384.24	251.44	0.36
745.97	331.23	124.10	1204.62	1120.88	508.28	1646.97	866.46	4.37	7.34
27.58	13.83	5.62	59.86	58.98	11.68	47.77	33.11		
107.98	93.54	23.07	195.00	181.95	83.88	292.73	116.12	2.70	0.41
66.83	60.25	13.68	120.60	113.53	57.34	183.91	71.50	2.22	0.03
29.71	20.74	6.03	51.79	47.40	19.10	70.88	23.39		0.38
9.53	10.90	2.64	19.35	17.76	5.84	28.35	16.09	0.48	
0.95	0.79	0.31	1.90	1.90	0.83	4.25	3.20		
0.86	0.79	0.37	1.13	1.13	0.66	5.33	1.83		
4.69	5.42	2.85	16.77	15.41	7.74	18.23	14.78		
3.74	4.51	2.65	11.48	11.07	5.54	16.35	11.64		
0.96	0.91	0.19	5.29	4.34	2.21	1.88	3.13		
2.36	0.95	0.32	6.79	5.11	1.38	15.63	14.22	0.09	1.19
1.15	0.62	0.19	3.32	2.82	0.79	6.94	8.14	0.09	1.19
1.21	0.33	0.13	3.47	2.29	0.59	8.69	6.09		
1.19	0.93	0.03	8.70	7.66	1.23	6.30	7.76		
77.79	**27.49**	**1.74**	**835.30**	**589.32**	**63.83**	**823.73**	**460.75**	**101.82**	**5.80**
45.56	13.97	0.65	469.04	280.22	30.31	455.53	294.10	81.54	2.73
43.90	13.66	0.62	457.62	270.86	28.61	446.05	287.09	80.00	2.73
1.66	0.30	0.02	11.42	9.36	1.70	9.48	7.02	1.54	
27.45	7.87	1.10	241.02	210.26	28.53	274.32	104.40	7.95	2.46
27.45	7.87	1.10	241.02	210.26	28.53	274.32	104.40	7.95	2.46
4.79	5.66		125.23	98.84	4.98	93.89	62.25	12.33	0.61
2.67	5.55		105.18	87.82	2.51	72.96	43.67	11.17	0.09
2.11	0.11		20.06	11.02	2.47	20.93	18.58	1.17	0.51

1-A-9 续表 5

行　业					营业收入	营业成本
	法人资本	个人资本	港澳台资本	外商资本		
总计	**2161.52**	**315.85**	**2959.41**	**6313.74**	**45245.60**	**38315.73**
采矿业						
非金属矿采选业						
制造业	**2066.91**	**299.84**	**2798.54**	**6228.98**	**44356.20**	**37617.10**
农副食品加工业	30.85	5.17	15.25	90.66	980.34	906.37
谷物磨制		1.98	1.65	3.93	53.08	47.70
饲料加工	3.35	0.20	4.24	5.62	96.04	84.43
植物油加工	4.81		4.63	48.49	647.44	615.71
屠宰及肉类加工	16.99	0.62	1.42	6.49	61.55	56.87
水产品加工	1.53	0.96	1.30	3.52	53.58	44.48
蔬菜、菌类、水果和坚果加工	0.40	1.41	2.01	0.93	33.71	29.27
其他农副食品加工	2.59			21.68	32.51	25.36
食品制造业	10.86	4.84	31.36	65.63	359.34	221.12
焙烤食品制造	2.83	0.20	6.83	11.09	51.57	40.67
糖果、巧克力及蜜饯制造	1.15	0.44	2.56	0.80	24.18	17.22
方便食品制造	4.23	0.05	0.86	4.88	65.84	52.04
乳制品制造	0.72		13.20	17.34	24.05	13.12
罐头食品制造						
调味品、发酵制品制造				7.21	14.44	10.47
其他食品制造	1.86	4.15	7.91	24.24	177.99	86.59
酒、饮料和精制茶制造业	21.13	0.45	10.67	43.92	198.37	149.73
酒的制造	10.45		0.93	21.38	47.62	38.27
饮料制造	10.68	0.40	9.51	22.40	148.10	109.39
精制茶加工		0.05	0.23	0.15	2.65	2.06
纺织业	74.62	27.71	102.29	139.76	1191.06	1043.71
棉纺织及印染精加工	46.01	14.75	47.46	36.19	546.49	489.74
毛纺织及染整精加工	3.16	2.90	4.06	9.77	103.09	91.42
麻纺织及染整精加工	1.91	0.03	5.09		16.58	14.25
丝绢纺织及印染精加工		0.12	0.48	0.45	3.63	3.24
化纤织造及印染精加工	8.71	6.90	17.79	10.26	110.11	96.57
针织或钩针编织物及其制品制造	0.86	0.84	5.61	6.15	44.84	39.71
家用纺织制成品制造	8.52	1.41	9.91	26.52	238.39	203.01
产业用纺织制成品制造	5.46	0.77	11.90	50.42	127.94	105.76
纺织服装、服饰业	30.43	8.35	40.63	46.41	755.09	645.59
机织服装制造	25.35	4.31	31.60	25.71	526.40	450.73
针织或钩针编织服装制造	4.01	3.32	6.55	14.63	166.71	140.48
服饰制造	1.06	0.72	2.48	6.06	61.98	54.38

单位：亿元

销售费用	管理费用	财务费用			投资收益（损失以“-”号记）	营业利润	利润总额	亏损企业亏损额	平均用工人数（人）
			利息收入	利息支出					
1368.14	**2144.86**	**230.70**	**84.43**	**282.03**	**103.26**	**3110.09**	**3158.20**	**346.68**	**3464831**
1351.53	**2119.57**	**210.71**	**80.69**	**258.75**	**90.37**	**2970.34**	**3015.19**	**343.74**	**3437185**
22.05	15.58	3.87	4.01	4.61	-0.45	29.18	29.59	9.11	31812
1.48	0.80	0.22	0.03	0.25	0.05	2.81	2.79		1463
4.19	3.20	0.24	0.29	0.52	1.41	5.31	5.33	0.43	4403
10.40	5.56	1.54	3.55	2.24	-1.92	10.52	10.60	5.24	7194
1.91	1.26	0.54		0.53		0.76	0.89	2.23	7342
1.23	1.44	0.44	0.04	0.41	0.06	5.79	5.90	0.04	5384
0.65	0.77	0.29	0.01	0.20		2.58	2.59	0.02	3988
1.94	2.18	0.44	0.08	0.35	-0.03	2.48	2.53	0.09	1547
76.35	23.89	0.98	1.03	2.18	3.48	28.22	28.42	16.00	27574
3.09	2.89	-0.45	0.72	0.31	2.00	6.88	6.89	0.72	6772
1.36	1.49	-0.12	0.10	0.01	0.81	5.60	5.62	0.01	2624
4.67	3.30	-0.04	0.16	0.16	0.14	5.78	5.77	0.19	8797
8.62	2.64	0.42	0.12	0.46		-12.85	-12.84	13.74	1498
0.56	0.50	0.13	0.01	0.08		2.66	2.67	0.28	1200
57.93	12.96	1.05	-0.09	1.15	0.53	20.14	20.30	1.05	6393
13.59	6.92	1.29	0.27	1.21	0.29	23.02	23.14	1.03	11589
1.51	2.44	0.34	0.12	0.36		1.97	1.96	0.19	2876
12.05	4.35	0.94	0.15	0.85	0.29	20.63	20.75	0.82	8624
0.03	0.12		0.01	0.01		0.42	0.43	0.01	89
28.81	42.54	9.40	0.75	9.02	0.29	65.38	66.17	4.91	134298
8.53	16.38	4.07	0.31	4.31	0.12	26.56	27.94	2.36	58836
1.97	2.76	0.84	0.10	0.65	-0.09	5.65	5.66	0.07	9829
0.31	0.78	0.22	0.01	0.16	0.10	1.04	1.04	0.04	3076
0.06	0.17	0.01		0.01	0.01	0.14	0.13	0.02	554
2.19	5.13	1.86	0.07	1.81		3.88	3.76	0.18	15942
1.03	2.28	0.28	0.04	0.21	0.04	1.33	1.35	0.68	6557
9.61	7.45	1.23	0.11	1.01	0.03	14.75	14.25	0.75	24383
5.12	7.60	0.90	0.12	0.86	0.07	12.04	12.04	0.81	15121
23.98	40.47	2.43	0.52	2.94	0.77	38.73	39.22	3.03	162596
16.34	27.52	1.70	0.34	1.87	0.54	27.65	28.11	2.05	108265
6.60	9.04	0.49	0.16	0.87	0.23	9.02	8.97	0.53	35220
1.03	3.92	0.24	0.02	0.20		2.06	2.14	0.45	19111

1-A-9 续表 6

行 业					营业收入	营业成本
	法人资本	个人资本	港澳台资本	外商资本		
皮革、毛皮、羽毛及其制品和制鞋业	3.74	0.69	12.88	12.66	130.74	114.88
皮革鞣制加工	0.06		1.40	1.83	14.58	13.89
皮革制品制造	0.89	0.54	2.34	5.00	34.88	30.42
羽毛（绒）加工及制品制造	0.85		2.54	2.82	23.73	21.90
制鞋业	1.94	0.15	6.60	3.02	57.55	48.66
木材加工和木、竹、藤、棕、草制品业	1.82	3.75	5.72	14.16	76.62	63.47
木材加工						
人造板制造	0.33	3.39	1.84	3.99	18.15	16.20
木质制品制造	1.18		2.23	10.17	53.92	44.20
竹、藤、棕、草等制品制造						
家具制造业	10.14	2.07	6.98	15.67	83.80	70.47
木质家具制造	4.43	2.03	4.31	9.07	31.62	25.73
金属家具制造	0.56	0.05	0.33	2.44	7.75	6.46
其他家具制造	5.15		2.29	4.16	44.08	37.98
造纸和纸制品业	164.61	1.45	58.47	309.84	788.66	636.00
造纸	160.39	0.48	35.96	288.75	596.84	479.76
纸制品制造	4.22	0.97	17.51	21.09	188.91	153.58
印刷和记录媒介复制业	13.64	0.75	14.27	25.46	161.02	121.70
印刷	13.58	0.75	14.14	24.44	158.78	119.92
记录媒介复制						
文教、工美、体育和娱乐用品制造业	9.48	7.60	29.45	40.33	551.54	457.96
文教办公用品制造	2.73	0.11	4.70	3.56	32.03	27.68
乐器制造	0.06	0.01	0.15	2.19	9.95	8.51
工艺美术及礼仪用品制造	4.52	4.06	11.32	12.65	294.93	242.39
体育用品制造	0.97	0.23	3.75	5.27	56.03	47.74
玩具制造	0.95	1.68	5.99	4.22	99.98	81.32
游艺器材及娱乐用品制造	0.24	1.51	3.53	12.45	58.62	50.33
石油、煤炭及其他燃料加工业	9.44	3.09	4.24	28.84	195.42	164.61
精炼石油产品制造	4.37	1.11	4.24	23.92	143.14	119.01
煤炭加工	5.07	1.97		4.92	52.28	45.60
化学原料和化学制品制造业	283.52	35.83	381.64	789.77	4373.16	3666.51
基础化学原料制造	150.23	15.78	160.02	277.92	1397.27	1147.05
肥料制造						
农药制造	3.41	1.80	3.66	15.35	156.55	125.76
涂料、油墨、颜料及类似产品制造	14.64	1.61	28.01	50.86	320.62	244.81
合成材料制造	32.88	5.82	30.70	223.06	1425.56	1273.24
专用化学产品制造	68.17	8.91	154.95	199.46	919.19	762.98
日用化学产品制造	13.55	1.61	4.30	23.12	152.56	111.42

单位：亿元

销售费用	管理费用	财务费用			投资收益（损失以“-”号记）	营业利润	利润总额	亏损企业亏损额	平均用工人数（人）
			利息收入	利息支出					
3.05	4.74	0.49	0.11	0.60	0.06	6.93	7.39	1.32	27722
0.11	0.67	0.09		0.08		-0.04	0.06	0.73	1964
0.80	1.68	0.41	0.01	0.22	0.01	1.19	1.20	0.24	10450
0.45	0.48	-0.09	0.01	0.04		0.93	0.96	0.07	1061
1.70	1.91	0.09	0.09	0.25	0.05	4.86	5.17	0.29	14247
3.96	3.87	0.68	0.05	0.71	0.01	3.98	4.03	0.67	9042
0.39	0.70	0.07	0.01	0.10		0.69	0.71	0.41	2836
3.39	2.83	0.58	0.04	0.59	0.01	2.43	2.44	0.11	5826
4.64	5.54	0.36	0.07	0.30	0.09	2.64	2.51	1.10	15551
1.03	2.84	0.17	0.03	0.20	0.09	1.70	1.75	0.26	5857
0.30	0.86	0.03		0.04		0.06	0.08	0.28	1697
3.30	1.81	0.17	0.04	0.07		0.87	0.68	0.57	7891
40.36	35.48	17.75	2.43	16.93	2.78	71.16	71.65	5.23	34775
29.87	25.68	16.60	1.96	15.59	2.62	58.14	58.66	2.84	23391
10.50	9.66	1.08	0.46	1.27	0.16	13.01	12.97	2.39	11306
8.91	12.96	0.51	0.24	0.74	0.22	15.75	15.36	1.47	22989
8.82	12.62	0.47	0.24	0.72	0.24	15.78	15.34	1.40	22498
15.49	28.69	2.27	0.20	2.55	1.07	44.95	45.46	2.20	82129
1.53	1.74	0.20	0.02	0.21	0.02	0.68	0.65	0.62	6801
0.27	0.68	0.01	0.01	0.01		0.38	0.52	0.15	1473
5.88	12.15	1.88	0.03	1.45	0.65	31.46	31.40	0.64	33990
1.36	2.30	-0.06	0.04	0.08	0.02	4.48	4.52	0.08	9594
4.95	8.75	-0.02	0.03	0.47	0.45	4.85	5.11	0.51	19360
1.50	3.08	0.26	0.07	0.34	-0.06	3.10	3.26	0.19	10911
6.54	5.03	1.83	0.11	1.59	0.21	13.33	13.27	0.65	4366
5.21	3.18	0.67	0.05	0.38	0.21	10.96	10.92	0.23	2413
1.33	1.85	1.15	0.06	1.21		2.37	2.35	0.43	1953
139.77	163.39	34.61	4.75	31.92	4.82	355.78	362.01	26.11	117782
34.32	46.26	9.58	1.41	10.40	1.07	155.36	159.83	5.14	30194
8.05	8.32	1.64	0.32	1.59	-0.02	12.06	12.27	2.24	8029
26.67	25.00	2.80	0.28	1.64	0.23	19.99	19.55	5.57	15080
27.28	36.71	11.23	1.54	9.65	0.48	72.37	72.87	5.48	27331
31.77	39.23	8.21	1.04	7.79	2.77	76.17	76.68	7.19	25567
11.60	7.85	1.14	0.17	0.84	0.29	19.80	20.81	0.48	11461

1-A-9 续表 7

行 业					营业收入	营业成本
	法人资本	个人资本	港澳台资本	外商资本		
医药制造业	37.20	3.47	63.80	144.79	989.71	459.79
化学药品原料药制造	9.08	0.77	13.71	20.96	69.36	47.86
化学药品制剂制造	20.21	0.01	25.62	114.36	767.99	311.99
中药饮片加工						
中成药生产						
兽用药品制造	0.28		4.10	0.28	7.47	4.89
生物药品制品制造	5.43	0.46	12.85	2.78	50.04	34.57
卫生材料及医药用品制造	1.58	1.32	7.48	3.95	42.31	32.15
药用辅料及包装材料	0.12		0.05	2.19	8.78	6.49
化学纤维制造业	30.23	1.11	42.10	43.93	243.83	199.28
纤维素纤维原料及纤维制造	16.10	0.13	10.12	6.20	106.93	73.44
合成纤维制造	13.71	0.98	31.98	37.12	133.33	122.71
生物基材料制造						
橡胶和塑料制品业	51.13	5.41	124.27	291.99	1178.40	959.64
橡胶制品业	20.92	2.63	53.81	123.28	436.07	349.77
塑料制品业	30.21	2.78	70.46	168.71	742.33	609.88
非金属矿物制品业	51.91	5.39	96.84	117.30	604.80	495.59
水泥、石灰和石膏制造	0.12		21.06	13.59	36.95	24.09
石膏、水泥制品及类似制品制造	9.45	2.29	11.73	16.75	210.13	182.34
砖瓦、石材等建筑材料制造	2.65	0.59	12.44	7.34	33.75	26.30
玻璃制造	4.60		16.16	6.61	42.89	35.91
玻璃制品制造	8.72	0.44	5.23	31.34	85.05	71.95
玻璃纤维和玻璃纤维增强塑料制品制造	0.90	0.67	13.88	10.95	52.86	41.83
陶瓷制品制造	17.19		7.25	11.21	50.09	38.94
耐火材料制品制造	3.95	0.35	3.30	8.68	38.24	29.14
石墨及其他非金属矿物制品制造	4.32	1.05	5.78	10.84	54.84	45.08
黑色金属冶炼和压延加工业	37.09	17.70	200.00	92.80	1329.89	1168.11
炼铁						
炼钢	16.40	12.00	112.40	23.10	588.67	516.87
钢压延加工	20.70	5.12	87.46	49.79	726.04	636.80
有色金属冶炼和压延加工业	15.43	14.33	35.26	111.90	717.83	662.37
常用有色金属冶炼	0.76	1.81	0.02	1.05	24.15	21.81
稀有稀土金属冶炼						
有色金属合金制造	2.51	11.59	14.64	43.95	158.23	142.14
有色金属压延加工	11.56	0.92	20.11	64.84	509.65	472.24
金属制品业	62.30	10.52	122.92	203.41	1387.14	1174.21
结构性金属制品制造	10.02	4.19	31.98	42.62	302.18	267.19
金属工具制造	1.55	1.11	9.54	11.11	102.50	83.96
集装箱及金属包装容器制造	5.82	1.28	7.30	17.94	212.00	186.70
金属丝绳及其制品制造	8.60	2.41	26.24	45.87	226.54	189.77

单位：亿元

销售费用	管理费用	财务费用	利息收入	利息支出	投资收益（损失以“-”号记）	营业利润	利润总额	亏损企业亏损额	平均用工人数（人）
263.97	106.31	5.02	0.10	4.46	7.78	169.07	170.98	9.59	64957
9.53	8.13	2.10	0.08	1.00	0.12	1.45	2.20	3.24	7469
237.99	84.20	2.16	-0.19	2.36	2.69	141.95	142.64	6.02	43103
0.73	0.84	-0.04	0.05	0.03	0.07	1.05	1.08		797
2.62	6.38	0.17	0.07	0.41	0.06	6.12	6.18	0.06	4687
1.69	3.94	0.21	0.02	0.19	-0.07	3.93	4.02	0.24	6111
0.65	0.85	0.08		0.05	0.02	0.67	0.68	0.03	943
4.65	10.66	2.67	1.11	2.53	0.07	24.96	25.50	3.73	13865
1.90	5.51	0.22	0.23	0.34	0.02	24.71	25.21	0.59	4478
2.68	4.90	2.38	0.88	2.13	0.05	0.18	0.22	3.14	9168
43.05	82.87	6.42	2.12	6.98	0.53	81.26	77.51	17.44	143813
18.87	29.39	2.14	0.89	2.37	0.08	33.87	29.58	8.48	47812
24.18	53.48	4.29	1.23	4.61	0.46	47.39	47.93	8.97	96001
20.45	31.43	4.52	1.38	4.83	0.43	51.61	51.68	4.63	49453
0.52	1.29	0.22	0.22	0.20	0.01	10.49	10.38	0.18	1546
5.53	6.24	1.37	0.36	1.45	0.10	16.27	16.11	0.75	9665
1.94	2.92	0.31		0.34	-0.02	2.10	2.19	0.52	2858
1.52	2.05	0.60	0.03	0.46	0.15	2.38	2.34	0.40	4666
2.93	5.12	0.92	0.23	1.07	0.09	3.59	3.61	1.16	11184
1.54	2.41	0.06	0.16	0.30		6.59	6.75	0.42	5525
2.45	5.14	0.07	0.20	0.19	0.06	3.06	3.17	0.72	5838
2.17	3.52	0.35	0.04	0.31		2.80	2.83	0.02	4285
1.83	2.74	0.62	0.15	0.51	0.03	4.32	4.29	0.46	3886
12.22	41.92	9.84	2.29	11.30	-0.42	91.08	71.54	5.44	39861
3.48	25.85	3.05	1.30	4.67	0.13	36.00	36.41		9782
7.99	15.70	6.51	0.98	6.37	-0.43	56.03	36.09	4.46	27667
9.96	19.79	7.19	0.79	7.29	0.18	17.93	18.32	3.66	24207
0.70	0.71	0.43		0.34		0.43	0.47	0.07	1029
3.14	5.96	2.62	0.07	2.53	0.27	4.23	4.42	2.23	5057
6.05	12.48	4.05	0.69	4.26	-0.09	13.24	13.39	0.84	17559
40.40	75.60	6.72	-0.71	11.52	2.50	82.55	82.65	12.90	125065
5.86	10.07	3.44	-2.20	5.92	0.85	15.48	15.87	1.69	19032
4.41	6.24	0.26	0.04	0.34	0.04	7.19	7.21	0.23	12948
5.45	6.94	-0.31	0.48	0.99	0.01	13.40	13.62	0.63	17273
8.60	18.01	1.48	0.50	1.71	0.98	3.78	3.35	7.00	14699

1-A-9 续表 8

行业					营业收入	营业成本
	法人资本	个人资本	港澳台资本	外商资本		
建筑、安全用金属制品制造	3.43	0.07	9.68	14.80	79.66	67.65
金属表面处理及热处理加工	3.10	0.16	5.55	7.95	42.80	33.66
搪瓷制品制造			1.90	0.76	20.58	16.71
金属制日用品制造	3.58		6.14	12.27	80.05	63.23
铸造及其他金属制品制造	26.21	1.31	24.61	50.08	320.82	265.34
通用设备制造业	113.66	19.72	129.70	486.97	3284.30	2663.47
锅炉及原动设备制造	10.41	0.35	12.27	19.60	136.23	114.39
金属加工机械制造	10.74	0.69	7.68	38.51	240.82	190.04
物料搬运设备制造	20.98	7.05	37.93	38.50	516.39	406.45
泵、阀门、压缩机及类似机械制造	27.86	3.40	13.26	92.74	595.69	468.33
轴承、齿轮和传动部件制造	20.39	1.71	10.95	125.22	477.59	396.81
烘炉、风机、包装等设备制造	13.24	4.00	23.50	73.64	652.23	525.90
文化、办公用机械制造	2.88	1.15	10.22	39.65	380.82	350.71
通用零部件制造	5.32	1.32	12.09	44.90	198.17	143.25
其他通用设备制造业	1.85	0.05	1.79	14.20	86.37	67.57
专用设备制造业	80.31	19.60	111.21	315.10	1983.27	1572.36
采矿、冶金、建筑专用设备制造	22.29	3.55	12.94	79.32	624.22	515.76
化工、木材、非金属加工专用设备制造	16.58	0.96	38.37	81.86	357.91	282.51
食品、饮料、烟草及饲料生产专用设备制造	2.97		0.47	4.93	32.26	24.20
印刷、制药、日化及日用品生产专用设备制造	0.53	0.21	4.81	18.20	77.11	61.62
纺织、服装和皮革加工专用设备制造	5.00	0.71	9.11	10.73	109.55	87.90
电子和电工机械专用设备制造	2.86	1.08	5.66	21.47	92.49	74.41
农、林、牧、渔专用机械制造	8.50	0.66	0.41	21.51	177.55	146.28
医疗仪器设备及器械制造	14.29	9.06	27.76	53.10	305.67	213.40
环保、邮政、社会公共服务及其他专用设备制造	7.29	3.37	11.66	23.97	206.51	166.28
汽车制造业	334.40	34.08	72.09	530.15	4224.83	3403.33
汽车整车制造	257.02	25.27		54.63	1363.05	1064.52
汽车用发动机制造				17.04	36.23	31.31
改装汽车制造						
汽车车身、挂车制造	0.43	0.01	0.14	3.09	4.36	3.41
汽车零部件及配件制造	76.95	8.80	70.85	455.38	2814.57	2298.85
铁路、船舶、航空航天和其他运输设备制造业	72.08	14.93	35.18	81.15	799.32	656.59
铁路运输设备制造	3.43	5.24	2.37	8.66	117.54	80.25
城市轨道交通设备制造	3.65			1.89	69.29	53.16
船舶及相关装置制造	47.89	8.89	15.61	27.50	345.58	294.43
航空、航天器及设备制造	1.99	0.09	2.93	9.61	45.93	37.40
摩托车制造	6.42	0.25	5.98	8.73	54.01	44.92
自行车和残疾人座车制造	6.89	0.44	4.40	17.93	109.10	97.16
助动车制造	0.14	0.01	0.58	0.42	21.82	18.80
非公路休闲车及零配件制造	0.88		3.28	5.15	32.00	27.05
潜水救捞及其他未列明运输设备制造	0.79		0.04	1.27	4.06	3.41

单位：亿元

销售费用	管理费用	财务费用			投资收益（损失以“-”号记）	营业利润	利润总额	亏损企业亏损额	平均用工人数（人）
			利息收入	利息支出					
1.93	4.95	0.26	0.05	0.44	0.13	4.49	4.59	0.62	10171
1.29	3.50	0.35	0.05	0.25	0.19	3.92	3.92	0.29	6139
0.35	0.96	-0.07	0.04	0.02		2.52	2.61		1340
3.95	4.80	-0.28	0.04	0.11	0.28	8.25	8.19	0.36	10420
8.56	20.12	1.58	0.28	1.72	0.01	23.54	23.30	2.08	33043
101.07	205.57	3.76	3.55	10.88	5.53	298.94	304.33	11.90	255365
3.18	9.00	0.32	0.25	0.79	0.57	9.06	9.51	1.27	9052
12.87	16.00	1.55	0.17	0.92	0.14	19.62	20.22	0.69	20614
18.95	44.22	-0.92	0.82	1.53	2.67	48.16	48.39	1.40	36261
17.46	42.23	1.96	0.45	1.89	0.71	63.28	64.37	2.74	39263
9.36	22.64	2.44	0.16	2.47	-0.07	43.14	44.63	2.76	38917
23.56	38.01	0.25	0.79	2.55	0.51	61.69	62.45	1.95	52026
3.77	11.33	-1.78	0.52	0.04	0.53	15.68	16.12	0.04	26926
8.53	17.39	0.02	0.24	0.61	0.19	27.69	27.87	1.06	26312
3.40	4.75	-0.09	0.15	0.08	0.28	10.63	10.78		5994
75.02	138.16	2.57	1.02	8.23	5.50	191.03	198.52	11.84	172176
21.56	26.38	1.63	0.45	3.39	2.98	59.14	59.62	3.74	23736
10.95	31.42	-0.28	0.17	1.35	0.81	31.91	33.90	1.49	56409
1.98	2.60	-0.07	0.05	0.04	0.01	3.29	3.29	0.17	3953
5.43	4.97	-0.01	0.07	0.05		4.63	4.70	0.01	4571
5.75	7.92	0.02	0.03	-0.08	-0.13	7.10	7.11	0.27	7845
3.24	7.15	0.01	0.09	0.18	0.11	7.22	7.72	1.16	9184
5.88	12.93	0.58	-0.20	1.04	0.02	12.59	14.91	0.84	16271
12.68	32.26	0.07	0.20	1.27	1.69	46.85	47.85	1.45	37847
7.56	12.51	0.62	0.17	0.99		18.29	19.42	2.70	12360
115.61	278.98	24.94	8.62	22.88	19.54	368.61	372.66	57.38	241859
39.61	75.52	5.82	4.86	5.69	16.00	152.83	151.96	26.47	29965
0.63	2.55	0.15	0.20	0.18	0.03	2.23	2.32	0.05	2169
0.18	0.62	0.19	0.01	0.09		-0.06	-0.04	0.05	571
74.82	199.62	18.76	3.53	16.89	3.52	213.30	218.10	30.80	208802
16.78	43.65	2.60	2.27	5.05	17.06	87.77	92.37	4.09	68625
5.93	7.89	1.12	0.14	0.78	1.30	23.09	23.28		11757
1.60	5.87	0.15	0.13	0.11	0.01	8.04	7.71		2530
2.37	16.11	0.95	1.22	2.93	15.69	39.68	42.99	2.58	20859
0.41	1.90	0.28	0.23	0.33	0.01	5.87	5.93	0.18	3253
1.48	4.58	0.04	0.09	0.07	0.09	2.65	2.68	0.15	6875
3.32	4.97	0.36	0.25	0.77	-0.04	2.60	3.17	0.95	16000
0.36	0.59	-0.08	0.08	0.04		2.10	2.10	0.01	1392
1.18	1.49	-0.20	0.13	0.04	0.01	3.50	4.26	0.23	5140
0.14	0.26	-0.03		-0.01		0.24	0.25		819

1-A-9 续表 9

行　　业	法人资本	个人资本	港澳台资本	外商资本	营业收入	营业成本
电气机械和器材制造业	250.05	28.77	183.27	499.29	3862.57	3271.10
电机制造	50.03	3.37	14.39	61.36	736.20	600.31
输配电及控制设备制造	151.06	12.20	90.01	106.69	1092.47	938.36
电线、电缆、光缆及电工器材制造	21.98	4.83	33.39	69.53	542.69	462.57
电池制造	15.03	6.19	27.75	147.82	610.18	554.63
家用电力器具制造	9.99	0.49	10.36	83.18	753.06	613.70
非电力家用器具制造		0.78		4.64	35.18	24.59
照明器具制造	1.70	0.92	6.51	25.79	87.88	73.22
其他电气机械及器材制造	0.25		0.84	0.27	4.92	3.72
计算机、通信和其他电子设备制造业	242.99	19.41	841.43	1592.75	13196.77	12103.85
计算机制造	22.34	0.64	144.68	172.41	3745.03	3554.39
通信设备制造	4.89	0.48	26.84	91.83	1785.55	1707.43
广播电视设备制造	4.63	0.23	10.90	27.21	220.16	174.50
非专业视听设备制造	16.70	0.05	29.89	37.85	886.42	820.85
智能消费设备制造	9.19	1.56	14.35	59.62	913.30	819.05
电子器件制造	119.48	2.17	209.44	801.35	2671.43	2427.13
电子元件及电子专用材料制造	63.94	13.88	389.03	387.90	2868.15	2511.62
其他电子设备制造	1.83	0.40	16.31	14.57	106.73	88.88
仪器仪表制造业	17.94	1.87	18.88	74.32	641.62	508.97
通用仪器仪表制造	7.98	1.72	13.20	46.35	412.46	318.59
专用仪器仪表制造	2.48	0.10	1.41	19.03	155.04	132.86
光学仪器制造	5.27	0.06	1.99	8.29	51.01	39.67
衡器制造	2.21		0.38	0.62	9.12	5.22
其他仪器仪表制造业			1.80	0.03	13.56	12.25
其他制造业	0.92	0.47	1.34	12.05	42.64	37.90
日用杂品制造	0.74	0.47	1.08	9.36	36.43	32.25
其他未列明制造业	0.18		0.26	2.69	6.22	5.64
废弃资源综合利用业	1.45	1.33	6.40	3.77	17.59	13.35
金属废料和碎屑加工处理	0.12	1.29	2.69	2.76	11.52	8.88
非金属废料和碎屑加工处理	1.33	0.04	3.71	1.00	6.08	4.48
金属制品、机械和设备修理业	3.54			4.22	6.54	5.06
专用设备修理						
电力、热力、燃气及水生产和供应业	**94.61**	**16.01**	**157.74**	**84.76**	**887.69**	**697.74**
电力、热力生产和供应业	61.44	2.16	114.62	31.62	425.10	352.20
电力生产	59.29	2.15	113.21	29.71	409.82	339.84
热力生产和供应	2.15	0.01	1.40	1.92	15.28	12.37
燃气生产和供应业	20.97	12.83	17.95	42.23	419.56	317.70
燃气生产和供应业	20.97	12.83	17.95	42.23	419.56	317.70
水的生产和供应业	12.20	1.02	25.18	10.91	43.03	27.83
自来水生产和供应	5.21	0.12	22.81	4.26	33.81	21.45
污水处理及其再生利用	6.99	0.90	2.37	6.64	9.21	6.39

单位：亿元

销售费用	管理费用	财务费用			投资收益（损失以“-”号记）	营业利润	利润总额	亏损企业亏损额	平均用工人数（人）
			利息收入	利息支出					
119.72	196.67	21.27	8.21	24.36	9.58	248.34	251.52	25.46	289215
13.32	48.41	1.68	1.53	3.82	1.91	70.21	71.78	4.60	56448
28.62	55.34	7.63	2.88	12.01	3.71	61.97	65.31	8.27	88621
14.38	23.04	4.89	0.86	4.02	-0.02	35.21	35.47	1.94	39473
6.45	20.36	8.65	0.84	3.70	-0.05	19.30	18.27	6.76	44495
49.84	40.21	-1.63	1.83	0.44	3.79	52.34	51.46	2.63	44809
5.40	2.35	-0.08	-0.04	0.04	0.05	2.71	2.74	0.04	2024
1.55	6.39	0.12	0.31	0.29	0.19	6.17	6.08	1.22	12712
0.17	0.56			0.02	0.01	0.43	0.43	0.01	633
118.52	457.96	35.11	34.69	60.74	7.79	483.77	511.70	100.92	1214893
13.20	76.47	-5.54	3.02	4.91	2.64	104.11	116.79	7.32	319073
6.76	36.35	4.00	3.10	2.66	0.25	32.98	34.10	4.66	132901
5.14	15.02	0.62	0.70	1.39	0.07	23.67	25.34	1.15	30703
7.23	34.13	3.63	8.09	8.88	0.17	21.30	25.61	1.92	46337
18.14	34.96	-0.07	3.82	2.02	-0.27	39.13	39.23	0.84	62208
25.62	118.09	20.94	5.22	21.51	1.66	90.28	95.84	58.74	254547
40.04	134.47	10.92	10.68	19.08	3.16	166.16	168.39	24.81	354064
2.39	8.46	0.62	0.07	0.28	0.09	6.13	6.40	1.49	15060
20.38	37.25	0.86	0.69	1.67	0.63	70.77	73.71	0.95	40745
15.60	24.37	0.11	0.55	0.61	0.19	51.25	53.91	0.42	24812
3.37	9.70	0.52	0.09	0.69	0.20	7.98	8.02	0.13	9110
1.15	2.24	0.18	0.02	0.29	0.11	7.46	7.47	0.39	5089
0.11	0.75	-0.03	0.03	0.02	0.13	3.14	3.39		1112
0.14	0.14	0.07		0.08		0.95	0.94		437
1.73	1.77	0.34		0.23		0.83	0.97	0.94	7616
1.47	1.17	0.16		0.16		1.14	1.37	0.11	6930
0.26	0.60	0.18		0.07		-0.31	-0.40	0.83	686
0.20	1.33	0.16	0.02	0.19		2.42	2.71	0.05	1542
0.15	0.82	0.07	-0.01	0.07		1.56	1.68	0.05	995
0.05	0.51	0.09	0.02	0.12		0.85	1.03		547
0.28	0.58	0.26	0.01	0.30	0.01	0.32	0.31		1703
16.59	**25.04**	**19.96**	**3.73**	**23.28**	**12.89**	**139.29**	**142.54**	**2.94**	**27573**
0.22	9.23	16.37	1.59	17.64	8.38	53.73	55.97	0.92	11242
0.07	8.21	16.19	1.56	17.47	8.39	52.25	54.18	0.66	10563
0.14	1.02	0.18	0.03	0.17		1.48	1.78	0.26	679
13.33	11.76	2.58	1.72	4.22	1.93	74.33	76.25	0.37	11818
13.33	11.76	2.58	1.72	4.22	1.93	74.33	76.25	0.37	11818
3.05	4.05	1.02	0.41	1.42	2.58	11.22	10.33	1.64	4513
3.04	3.19	0.45	0.33	0.81	2.60	9.13	9.44		3659
0.01	0.86	0.57	0.08	0.61	-0.02	2.09	0.89	1.64	854

1-A-10 规模以上大中型

行业	企业单位数（个）	资产总计	固定资产净额	固定资产原价	累计折旧	流动资产合计
总计	**6041**	**78981.85**	**22052.96**	**44955.67**	**22498.04**	**43149.66**
采矿业	**11**	**866.66**	**332.10**	**915.87**	**568.22**	**243.87**
煤炭开采和洗选业	3	662.69	236.70	467.18	214.93	202.81
烟煤和无烟煤开采洗选	3	662.69	236.70	467.18	214.93	202.81
石油和天然气开采业	2					
石油开采	2					
非金属矿采选业	4	58.94	22.84	44.57	21.73	21.94
土砂石开采	2					
采盐	2					
制造业	**5943**	**71281.17**	**16937.96**	**34531.57**	**17220.10**	**41888.62**
农副食品加工业	81	579.16	160.30	299.94	134.41	352.61
谷物磨制	5	27.02	12.84	28.59	15.75	10.70
饲料加工	8	23.58	10.47	21.80	11.33	10.56
植物油加工	8	310.21	51.76	107.64	54.52	241.21
屠宰及肉类加工	32	117.38	45.43	71.04	22.04	44.98
水产品加工	7	19.46	2.87	5.34	2.48	10.65
蔬菜、菌类、水果和坚果加工	12	30.65	14.35	21.31	6.66	14.04
其他农副食品加工	8	42.67	20.54	40.55	20.01	17.83
食品制造业	61	400.78	99.96	181.51	81.25	204.96
焙烤食品制造	10	59.43	19.96	37.71	17.65	31.46
糖果、巧克力及蜜饯制造	4	52.95	7.12	12.57	5.45	27.54
方便食品制造	14	62.41	20.01	35.35	15.33	26.71
乳制品制造	10	63.36	21.16	35.67	14.48	31.63
罐头食品制造	3	4.38	1.00	2.33	1.19	3.23
调味品、发酵制品制造	5	30.86	9.54	15.08	5.54	15.44
其他食品制造	15	127.38	21.17	42.79	21.62	68.96
酒、饮料和精制茶制造业	28	964.06	180.67	428.99	247.33	607.66
酒的制造	15	648.71	123.69	301.43	177.49	420.66
饮料制造	13	315.35	56.98	127.56	69.84	186.99
烟草制品业	4	718.77	85.82	158.81	72.99	582.85
卷烟制造	3	701.75	81.44	150.75	69.31	571.38
纺织业	395	1910.77	470.36	997.01	520.55	1165.24
棉纺织及印染精加工	179	639.52	188.29	426.13	234.46	366.05
毛纺织及染整精加工	39	574.50	72.05	165.29	91.78	418.20
麻纺织及染整精加工	6	20.03	3.18	10.89	7.61	14.17
丝绢纺织及印染精加工	6	27.02	3.75	7.23	3.43	18.20
化纤织造及印染精加工	65	267.75	84.70	163.46	78.75	144.76
针织或钩针编织物及其制品制造	22	66.32	22.74	44.32	21.49	33.43
家用纺织制成品制造	44	178.56	48.69	85.89	37.12	99.18
产业用纺织制成品制造	34	137.07	46.96	93.80	45.91	71.24

工业企业主要经济指标

单位：亿元

应收账款	存货	#产成品	负债合计	流动负债合计	#应付账款	所有者权益合计	实收资本	国家资本	集体资本
13679.36	**9351.79**	**3490.21**	**41239.03**	**35522.61**	**11322.87**	**37742.82**	**17155.37**	**2574.71**	**338.97**
29.76	**30.55**	**11.82**	**553.28**	**346.31**	**67.09**	**313.37**	**147.24**	**129.05**	**0.58**
25.06	22.84	8.37	400.73	211.71	56.04	261.96	59.22	44.94	0.58
25.06	22.84	8.37	400.73	211.71	56.04	261.96	59.22	44.94	0.58
1.26	4.81	2.20	28.07	25.72	3.46	30.87	9.41	6.69	
13531.25	**9231.49**	**3475.58**	**36747.22**	**32511.58**	**10641.40**	**34533.95**	**15173.87**	**1841.01**	**332.57**
40.54	106.60	43.69	333.98	313.23	56.04	245.19	122.35	11.14	
1.59	3.29	1.28	12.03	10.96	0.86	15.00	4.88	0.06	
2.73	4.35	1.77	12.37	11.98	3.23	11.21	3.63		
17.05	71.78	29.09	200.90	199.98	35.22	109.31	43.71	7.08	
9.98	11.84	5.89	61.51	49.66	8.97	55.87	40.30	4.00	
0.91	3.44	0.81	8.29	7.55	1.22	11.17	2.99		
2.26	4.60	1.71	16.96	16.31	1.67	13.69	3.22		
5.48	6.63	2.67	16.38	12.60	3.57	26.30	22.43		
36.37	35.79	13.50	169.86	157.59	45.26	230.92	94.78	14.29	9.71
5.53	3.14	0.62	22.12	21.00	1.95	37.31	13.11		
0.63	2.32	0.78	7.92	7.43	1.90	45.04	5.07		1.05
7.65	6.98	1.40	28.59	28.04	12.76	33.82	20.32	1.00	7.00
4.74	3.26	0.67	36.79	28.75	7.71	26.57	19.80		0.70
1.18	1.41	0.99	5.42	5.42	0.67	-1.04	0.60	0.41	
1.61	2.24	0.52	7.86	7.56	2.45	23.00	8.82	7.84	
15.02	16.44	8.52	61.16	59.39	17.80	66.22	27.06	5.04	0.96
43.12	237.94	36.55	315.72	285.65	36.64	648.34	127.17	8.63	1.35
8.83	196.22	24.31	201.37	195.94	19.17	447.34	49.58	5.94	
34.28	41.72	12.24	114.35	89.72	17.47	201.00	77.59	2.69	1.35
15.71	283.81	17.14	127.51	127.37	43.94	591.25	11.92	11.92	
14.05	281.17	15.97	126.09	125.94	42.98	575.67	9.69	9.69	
268.35	306.77	135.19	1099.89	1027.87	187.76	810.88	423.46	15.57	14.22
83.76	128.58	58.40	332.25	311.76	53.01	307.28	161.42	5.98	0.77
86.99	71.99	31.81	394.11	371.98	69.38	180.38	99.92	1.17	13.38
3.17	6.45	3.49	12.12	11.06	2.43	7.91	4.03		
2.67	5.40	3.61	19.90	19.34	1.87	7.11	2.32		0.07
21.22	40.21	16.05	176.80	169.92	11.35	90.94	50.15		
9.96	8.26	4.38	35.03	31.20	8.66	31.29	18.64		
35.10	25.85	8.86	70.45	62.19	21.41	108.11	43.43	0.40	
25.49	20.03	8.60	59.23	50.42	19.64	77.85	43.55	8.03	

1-A-10 续表 1

行业	企业单位数（个）	资产总计	固定资产净额	固定资产原价	累计折旧	流动资产合计
纺织服装、服饰业	399	1288.75	256.97	461.65	200.00	801.08
机织服装制造	275	1043.75	200.44	356.02	152.34	639.06
针织或钩针编织服装制造	82	184.71	40.86	79.86	38.18	126.26
服饰制造	42	60.29	15.67	25.78	9.48	35.76
皮革、毛皮、羽毛及其制品和制鞋业	69	103.93	24.75	43.72	18.85	72.93
皮革鞣制加工	3	8.29	2.16	3.03	0.87	4.73
皮革制品制造	17	30.56	3.78	8.06	4.23	24.40
羽毛（绒）加工及制品制造	7	7.98	3.86	6.72	2.87	4.03
制鞋业	41	54.99	14.05	24.38	10.27	38.63
木材加工和木、竹、藤、棕、草制品业	36	170.71	29.94	64.03	33.95	110.52
人造板制造	19	56.88	14.69	33.92	19.09	30.05
木质制品制造	16	96.91	12.77	27.30	14.53	66.45
家具制造业	54	157.27	48.25	66.11	17.68	82.82
木质家具制造	28	71.08	21.64	31.08	9.37	34.85
金属家具制造	6	13.58	4.65	5.77	1.13	7.50
其他家具制造	19	71.82	21.79	28.99	7.08	39.89
造纸和纸制品业	48	1338.58	384.22	856.60	439.52	628.22
造纸	31	1231.76	358.28	802.02	412.74	555.58
纸制品制造	17	106.82	25.94	54.58	26.78	72.64
印刷和记录媒介复制业	55	229.23	55.40	127.09	70.51	136.00
印刷	55	229.23	55.40	127.09	70.51	136.00
文教、工美、体育和娱乐用品制造业	145	414.68	112.55	196.53	83.12	229.04
文教办公用品制造	12	49.89	10.53	20.27	9.34	26.50
乐器制造	2					
工艺美术及礼仪用品制造	73	191.65	61.32	110.90	49.13	91.51
体育用品制造	22	38.86	11.63	18.12	6.47	22.55
玩具制造	27	72.14	12.22	25.13	12.91	49.20
游艺器材及娱乐用品制造	9	60.42	16.67	21.27	4.60	37.96
石油、煤炭及其他燃料加工业	24	792.46	288.46	553.22	262.96	375.44
精炼石油产品制造	14	534.43	216.15	441.19	224.04	228.57
煤炭加工	10	258.03	72.31	112.03	38.92	146.87
化学原料和化学制品制造业	301	5723.08	1862.15	4061.89	2146.50	2756.99
基础化学原料制造	86	1955.54	696.38	1757.45	1014.05	811.40
肥料制造	10	147.06	48.22	103.32	54.41	86.47
农药制造	44	929.21	208.77	405.27	195.06	525.47
涂料、油墨、颜料及类似产品制造	46	302.13	92.85	173.20	79.72	158.47
合成材料制造	46	1276.20	477.27	999.58	521.48	616.33
专用化学产品制造	46	945.88	293.56	516.53	220.68	460.44
日用化学产品制造	23	167.06	45.09	106.52	61.10	98.41

单位：亿元

应收账款	存货	#产成品	负债合计	流动负债合计	#应付账款	所有者权益合计	实收资本	国家资本	集体资本
192.73	227.24	105.14	687.07	588.78	209.17	601.68	225.68	4.84	19.04
138.37	193.50	89.82	554.38	460.85	177.15	489.37	183.68	4.34	18.90
43.39	25.59	11.39	95.42	91.98	21.89	89.29	29.92	0.49	0.06
10.97	8.16	3.93	37.27	35.94	10.14	23.02	12.08	0.02	0.08
29.23	19.20	6.40	51.62	50.39	14.59	52.31	20.74		0.10
0.82	2.89	1.72	7.00	6.66	2.02	1.29	1.36		
9.40	8.80	1.47	18.55	18.10	5.93	12.00	4.53		
1.52	1.08	0.47	4.77	4.75	1.21	3.21	0.71		
17.26	5.94	2.70	19.99	19.58	5.05	35.01	13.39		0.10
30.15	25.29	16.08	93.49	91.32	27.43	77.23	35.35	1.96	0.42
13.77	7.99	5.23	26.38	26.12	8.84	30.50	10.50		
15.93	14.79	8.42	54.25	53.04	15.59	42.66	21.30		0.42
24.87	22.83	8.11	79.60	75.35	24.30	77.67	40.24		0.19
8.32	11.48	3.60	27.02	23.84	7.86	44.06	25.32		
0.39	2.23	0.60	7.99	7.81	3.49	5.59	2.78		0.03
16.07	9.05	3.86	44.15	43.27	12.91	27.67	11.94		0.16
160.27	95.11	39.07	692.48	532.03	120.50	646.10	557.94	20.37	0.25
133.73	81.41	34.74	625.15	465.34	100.57	606.61	539.35	20.37	0.17
26.53	13.70	4.33	67.33	66.69	19.92	39.49	18.59		0.09
54.14	26.54	12.75	108.52	103.69	28.27	120.71	43.05	0.46	1.58
54.14	26.54	12.75	108.52	103.69	28.27	120.71	43.05	0.46	1.58
60.83	75.89	34.79	213.15	198.14	53.76	201.53	79.35	3.00	0.50
10.01	9.00	5.06	21.50	20.80	5.60	28.39	11.38		
27.49	31.40	12.61	98.46	89.36	16.20	93.19	31.77	3.00	0.50
5.62	5.89	2.68	17.97	17.11	3.46	20.89	6.70		
8.04	16.04	9.86	38.07	35.67	12.18	34.07	10.66		
9.14	13.14	4.52	35.83	33.93	15.39	24.59	18.80		
65.97	121.37	41.95	486.06	400.78	161.47	306.40	155.58	86.96	
38.64	101.21	30.68	322.50	272.01	116.39	211.93	131.16	86.96	
27.33	20.16	11.26	163.56	128.77	45.08	94.47	24.43		
600.21	652.95	235.09	2721.20	2286.38	559.08	3001.88	1528.29	330.68	4.77
127.27	183.98	59.43	818.70	735.12	202.68	1136.84	721.07	280.47	1.94
15.25	17.56	3.73	111.95	94.87	16.18	35.11	15.89	1.55	0.20
78.90	144.37	50.15	472.25	390.43	78.10	456.96	106.27	20.66	1.88
65.09	41.01	18.04	135.11	124.53	35.72	167.02	61.82	1.19	
105.60	173.62	56.49	708.00	528.39	108.28	568.20	264.11	15.40	0.51
171.65	65.58	32.15	393.30	335.71	98.80	552.58	334.86	10.80	0.24
36.45	26.84	15.11	81.90	77.32	19.32	85.17	24.28	0.61	

1-A-10 续表 2

行业	企业单位数（个）	资产总计	固定资产净额	固定资产原价	累计折旧	流动资产合计
医药制造业	137	2388.37	454.55	773.68	314.32	1512.86
化学药品原料药制造	38	283.27	100.09	169.12	67.58	119.40
化学药品制剂制造	48	1505.36	239.15	420.19	180.79	1043.27
中药饮片加工	5	180.70	38.42	50.50	12.06	101.47
中成药生产	12	188.13	26.87	48.89	19.06	108.26
兽用药品制造	4	13.35	2.93	5.82	2.89	6.80
生物药品制品制造	13	157.84	30.38	45.33	14.83	98.11
卫生材料及医药用品制造	15	52.10	14.21	27.46	13.25	31.11
药用辅料及包装材料	2					
化学纤维制造业	87	1818.15	564.83	1259.35	666.86	841.22
纤维素纤维原料及纤维制造	29	828.66	220.07	485.88	262.33	408.84
合成纤维制造	55	942.36	319.82	743.15	399.20	417.39
生物基材料制造	3	47.13	24.94	30.31	5.34	14.99
橡胶和塑料制品业	230	1331.48	420.54	880.13	449.78	740.74
橡胶制品业	65	594.64	214.96	487.53	268.75	290.83
塑料制品业	165	736.84	205.58	392.60	181.03	449.90
非金属矿物制品业	151	1239.66	308.83	707.61	397.53	719.13
水泥、石灰和石膏制造	17	357.87	105.39	274.98	169.13	196.81
石膏、水泥制品及类似制品制造	26	260.44	33.54	60.88	27.26	158.85
砖瓦、石材等建筑材料制造	9	35.57	6.22	9.12	2.88	21.94
玻璃制造	11	90.93	31.40	63.03	31.63	46.15
玻璃制品制造	38	131.54	36.58	77.95	41.35	82.78
玻璃纤维和玻璃纤维增强塑料制品制造	11	143.51	55.57	132.73	77.14	64.32
陶瓷制品制造	14	70.82	20.37	50.59	29.85	38.16
耐火材料制品制造	12	61.17	8.38	19.14	10.55	47.22
石墨及其他非金属矿物制品制造	13	87.80	11.37	19.18	7.75	62.89
黑色金属冶炼和压延加工业	105	5438.84	1599.63	3441.12	1806.78	2575.60
炼铁	7	61.94	12.36	48.17	27.16	35.85
炼钢	13	1008.20	287.42	619.00	322.67	425.74
钢压延加工	83	4316.47	1294.39	2757.56	1446.02	2074.54
铁合金冶炼	2					
有色金属冶炼和压延加工业	73	942.23	239.83	444.54	178.10	483.77
常用有色金属冶炼	9	129.16	29.44	51.56	18.75	83.96
稀有稀土金属冶炼	2					
有色金属合金制造	20	448.63	111.52	203.06	69.41	204.32
有色金属压延加工	42	357.06	98.11	187.75	88.54	190.18
金属制品业	319	2118.89	461.07	1022.19	517.55	1354.54
结构性金属制品制造	69	586.54	105.37	189.04	79.34	412.62
金属工具制造	25	77.70	22.27	40.19	17.76	45.89
集装箱及金属包装容器制造	36	306.98	59.07	102.65	43.25	207.01
金属丝绳及其制品制造	24	243.93	75.21	176.00	92.91	139.64

单位：亿元

应收账款	存货	#产成品	负债合计	流动负债合计	#应付账款	所有者权益合计	实收资本	国家资本	集体资本
446.85	333.61	147.66	844.16	740.95	179.59	1544.20	387.16	14.47	50.88
31.58	35.92	16.91	139.77	102.09	20.74	143.50	71.56	0.02	3.02
303.51	229.98	104.82	467.73	443.13	112.92	1037.62	224.99	6.95	36.86
31.70	19.20	12.59	83.90	76.63	8.43	96.80	12.32	3.44	4.07
42.66	24.76	3.87	77.92	53.20	22.13	110.20	26.61	3.59	
1.23	1.46	0.39	3.18	3.17	1.12	10.16	1.12		0.04
23.21	13.87	5.30	49.96	42.34	7.40	107.88	37.84	0.02	6.88
10.99	7.25	3.27	19.65	18.36	6.29	32.44	10.93	0.45	
98.53	246.54	108.29	1062.99	872.86	111.62	755.16	440.85	55.86	3.92
58.73	122.45	43.37	487.97	360.03	48.40	340.69	131.53	6.62	3.92
35.90	120.08	63.02	548.89	495.11	58.19	393.47	292.79	49.24	
3.90	4.01	1.90	26.13	17.72	5.03	21.00	16.53		
275.96	185.45	88.49	509.83	459.11	156.38	821.66	383.01	5.75	3.41
111.16	74.65	37.61	201.62	178.58	68.64	393.03	206.51	3.25	0.08
164.79	110.80	50.88	308.21	280.53	87.74	428.63	176.50	2.49	3.34
193.11	98.98	46.65	624.33	591.47	132.70	615.33	242.48	34.78	4.50
24.87	17.16	8.56	215.95	208.08	26.89	141.92	48.60	12.65	
51.59	8.23	4.18	150.29	148.42	23.02	110.15	29.60	11.09	
10.07	3.63	2.06	19.01	18.92	6.20	16.56	6.63	1.20	
12.85	9.27	4.33	39.67	33.52	6.68	51.26	29.32	2.23	0.91
34.18	16.86	9.22	68.05	63.19	19.13	63.49	41.22		2.00
18.80	10.94	5.93	48.21	41.01	13.41	95.30	38.24	5.84	
10.30	12.60	4.07	23.10	22.51	6.27	47.73	26.03		
13.53	7.74	3.16	19.28	18.32	5.00	41.90	10.66		
16.93	12.54	5.14	40.78	37.50	26.08	47.03	12.17	1.78	1.59
236.91	649.24	275.57	3140.82	2739.02	610.76	2298.02	760.94	78.26	14.30
9.57	11.75	2.22	60.81	56.24	10.41	1.13	23.60		1.54
37.52	102.27	41.82	541.93	497.48	134.45	466.27	231.01		3.88
176.89	528.38	227.76	2523.72	2172.34	464.51	1792.75	501.11	78.26	8.88
115.25	127.91	47.72	543.61	482.48	159.19	398.62	203.35	8.90	11.23
8.58	33.90	13.10	77.54	71.32	23.84	51.63	23.69	5.44	1.19
46.62	45.22	16.36	280.40	252.89	111.55	168.24	81.60	0.13	
59.11	46.92	17.73	182.29	154.97	23.46	174.78	97.68	3.33	10.04
497.05	328.01	129.54	1069.39	981.55	255.57	1049.49	482.84	48.28	13.84
143.15	110.55	51.37	345.77	325.84	72.41	240.77	139.40	16.05	4.30
16.44	18.78	7.13	40.60	37.69	13.03	37.11	16.79	0.03	0.05
64.74	63.76	15.96	167.49	159.50	39.72	139.48	56.72	2.64	
53.25	25.12	11.95	93.82	88.93	30.65	150.11	71.94	13.74	5.65

1-A-10 续表 3

行 业	企业单位数（个）	资产总计	固定资产净额	固定资产原价	累计折旧	流动资产合计
建筑、安全用金属制品制造	22	67.36	13.84	32.92	18.80	43.87
金属表面处理及热处理加工	31	71.18	16.65	34.99	17.92	48.91
搪瓷制品制造	4	12.07	1.47	3.93	2.46	8.28
金属制日用品制造	16	57.91	12.14	27.63	14.81	42.09
铸造及其他金属制品制造	92	695.21	155.04	414.85	230.30	406.24
通用设备制造业	517	4564.82	849.83	1697.62	841.16	2977.28
锅炉及原动设备制造	65	899.16	147.01	280.47	132.60	541.49
金属加工机械制造	63	545.54	74.84	172.31	97.03	382.66
物料搬运设备制造	65	744.62	115.39	192.87	77.43	510.85
泵、阀门、压缩机及类似机械制造	61	534.23	104.79	215.33	109.45	342.30
轴承、齿轮和传动部件制造	81	755.21	224.31	448.76	222.75	432.27
烘炉、风机、包装等设备制造	88	605.39	103.58	189.60	85.92	416.50
文化、办公用机械制造	21	196.56	27.52	97.08	68.34	158.90
通用零部件制造	59	197.51	41.52	80.41	38.89	130.01
其他通用设备制造业	14	86.60	10.87	20.79	8.74	62.29
专用设备制造业	350	4025.09	669.63	1322.45	647.44	2740.16
采矿、冶金、建筑专用设备制造	56	1851.54	291.51	559.55	265.98	1288.96
化工、木材、非金属加工专用设备制造	79	446.25	89.80	181.79	91.60	304.75
食品、饮料、烟草及饲料生产专用设备制造	9	86.33	14.29	45.92	31.60	61.18
印刷、制药、日化及日用品生产专用设备制造	7	49.57	16.19	31.96	15.77	28.23
纺织、服装和皮革加工专用设备制造	23	170.94	21.19	40.92	19.60	119.11
电子和电工机械专用设备制造	19	253.06	41.24	72.87	31.63	171.75
农、林、牧、渔专用机械制造	21	233.25	34.88	82.43	47.38	173.52
医疗仪器设备及器械制造	88	524.70	96.56	179.99	81.50	302.01
环保、邮政、社会公共服务及其他专用设备制造	48	409.45	63.97	127.02	62.39	290.66
汽车制造业	422	5237.55	1231.26	2429.75	1154.05	3115.12
汽车整车制造	26	1705.76	420.28	817.22	372.52	963.09
汽车用发动机制造	3	124.94	30.23	92.68	60.86	85.39
改装汽车制造	7	75.17	11.23	19.03	7.80	42.92
电车制造	2					
汽车车身、挂车制造	4	41.55	7.61	11.48	3.87	26.82
汽车零部件及配件制造	380	3284.56	760.34	1487.32	708.56	1993.33
铁路、船舶、航空航天和其他运输设备制造业	150	2960.82	512.81	970.05	447.98	1816.45
铁路运输设备制造	24	497.46	65.46	149.53	84.00	331.97
城市轨道交通设备制造	4	103.01	2.56	6.90	4.34	91.77
船舶及相关装置制造	60	1675.28	330.72	587.04	249.26	1023.75
航空、航天器及设备制造	11	216.18	44.26	86.26	41.89	133.26
摩托车制造	20	274.20	32.06	73.97	41.00	118.46
自行车和残疾人座车制造	17	77.12	19.41	35.57	15.55	43.76
助动车制造	9	85.17	6.20	9.68	3.44	57.46
非公路休闲车及零配件制造	5	32.40	12.16	21.10	8.50	16.02

单位：亿元

应收账款	存货	#产成品	负债合计	流动负债合计	#应付账款	所有者权益合计	实收资本	国家资本	集体资本
18.52	8.55	3.08	34.34	32.72	11.52	33.03	16.92		
25.28	6.59	1.90	37.96	36.93	5.85	33.22	7.15		0.02
2.75	1.36	0.33	5.92	5.43	0.89	6.15	3.42		
16.24	9.23	5.54	19.75	19.75	7.89	38.16	15.07		
156.68	84.09	32.27	323.74	274.76	73.61	371.47	155.42	15.82	3.82
1018.61	677.13	240.44	2246.87	2063.29	689.25	2317.94	857.22	44.23	12.63
153.02	118.47	41.05	418.96	372.74	125.70	480.20	138.78	21.91	0.67
79.54	72.57	24.13	336.07	286.73	55.50	209.46	59.85	2.18	0.85
168.79	104.17	45.75	406.77	387.42	105.71	337.86	146.95	11.55	4.55
136.24	93.82	25.08	258.01	233.46	108.20	276.22	129.66	2.82	2.42
180.53	106.09	38.04	347.06	322.95	118.12	408.15	179.53	3.44	2.04
147.17	96.57	40.59	280.93	266.71	97.70	324.46	100.92	0.21	
79.86	36.87	9.93	74.07	73.53	45.11	122.49	46.65		
59.62	26.98	11.72	85.65	83.01	26.23	111.86	34.83	0.91	0.52
13.84	21.60	4.14	39.35	36.74	6.99	47.25	20.06	1.20	1.58
1010.99	667.34	293.40	2219.57	1959.28	566.27	1805.52	518.23	49.01	0.89
520.80	335.65	177.68	1185.99	986.78	255.41	665.54	127.99	35.89	0.57
108.65	65.76	15.04	181.49	173.40	66.95	264.76	113.49	1.34	0.04
19.33	16.29	8.11	56.35	56.04	8.48	29.98	13.45	0.84	
7.33	6.08	2.21	33.59	32.07	9.55	15.98	10.17		
44.27	24.28	8.15	86.61	84.53	33.57	84.34	27.45	2.00	0.09
47.21	50.38	14.25	120.48	114.42	22.59	132.58	31.52	7.34	
67.78	51.84	26.05	140.12	135.87	51.88	93.12	44.33		
104.29	54.33	19.44	179.14	157.46	57.85	345.56	103.74		0.13
91.33	62.73	22.46	235.79	218.70	59.99	173.66	46.09	1.61	0.05
1143.56	546.66	235.55	2995.62	2599.38	1110.84	2241.93	1225.28	190.10	9.19
325.93	117.16	45.87	1187.45	995.91	388.27	518.31	535.46	82.57	
9.15	23.47	16.01	50.79	43.15	36.75	74.15	53.97	46.10	
17.64	7.58	1.46	38.86	36.95	12.64	36.31	18.73	1.97	
10.86	7.48	2.04	29.63	28.49	6.19	11.92	13.45	12.95	
779.97	389.42	170.02	1684.25	1491.08	664.34	1600.32	602.66	46.51	9.19
479.08	444.04	67.54	1707.06	1361.28	425.86	1253.76	490.49	221.62	0.86
129.64	87.58	34.72	264.00	251.17	118.95	233.46	107.18	67.05	0.66
38.51	13.15	1.67	69.71	69.59	24.84	33.31	7.97	2.17	
206.00	248.06	9.86	951.73	702.12	166.95	723.55	275.39	119.99	
47.43	36.64	3.48	123.34	108.50	41.45	92.84	29.92	18.22	
24.05	38.32	10.37	184.88	120.59	37.70	89.32	34.70	14.19	0.20
17.58	10.61	4.67	39.55	36.30	13.63	37.57	23.05		
13.64	6.54	1.53	60.61	60.30	16.89	24.56	6.75		
2.23	3.15	1.24	13.25	12.71	5.45	19.16	5.53		

1-A-10 续表 4

行业	企业单位数（个）	资产总计	固定资产净额	固定资产原价	累计折旧	流动资产合计
电气机械和器材制造业	683	9415.82	1782.36	3260.11	1463.02	6027.14
电机制造	133	1134.58	223.12	443.29	219.94	764.25
输配电及控制设备制造	257	3768.82	748.11	1297.44	541.95	2390.99
电线、电缆、光缆及电工器材制造	119	2229.85	302.83	543.66	240.29	1473.51
电池制造	59	915.46	292.09	455.07	159.61	503.35
家用电力器具制造	71	1078.07	167.85	419.48	248.50	727.66
非电力家用器具制造	8	94.29	11.96	20.48	8.47	25.64
照明器具制造	35	192.49	36.05	80.01	43.92	139.91
计算机、通信和其他电子设备制造业	855	13252.74	3527.97	7287.10	3724.55	7843.84
计算机制造	117	1827.40	325.21	721.69	396.03	1421.22
通信设备制造	82	1786.36	221.57	387.70	165.70	1318.29
广播电视设备制造	33	345.82	81.54	135.26	53.34	206.65
雷达及配套设备制造	5	255.58	47.06	79.52	32.36	175.48
非专业视听设备制造	37	482.46	75.84	157.87	81.57	356.14
智能消费设备制造	21	789.57	148.71	270.41	121.27	581.12
电子器件制造	215	4258.70	1675.41	3444.08	1753.77	1833.02
电子元件及电子专用材料制造	324	3359.37	906.80	2013.50	1089.45	1867.29
其他电子设备制造	21	147.48	45.82	77.07	31.06	84.64
仪器仪表制造业	147	1646.28	224.83	481.63	254.45	976.57
通用仪器仪表制造	92	1275.72	156.55	344.56	187.13	751.49
专用仪器仪表制造	35	257.67	44.95	83.36	37.17	159.13
光学仪器制造	12	82.30	17.96	43.63	25.45	53.52
衡器制造	5	22.68	3.36	5.77	2.41	7.65
其他仪器仪表制造业	2					
其他制造业	13	89.58	20.09	40.67	20.53	51.39
日用杂品制造	12	47.89	16.00	32.21	16.17	25.99
废弃资源综合利用业	2					
非金属废料和碎屑加工处理	2					
金属制品、机械和设备修理业	2					
铁路、船舶、航空航天等运输设备修理	2					
电力、热力、燃气及水生产和供应业	**87**	**6834.02**	**4782.90**	**9508.23**	**4709.73**	**1017.17**
电力、热力生产和供应业	42	5699.99	4237.79	8649.58	4405.09	651.42
电力生产	41	2674.35	1712.92	3031.86	1312.25	415.10
燃气生产和供应业	14	242.12	111.24	155.85	44.37	82.21
燃气生产和供应业	14	242.12	111.24	155.85	44.37	82.21
水的生产和供应业	31	891.91	433.87	702.79	260.27	283.54
自来水生产和供应	29	830.04	405.60	654.61	240.54	268.66
污水处理及其再生利用	2					

单位：亿元

应收账款	存货	#产成品	负债合计	流动负债合计	#应付账款	所有者权益合计	实收资本	国家资本	集体资本
2419.30	928.05	474.36	5071.52	4577.89	1538.88	4344.31	2040.39	127.71	143.36
269.47	137.59	64.40	597.08	562.43	224.92	537.51	158.54	1.37	0.95
1081.11	273.77	132.35	2061.26	1846.23	637.85	1707.56	912.20	68.63	130.05
609.54	238.69	140.36	1193.07	1102.57	240.51	1036.78	416.17	14.36	
218.36	135.46	55.86	532.12	427.53	172.01	383.34	284.77	42.22	6.64
198.79	107.77	64.98	563.12	518.82	224.02	514.96	226.02	1.13	4.93
6.36	7.00	3.67	36.92	36.03	6.02	57.38	14.89		0.80
34.33	27.48	12.72	86.72	83.08	32.77	105.77	27.50		
3676.91	1546.97	521.68	6789.12	6165.45	2899.87	6463.62	3395.56	401.13	10.80
826.10	278.76	62.28	1004.22	998.27	690.17	823.19	334.01	0.55	
600.93	310.68	110.44	1179.93	1111.45	668.88	606.43	234.14	23.75	
103.14	38.17	17.45	126.69	122.00	43.84	219.13	55.44	0.35	
64.38	33.37	0.88	133.32	129.99	31.65	122.27	10.56	9.86	
179.13	72.65	32.83	326.96	318.57	206.46	155.50	85.90	0.15	2.43
315.80	86.99	30.97	614.59	586.63	139.38	174.98	101.91	3.53	
734.32	352.23	130.24	1924.91	1532.12	519.07	2333.78	1604.76	332.68	0.52
813.32	353.94	130.83	1392.06	1283.57	579.69	1967.31	933.96	29.26	7.86
39.79	20.18	5.76	86.45	82.83	20.73	61.04	34.87	1.00	
282.04	202.44	48.53	702.60	639.55	225.34	943.68	254.97	47.02	0.20
223.04	145.03	33.56	538.47	487.06	173.82	737.24	187.72	43.99	0.20
39.85	43.64	11.65	118.81	110.77	31.16	138.86	42.38	0.51	
14.89	11.12	2.83	38.83	35.50	18.92	43.47	14.99	2.53	
2.96	1.78	0.28	5.05	4.82	0.94	17.63	8.68		
13.52	8.24	2.40	27.95	27.84	9.75	61.63	16.79	4.05	
8.36	6.33	2.40	10.94	10.83	2.97	36.96	12.74		
118.34	**89.76**	**2.81**	**3938.53**	**2664.72**	**614.38**	**2895.49**	**1834.26**	**604.65**	**5.83**
91.98	73.33	1.89	3273.35	2278.53	569.12	2426.64	1591.28	421.02	2.73
74.46	71.74	1.89	1767.43	871.83	115.48	906.91	650.27	421.02	2.73
14.62	6.28	0.33	124.05	113.11	10.45	118.07	28.93	3.15	1.05
14.62	6.28	0.33	124.05	113.11	10.45	118.07	28.93	3.15	1.05
11.74	10.15	0.59	541.13	273.08	34.82	350.78	214.05	180.49	2.05
7.93	10.15	0.59	490.78	257.63	28.68	339.26	204.46	172.95	

1-A-10 续表 5

行业					营业收入	营业成本
	法人资本	个人资本	港澳台资本	外商资本		
总计	**5941.02**	**2079.58**	**2086.28**	**4134.49**	**83153.26**	**69653.79**
采矿业	**16.45**	**1.15**			**493.31**	**376.75**
煤炭开采和洗选业	13.45	0.25			379.97	298.91
烟煤和无烟煤开采洗选	13.45	0.25			379.97	298.91
石油和天然气开采业						
石油开采						
非金属矿采选业	1.81	0.90			29.55	21.70
土砂石开采						
采盐						
制造业	**4789.70**	**2074.53**	**2013.64**	**4122.10**	**78002.12**	**64965.34**
农副食品加工业	35.49	9.96	2.65	63.11	992.10	911.53
谷物磨制	0.12	1.09		3.60	82.01	73.26
饲料加工	0.82	1.77	1.05		56.72	48.97
植物油加工	1.68			34.95	547.50	516.80
屠宰及肉类加工	28.56	3.23	1.16	3.34	198.38	183.51
水产品加工	0.35	0.68	0.43	1.53	29.64	24.72
蔬菜、菌类、水果和坚果加工	1.03	2.18			34.89	30.12
其他农副食品加工	1.74	1.00		19.69	40.51	31.59
食品制造业	20.15	7.66	13.59	29.39	474.89	311.65
焙烤食品制造	0.47	0.18	4.61	7.84	51.99	39.44
糖果、巧克力及蜜饯制造	1.40		2.34	0.28	27.28	19.92
方便食品制造	10.02	0.72	0.39	1.20	73.72	59.39
乳制品制造	6.42			12.68	64.85	50.35
罐头食品制造	0.05	0.14			4.48	3.83
调味品、发酵制品制造		0.58		0.40	32.46	23.77
其他食品制造	1.79	6.04	6.25	6.98	220.11	114.96
酒、饮料和精制茶制造业	86.37	7.49	0.57	22.75	853.21	524.04
酒的制造	33.31	4.28		6.05	348.67	119.20
饮料制造	53.06	3.21	0.57	16.71	504.53	404.84
烟草制品业					790.23	306.85
卷烟制造					775.75	297.10
纺织业	161.40	110.41	51.29	70.24	2065.94	1834.38
棉纺织及印染精加工	56.29	49.01	28.76	20.28	873.11	788.32
毛纺织及染整精加工	57.26	16.27	0.82	11.01	415.87	381.66
麻纺织及染整精加工	0.45	1.17	2.41		16.78	14.25
丝绢纺织及印染精加工	0.10	2.16			32.74	29.34
化纤织造及印染精加工	17.67	23.75	4.36	4.38	209.70	178.89
针织或钩针编织物及其制品制造	4.02	6.34	2.70	5.58	79.12	67.92
家用纺织制成品制造	17.06	7.60	7.30	11.06	261.40	220.51
产业用纺织制成品制造	8.56	4.09	4.94	17.93	177.22	153.48

单位：亿元

销售费用	管理费用	财务费用			投资收益（损失以“-”号记）	营业利润	利润总额	亏损企业亏损额	平均用工人数（人）
			利息收入	利息支出					
2585.92	**3557.30**	**576.23**	**156.25**	**690.21**	**314.35**	**6038.01**	**6120.09**	**333.20**	**5596096**
5.64	**55.38**	**8.53**	**1.74**	**8.81**	**-1.45**	**16.01**	**19.31**	**3.56**	**60660**
3.06	35.95	5.14	1.34	5.14	-1.58	13.72	16.84	0.49	45362
3.06	35.95	5.14	1.34	5.14	-1.58	13.72	16.84	0.49	45362
1.91	2.43	0.79	0.18	0.87	0.09	2.10	2.26		3800
2544.13	**3460.91**	**510.20**	**146.13**	**617.32**	**289.84**	**5804.01**	**5873.20**	**322.77**	**5443114**
22.74	16.80	3.10	3.52	4.16	1.25	36.05	36.69	3.00	51099
1.71	1.70	0.33		0.33	0.05	4.66	4.63		3684
1.50	1.98	0.39		0.41		3.74	3.72		4228
11.14	4.87	-0.07	3.38	1.14	0.79	14.24	14.37	0.10	6743
3.39	3.59	1.00	0.03	1.03	0.42	6.57	7.01	1.85	23339
1.01	0.87	0.27	0.02	0.26		2.66	2.69		3542
1.37	0.94	0.22	0.01	0.17	0.02	2.15	2.15		5387
2.37	2.48	0.80	0.07	0.69	-0.03	3.11	3.18		3685
82.51	25.17	2.52	0.89	3.56	4.07	56.31	57.23	0.51	41583
4.62	2.41	-0.35	0.68	0.35	2.03	7.34	7.46	0.36	6263
1.46	1.71	-0.06	0.10	0.08	0.81	5.62	5.62		3138
4.84	3.25	0.07	0.15	0.16	0.23	6.12	6.19	0.15	10912
8.26	2.78	0.56	0.04	0.60		3.26	3.22		8767
0.21	0.23	0.12		0.11		0.06	0.09		1505
2.36	1.62	0.07		0.06	0.48	4.88	5.40		3726
60.76	13.17	2.11	-0.09	2.20	0.52	29.02	29.25		7272
51.02	39.04	11.05	0.59	11.50	17.30	188.35	189.35	0.28	54142
26.35	24.56	0.20	0.37	0.51	16.84	144.42	145.42	0.08	25020
24.67	14.48	10.84	0.23	10.99	0.45	43.93	43.93	0.20	29122
7.98	22.37	-3.56	3.36		0.82	87.43	89.74		5478
7.70	21.23	-3.47	3.27		0.82	84.14	86.40		4901
38.27	68.68	26.29	1.60	31.20	11.86	101.48	107.00	3.10	262703
11.57	26.01	7.45	0.51	8.23	3.02	39.69	42.29	1.47	111959
4.21	11.24	10.55	0.30	10.17	6.01	13.22	15.03	0.47	38852
0.26	0.51	0.55		0.40	0.13	1.21	1.34	0.02	3873
0.75	1.09	0.62	0.03	4.94	0.10	1.08	1.26		2564
3.16	9.86	4.47	0.25	4.34	0.32	12.63	13.18	0.19	42868
1.44	4.39	0.41	0.12	0.66	0.03	4.60	4.71	0.67	12710
12.39	9.27	1.11	0.23	1.14	0.32	16.84	16.85	0.28	30875
4.50	6.31	1.15	0.14	1.31	1.92	12.21	12.35		19002

1-A-10 续表 6

行业					营业收入	营业成本
	法人资本	个人资本	港澳台资本	外商资本		
纺织服装、服饰业	58.51	87.26	25.07	30.97	1738.59	1452.22
机织服装制造	44.78	78.09	21.52	16.06	1359.30	1137.06
针织或钩针编织服装制造	8.69	6.49	2.67	11.53	272.72	231.14
服饰制造	5.04	2.68	0.88	3.38	106.56	84.02
皮革、毛皮、羽毛及其制品和制鞋业	5.37	3.51	5.76	6.00	196.05	168.78
皮革鞣制加工			0.80	0.57	3.85	4.25
皮革制品制造	0.84	0.51	0.51	2.68	54.44	47.80
羽毛（绒）加工及制品制造	0.39	0.32			22.48	19.49
制鞋业	3.40	2.68	4.45	2.75	112.78	94.88
木材加工和木、竹、藤、棕、草制品业	14.69	10.64	1.36	6.29	202.21	168.70
人造板制造	5.84	4.18		0.47	82.47	68.42
木质制品制造	8.85	4.85	1.36	5.82	98.43	80.72
家具制造业	20.93	9.24	0.89	8.98	163.91	134.43
木质家具制造	11.21	6.11	0.89	7.11	68.94	55.43
金属家具制造	1.99	0.76			18.14	14.96
其他家具制造	7.73	2.17		1.87	75.76	63.20
造纸和纸制品业	185.80	21.35	44.28	285.89	854.68	693.49
造纸	180.24	20.39	41.30	276.88	723.94	590.61
纸制品制造	5.55	0.96	2.98	9.01	130.74	102.88
印刷和记录媒介复制业	21.31	9.28	6.91	3.50	232.16	180.91
印刷	21.31	9.28	6.91	3.50	232.16	180.91
文教、工美、体育和娱乐用品制造业	13.58	24.65	14.41	23.21	693.37	582.97
文教办公用品制造	3.66	2.68	2.84	2.20	53.80	45.09
乐器制造						
工艺美术及礼仪用品制造	6.52	13.36	3.65	4.74	385.64	327.61
体育用品制造	1.14	2.98	0.31	2.26	62.64	52.22
玩具制造	2.16	2.72	4.10	1.67	120.57	97.65
游艺器材及娱乐用品制造	0.09	2.88	3.51	12.32	68.43	58.45
石油、煤炭及其他燃料加工业	30.21	36.25	2.17		1801.00	1459.01
精炼石油产品制造	24.32	17.71	2.17		1607.30	1289.66
煤炭加工	5.89	18.54			193.71	169.35
化学原料和化学制品制造业	498.42	121.91	265.55	306.95	6323.31	5230.35
基础化学原料制造	167.83	37.19	110.60	123.03	2349.20	1902.29
肥料制造	7.38	4.31	2.26	0.20	107.05	88.38
农药制造	57.99	16.60		9.13	724.20	583.97
涂料、油墨、颜料及类似产品制造	27.62	12.86	14.30	5.84	335.55	263.33
合成材料制造	127.57	26.40	16.26	77.97	1714.24	1541.64
专用化学产品制造	102.00	20.93	118.86	82.02	870.44	714.50
日用化学产品制造	8.01	3.62	3.27	8.77	222.62	136.25

单位：亿元

销售费用	管理费用	财务费用			投资收益（损失以“-”号记）	营业利润	利润总额	亏损企业亏损额	平均用工人数（人）
			利息收入	利息支出					
70.06	81.29	7.57	1.11	8.27	3.86	119.24	121.47	4.35	310813
46.49	62.54	6.49	0.81	6.77	3.69	100.45	102.40	3.56	210683
10.99	13.43	0.81	0.24	1.22	0.17	14.86	15.00	0.51	61411
12.57	5.32	0.27	0.06	0.28		3.93	4.07	0.28	38719
4.24	7.23	0.93	0.10	0.79	0.04	14.04	14.47	0.90	39465
0.03	0.41	0.11		0.05		-0.80	-0.70	0.71	1166
1.25	1.75	0.45	0.01	0.22	-0.01	2.97	3.01	0.05	11492
0.54	0.97	0.11		0.11		1.27	1.27		3247
2.40	4.03	0.26	0.09	0.40	0.05	10.57	10.86	0.14	23180
7.76	7.06	1.47	0.08	1.48	-0.07	15.45	15.54	0.08	18769
1.90	2.21	0.30		0.27	-0.13	9.37	9.42	0.08	8494
5.00	4.63	0.74	0.07	0.84	0.06	5.83	5.88		9855
7.60	10.96	0.65	0.10	0.70	0.20	9.54	9.26	0.66	34392
2.72	5.20	0.42	0.05	0.40	0.16	4.56	4.39	0.31	16067
0.43	1.04	0.04	-0.01	0.11	0.04	1.62	1.75		3187
4.42	4.65	0.19	0.05	0.18		3.26	3.02	0.35	14716
39.03	37.11	20.34	2.34	19.01	2.72	76.64	77.55	6.91	39298
31.27	30.38	20.21	2.11	18.56	2.55	64.02	64.68	6.16	30098
7.76	6.73	0.13	0.23	0.45	0.17	12.63	12.88	0.74	9200
10.11	16.93	1.13	0.22	1.39	0.59	22.09	23.03	0.30	34696
10.11	16.93	1.13	0.22	1.39	0.59	22.09	23.03	0.30	34696
19.34	34.27	3.55	0.20	4.06	1.20	50.28	51.31	1.18	104303
2.12	3.08	0.42	-0.03	0.53		2.82	2.97	0.40	8591
7.22	14.34	2.57	0.09	2.26	0.75	32.12	32.48	0.23	49168
2.28	3.37	0.20	0.04	0.29	0.06	4.25	4.46		10460
5.70	10.03	0.02	0.02	0.56	0.45	6.96	7.11	0.47	23473
1.99	3.21	0.31	0.07	0.39	-0.06	4.10	4.26	0.08	11978
11.06	31.45	7.47	3.77	10.91	4.06	83.69	89.61	1.05	22022
7.64	23.31	2.42	1.13	3.35	2.96	77.06	81.43		12918
3.42	8.14	5.06	2.65	7.56	1.11	6.64	8.18	1.05	9104
145.20	257.10	65.12	10.73	71.16	17.86	534.52	536.80	24.15	209122
38.20	100.54	13.96	4.16	17.68	11.05	211.43	211.79	10.04	68507
1.86	4.13	3.20	0.09	3.32		9.55	9.62	2.25	6942
13.51	46.13	10.76	1.81	11.92	3.68	68.72	67.51	6.28	36140
19.78	27.03	3.05	0.18	3.06	0.07	21.69	21.82	3.29	23219
22.56	32.56	24.83	2.33	24.44	0.50	86.93	88.23	2.12	31257
23.05	31.71	8.39	1.90	10.10	1.90	91.37	92.52	0.06	28914
26.25	15.01	0.93	0.26	0.64	0.67	44.84	45.30	0.12	14143

1-A-10 续表 7

行　业	法人资本	个人资本	港澳台资本	外商资本	营业收入	营业成本
医药制造业	116.85	53.09	35.13	116.76	2656.77	1164.53
化学药品原料药制造	45.74	7.07	0.48	15.23	208.85	148.95
化学药品制剂制造	52.15	10.60	18.88	99.56	1888.41	715.42
中药饮片加工	2.50	2.30			166.19	71.97
中成药生产	6.70	16.33			206.39	119.10
兽用药品制造	0.34	0.74			22.58	19.26
生物药品制品制造	7.93	13.48	9.52		112.11	50.59
卫生材料及医药用品制造	1.02	2.56	6.25	0.65	44.41	33.84
药用辅料及包装材料						
化学纤维制造业	231.44	77.31	35.60	36.71	2102.86	1882.15
纤维素纤维原料及纤维制造	74.40	34.14	7.45	5.00	927.68	830.29
合成纤维制造	141.04	42.65	28.15	31.71	1148.45	1029.68
生物基材料制造	16.00	0.53			26.73	22.18
橡胶和塑料制品业	120.74	21.42	78.80	152.90	1259.59	1022.93
橡胶制品业	47.58	5.59	48.29	101.71	483.60	387.68
塑料制品业	73.15	15.82	30.51	51.19	775.99	635.25
非金属矿物制品业	62.67	41.39	52.96	46.18	1111.25	883.40
水泥、石灰和石膏制造	8.76	3.86	18.18	5.15	307.47	233.34
石膏、水泥制品及类似制品制造	5.98	7.33	4.42	0.78	261.18	219.37
砖瓦、石材等建筑材料制造	2.84	2.58			49.97	41.57
玻璃制造	7.65	4.23	13.27	1.04	59.11	44.82
玻璃制品制造	5.22	10.19	1.54	22.27	101.86	83.19
玻璃纤维和玻璃纤维增强塑料制品制造	7.84	4.70	10.89	8.97	131.19	105.73
陶瓷制品制造	17.77	1.35	2.65	4.26	58.23	45.77
耐火材料制品制造	4.22	3.66	1.22	1.56	67.20	52.29
石墨及其他非金属矿物制品制造	2.39	3.49	0.79	2.14	75.06	57.33
黑色金属冶炼和压延加工业	258.75	163.12	181.54	64.98	8050.47	7114.61
炼铁	1.96	0.20		19.90	182.76	173.71
炼钢	46.22	39.93	111.66	29.32	1482.02	1300.05
钢压延加工	210.07	120.76	69.88	13.26	6251.00	5515.11
铁合金冶炼						
有色金属冶炼和压延加工业	54.54	62.58	11.61	54.49	1284.91	1157.42
常用有色金属冶炼	15.51	1.55			344.49	328.34
稀有稀土金属冶炼						
有色金属合金制造	8.14	34.62	8.86	29.85	502.88	441.79
有色金属压延加工	30.52	26.41	2.75	24.64	403.78	359.10
金属制品业	162.42	85.10	82.13	91.07	2643.00	2258.76
结构性金属制品制造	40.94	23.47	27.28	27.37	732.57	637.34
金属工具制造	3.99	3.08	7.88	1.76	92.49	75.56
集装箱及金属包装容器制造	26.23	13.67	4.27	9.91	393.53	348.93
金属丝绳及其制品制造	9.15	6.05	18.58	18.76	281.97	233.75

单位：亿元

销售费用	管理费用	财务费用			投资收益（损失以"-"号记）	营业利润	利润总额	亏损企业亏损额	平均用工人数（人）
			利息收入	利息支出					
848.79	293.08	0.91	2.75	6.88	17.72	361.75	365.64	8.39	154169
16.19	22.74	2.75	0.27	2.32	0.20	17.25	18.71	2.56	20344
694.49	227.33	-2.83	0.64	1.42	10.44	264.26	263.68	5.83	88809
55.79	7.91	0.33	0.47	0.72	5.17	33.85	35.39		10105
48.91	16.50	1.06	0.01	0.92	1.61	21.01	21.64		13278
0.98	1.28	-0.01	-0.02	0.05	0.22	1.20	1.22		1666
30.42	12.18	-0.79	1.34	1.00	0.04	19.07	19.48		11763
1.41	4.27	0.35	0.04	0.40	0.03	4.25	4.63		7194
20.46	60.11	30.92	5.43	32.89	16.64	117.97	120.11	5.40	99341
8.18	19.12	17.22	1.66	17.97	5.87	55.31	56.07	2.26	37843
11.96	38.73	13.22	3.76	14.44	10.78	61.12	62.24	3.13	59281
0.31	2.25	0.47		0.47		1.54	1.80		2217
42.93	80.97	6.85	2.13	8.92	2.72	102.75	100.19	10.85	157480
21.33	33.56	2.56	0.97	2.94	0.75	36.87	33.01	8.38	55898
21.61	47.41	4.29	1.16	5.97	1.97	65.88	67.18	2.46	101582
36.62	53.05	13.53	3.24	12.64	1.40	117.47	125.29	1.96	93719
5.92	8.97	6.82	1.70	4.48	0.05	48.77	55.51		10610
10.31	7.47	2.78	0.42	2.93	0.08	21.98	21.98	0.01	18339
2.36	2.08	0.36	0.02	0.36	0.16	3.63	3.66	0.10	5041
3.19	5.09	0.93	0.15	0.99	0.20	4.68	4.89	0.02	9595
3.61	7.08	0.94	0.21	1.18	0.22	6.52	6.48	1.32	18206
3.86	6.24	0.09	0.32	1.03	0.08	14.51	14.87		10676
2.66	5.17	0.52	0.19	0.41	0.03	3.56	3.80	0.51	9154
2.71	4.61	1.03	0.05	1.02	0.17	6.42	6.64		7157
2.01	6.34	0.06	0.18	0.24	0.40	7.41	7.46	0.01	4941
50.05	157.51	60.07	7.82	62.68	23.36	630.70	566.85	6.63	180203
0.79	0.95	0.56	0.02	0.56	-0.12	6.28	6.20	1.20	5464
8.49	38.82	9.42	4.81	13.03	1.85	118.75	113.78	0.32	30587
39.98	116.36	49.41	2.99	48.41	21.63	499.68	440.73	5.10	137377
14.26	30.89	12.53	1.44	12.61	0.56	70.73	71.26	3.47	51273
2.37	4.03	2.10	0.26	1.99	0.15	11.05	11.48		7120
4.96	11.76	4.70	0.79	4.96	-0.31	37.81	37.89	1.47	19119
5.74	13.20	5.59	0.39	5.53	0.72	19.78	19.80	1.99	23928
56.71	106.01	15.58	2.46	23.55	-2.48	185.34	186.98	10.58	200001
13.40	21.53	8.40	-1.24	11.91	1.19	50.28	50.63	0.56	45342
2.56	5.19	0.73	0.05	0.67	0.14	8.18	8.52	0.23	15175
9.16	13.54	1.37	0.83	3.24	-0.42	18.48	18.92	1.53	27189
9.88	19.06	1.28	0.57	1.81	-3.71	8.68	8.75	5.01	17320

1-A-10 续表 8

行业	法人资本	个人资本	港澳台资本	外商资本	营业收入	营业成本
建筑、安全用金属制品制造	0.96	4.66	5.41	5.90	83.68	68.35
金属表面处理及热处理加工	2.84	3.97	0.32		96.16	80.06
搪瓷制品制造		0.76	1.90	0.76	22.23	18.04
金属制日用品制造	3.26	0.60	3.79	7.43	73.16	58.05
铸造及其他金属制品制造	75.06	28.84	12.70	19.17	867.21	738.68
通用设备制造业	274.26	164.83	77.75	283.52	4204.04	3424.85
锅炉及原动设备制造	72.70	25.18	11.03	7.30	537.75	446.81
金属加工机械制造	22.54	19.49	4.88	9.91	409.82	327.11
物料搬运设备制造	32.32	47.34	27.99	23.20	675.99	534.66
泵、阀门、压缩机及类似机械制造	29.16	32.30	5.28	57.67	490.61	381.97
轴承、齿轮和传动部件制造	65.91	12.00	6.07	90.05	677.92	563.26
烘炉、风机、包装等设备制造	29.96	16.17	16.87	37.70	740.37	601.87
文化、办公用机械制造	3.10	2.24	4.97	36.34	375.07	345.68
通用零部件制造	10.69	8.80	0.65	13.26	207.14	156.77
其他通用设备制造业	7.88	1.32		8.09	89.35	66.72
专用设备制造业	130.24	117.99	66.43	153.66	3621.72	3002.59
采矿、冶金、建筑专用设备制造	35.51	21.07	0.54	34.41	1856.43	1627.50
化工、木材、非金属加工专用设备制造	17.74	19.92	27.86	46.59	345.84	268.42
食品、饮料、烟草及饲料生产专用设备制造	1.81	7.52	0.38	2.90	93.82	75.26
印刷、制药、日化及日用品生产专用设备制造	0.05	0.75	3.00	6.37	53.70	43.25
纺织、服装和皮革加工专用设备制造	5.68	9.23	6.77	3.68	136.18	107.76
电子和电工机械专用设备制造	9.12	6.63	1.96	6.46	140.59	102.96
农、林、牧、渔专用机械制造	19.78	5.29	0.35	18.91	223.01	186.15
医疗仪器设备及器械制造	25.26	26.91	24.00	27.44	375.45	261.25
环保、邮政、社会公共服务及其他专用设备制造	15.29	20.68	1.57	6.89	396.70	330.05
汽车制造业	510.04	114.97	48.00	352.99	5903.45	4774.28
汽车整车制造	371.51	26.77		54.61	2099.98	1662.80
汽车用发动机制造				7.87	191.24	147.05
改装汽车制造	6.25	9.11	1.40		42.86	34.95
电车制造						
汽车车身、挂车制造	0.50				35.05	29.77
汽车零部件及配件制造	131.15	78.69	46.60	290.51	3525.64	2891.98
铁路、船舶、航空航天和其他运输设备制造业	140.08	51.13	24.95	51.85	2014.40	1692.28
铁路运输设备制造	26.97	10.24	2.19	0.07	355.12	281.69
城市轨道交通设备制造	3.65	0.26		1.89	71.97	55.35
船舶及相关装置制造	84.42	34.91	15.61	20.47	1012.32	865.27
航空、航天器及设备制造	3.31			8.39	128.84	107.98
摩托车制造	9.73	3.05	2.44	5.09	220.56	184.74
自行车和残疾人座车制造	7.23	0.30	3.09	12.44	89.29	80.36
助动车制造	4.78	1.57		0.40	106.32	91.71
非公路休闲车及零配件制造		0.80	1.62	3.10	29.99	25.18

单位：亿元

销售费用	管理费用	财务费用			投资收益（损失以“-”号记）	营业利润	利润总额	亏损企业亏损额	平均用工人数（人）
			利息收入	利息支出					
3.67	4.16	0.28	0.03	0.32	0.15	6.68	6.71	0.20	10111
2.17	5.33	0.54	0.06	0.52	0.11	7.56	7.56	0.42	14886
0.39	1.12	-0.06	0.04	0.03		2.64	2.74		1638
3.61	4.13	-0.32	0.12	0.09	0.28	7.62	7.59	0.22	10359
11.87	31.96	3.36	2.01	4.96	-0.22	75.23	75.55	2.41	57981
129.09	264.86	11.36	8.33	26.09	28.07	383.71	393.34	11.45	367300
14.36	40.93	0.17	3.50	5.06	14.30	49.49	50.37	2.54	47404
15.98	25.12	5.85	0.46	5.29	0.81	34.37	34.89	1.32	36901
29.23	56.39	-0.83	1.16	2.28	8.62	60.23	61.45	1.99	54550
15.18	34.98	2.64	0.62	2.63	1.51	54.79	55.42	0.97	37855
16.50	36.12	4.27	0.73	6.22	0.10	53.83	56.94	2.46	59709
23.20	38.88	-0.18	0.75	2.70	1.21	77.08	79.28	1.63	64179
3.63	10.72	-1.57	0.50	0.07	0.53	15.50	16.05	0.01	26540
6.22	15.26	0.93	0.29	1.65	0.48	27.01	27.45	0.51	31680
4.79	6.46	0.08	0.32	0.20	0.50	11.42	11.48	0.02	8482
139.19	183.40	25.17	2.79	32.64	9.73	269.99	279.68	4.04	269089
69.11	47.30	18.01	1.44	20.56	3.04	92.65	93.40	0.14	60094
9.72	30.02	0.31	0.09	2.03	1.20	36.09	38.25	0.21	54687
5.19	6.44	0.31	0.10	0.41	0.26	6.05	7.16		8021
4.25	3.29	0.01		0.04	0.02	2.55	2.59		3621
8.09	9.81	0.27	0.18	0.38	0.15	9.76	10.02	0.27	12415
4.77	13.83	0.97	0.11	0.95	0.25	18.36	17.71	0.18	17411
6.82	14.25	1.07	-0.15	1.70	0.06	15.25	17.68	2.37	24624
21.99	39.37	-0.19	0.41	1.72	4.15	56.61	57.57	0.31	57418
9.25	19.08	4.41	0.61	4.86	0.60	32.67	35.29	0.56	30798
159.30	341.91	31.80	9.73	33.05	25.62	558.72	566.28	56.22	332913
59.05	105.89	10.25	4.92	11.12	14.47	228.00	228.44	32.65	58688
8.88	8.86	-0.28	0.35		0.01	25.79	25.80		5091
2.81	4.47	0.33	0.08	0.51	-0.12	-0.73	-0.48	2.07	4047
1.25	1.91	0.32		0.39		1.90	1.96	0.45	2816
86.84	220.45	21.21	4.38	21.02	11.25	303.73	310.53	21.05	261035
35.10	117.75	12.71	9.53	21.90	22.16	163.03	186.42	11.80	187842
9.86	28.58	3.69	1.16	4.17	1.79	34.54	35.27	0.19	30690
1.61	6.19	0.15	0.13	0.11	0.01	8.19	7.86		2974
6.04	49.88	6.33	6.38	13.75	18.94	94.46	117.55	8.34	97199
0.95	10.50	0.72	0.32	0.81	-0.06	8.48	8.56	0.18	11135
8.10	12.30	2.30	0.70	2.45	0.33	5.56	4.81	2.47	21994
2.79	3.12	0.14	0.25	0.51	0.04	2.45	2.50	0.63	13244
4.41	6.09	-0.46	0.47	0.07	1.10	5.72	5.66		5994
1.33	1.10	-0.17	0.11	0.02		3.64	4.21		4612

1-A-10 续表 9

行业					营业收入	营业成本
	法人资本	个人资本	港澳台资本	外商资本		
电气机械和器材制造业	841.77	427.92	125.79	373.83	9285.06	7878.55
电机制造	65.04	39.19	8.50	43.48	1321.91	1085.48
输配电及控制设备制造	478.70	98.08	68.47	68.27	3060.09	2614.01
电线、电缆、光缆及电工器材制造	168.51	179.38	21.18	32.73	2366.36	2035.53
电池制造	76.03	10.58	14.58	134.73	889.76	791.67
家用电力器具制造	41.64	91.60	8.83	77.88	1385.53	1144.33
非电力家用器具制造	8.05	1.70		4.34	65.49	49.66
照明器具制造	3.79	7.10	4.22	12.40	194.26	156.63
计算机、通信和其他电子设备制造业	630.08	168.15	754.41	1430.99	15082.29	13638.23
计算机制造	29.83	7.60	136.46	159.57	3753.63	3546.72
通信设备制造	86.41	12.05	21.94	89.99	2361.33	2177.46
广播电视设备制造	9.06	13.40	9.22	23.40	280.01	221.33
雷达及配套设备制造		0.69			131.19	107.59
非专业视听设备制造	23.85	9.79	14.53	35.16	907.92	836.15
智能消费设备制造	26.22	3.04	14.29	54.84	1065.98	939.43
电子器件制造	290.37	53.60	184.68	742.92	3185.90	2871.82
电子元件及电子专用材料制造	158.27	66.07	358.55	313.96	3264.02	2829.61
其他电子设备制造	6.07	1.90	14.75	11.15	132.32	108.10
仪器仪表制造业	97.20	63.07	4.07	43.42	1314.47	1040.17
通用仪器仪表制造	73.45	40.49	4.07	25.52	1013.20	804.38
专用仪器仪表制造	10.40	20.38		11.09	204.31	162.65
光学仪器制造	5.17	0.99		6.30	81.55	63.67
衡器制造	8.18			0.50	10.60	6.34
其他仪器仪表制造业						
其他制造业	2.90	1.88		7.96	75.84	63.10
日用杂品制造	2.90	1.88		7.96	51.06	43.27
废弃资源综合利用业						
非金属废料和碎屑加工处理						
金属制品、机械和设备修理业						
铁路、船舶、航空航天等运输设备修理						
电力、热力、燃气及水生产和供应业	**1134.87**	**3.89**	**72.64**	**12.38**	**4657.82**	**4311.70**
电力、热力生产和供应业	1109.23		53.93	4.37	4322.35	4080.37
电力生产	168.22		53.93	4.37	1152.23	997.11
燃气生产和供应业	15.06		4.36	5.32	199.33	149.36
燃气生产和供应业	15.06		4.36	5.32	199.33	149.36
水的生产和供应业	10.58	3.89	14.35	2.70	136.14	81.97
自来水生产和供应	10.58	3.89	14.35	2.70	127.17	75.15
污水处理及其再生利用						

单位：亿元

销售费用	管理费用	财务费用			投资收益（损失以“-”号记）	营业利润	利润总额	亏损企业亏损额	平均用工人数（人）
			利息收入	利息支出					
289.72	429.54	68.59	22.26	79.60	28.22	625.23	635.86	34.99	588159
25.80	70.32	2.79	1.85	6.04	2.53	133.16	134.91	1.84	97074
89.26	157.64	28.44	4.88	31.10	8.23	174.22	181.54	19.38	202850
62.47	89.49	28.97	4.71	29.70	15.50	166.94	167.75	1.66	103196
14.44	33.90	10.89	1.31	6.10	-1.31	33.12	33.82	9.53	69727
85.21	62.65	-2.07	7.90	5.36	3.28	93.83	94.17	2.08	84516
6.71	4.24	0.14	0.03	0.29	0.05	4.27	4.30		5244
5.75	11.03	-0.58	1.57	1.00	-0.06	19.63	19.30	0.50	25207
151.91	598.11	67.06	36.50	86.86	31.37	665.52	695.74	110.02	1426743
18.93	83.06	-5.09	3.11	5.13	2.89	107.64	120.51	6.00	323540
19.51	76.79	12.40	4.03	9.92	4.92	85.16	87.83	5.46	177878
8.42	20.40	1.34	0.82	2.08	0.62	27.37	29.35	2.45	39117
0.34	10.46	0.19	0.24	0.42	0.42	13.36	13.66		8651
7.71	37.26	1.12	7.91	8.22	0.19	26.64	30.09	4.93	51408
19.09	47.58	2.30	3.84	3.26	0.63	56.83	56.45	2.88	86809
30.95	159.85	35.92	5.67	35.31	18.61	125.81	132.93	62.37	320608
43.97	152.50	17.91	10.77	21.73	2.67	213.37	215.34	24.77	401876
2.98	10.21	0.99	0.11	0.79	0.42	9.33	9.58	1.15	16856
51.19	82.01	5.03	2.74	7.97	17.53	148.69	153.09	0.52	92936
40.79	57.54	3.28	1.79	5.38	16.36	119.73	123.45	0.15	61893
8.39	17.42	1.85	0.63	2.30	0.50	13.31	13.70	0.20	20382
1.16	5.36	-0.11	0.29	0.22	0.42	11.46	11.52	0.12	7390
0.54	1.03	0.01	0.02	0.06	0.23	3.42	3.66		1948
1.84	5.42	0.06	0.37	0.40	1.46	6.51	6.61		11352
1.84	2.02	0.36	0.06	0.40	0.57	3.76	3.89		10252
36.15	**41.01**	**57.50**	**8.38**	**64.09**	**25.96**	**217.99**	**227.58**	**6.87**	**92322**
0.39	21.64	53.74	7.05	59.53	20.09	166.52	173.44	6.04	64980
0.39	21.64	51.99	5.48	56.31	16.28	89.23	89.75	6.04	29495
9.68	7.21	0.19	0.63	0.81	2.27	34.12	35.28		7690
9.68	7.21	0.19	0.63	0.81	2.27	34.12	35.28		7690
26.09	12.17	3.58	0.71	3.75	3.60	17.34	18.86	0.83	19652
26.09	11.91	3.01	0.71	3.41	3.60	15.51	17.04	0.83	18871

B.地区部分

1-B-1 按地区分组的规模以上

地区	企业单位数（个）	资产总计	固定资产净额	固定资产原价	累计折旧	流动资产合计	应收账款
总计	**46290**	**120421.03**	**32931.02**	**64829.88**	**31206.29**	**67729.05**	**22408.93**
苏南	25467	77523.16	17865.25	36925.19	18762.65	47213.27	16165.97
苏中	10930	20421.49	5901.38	10987.85	4942.11	10951.58	3597.63
苏北	9908	19938.82	6679.55	11378.24	4447.78	9658.47	2664.66
南京	2570	13611.41	3417.72	6618.98	3137.98	7505.34	2374.99
无锡	5851	16811.36	3653.70	7727.61	4026.13	10433.40	3346.34
徐州	2175	6001.64	1692.66	2968.27	1204.39	2996.47	845.10
常州	4628	9771.21	2169.30	4544.25	2326.18	6158.48	2111.77
苏州	10395	32239.32	7365.69	15270.12	7818.90	20241.15	7421.98
南通	5150	9591.35	2978.76	5082.24	2027.06	4740.23	1531.45
连云港	1023	3420.17	1345.65	1951.77	595.23	1439.02	343.15
淮安	1997	2678.87	912.33	1605.33	671.35	1383.88	362.55
盐城	3044	5346.57	1969.30	3535.58	1444.72	2492.83	811.75
扬州	2994	5190.65	1520.08	3469.76	1896.47	2890.89	1004.15
镇江	2023	5089.86	1258.83	2764.23	1453.46	2874.91	910.89
泰州	2786	5639.49	1402.54	2435.86	1018.59	3320.45	1062.03
宿迁	1669	2491.57	759.60	1317.29	532.08	1346.27	302.12

工业企业主要经济指标

单位：亿元

存货	#产成品	负债合计	流动负债合计	#应付账款	所有者权益合计	实收资本	国家资本	集体资本
14688.77	**5658.48**	**63862.98**	**55247.20**	**16203.83**	**56557.98**	**28676.89**	**3371.33**	**554.72**
9997.80	3864.02	41259.94	36883.38	11643.10	36263.20	18803.26	2117.41	372.59
2418.68	938.82	10337.35	8754.19	2054.78	10084.14	4883.26	588.74	73.84
2341.67	864.70	10924.22	8352.08	2094.17	9014.57	4088.03	668.36	113.33
1617.68	460.23	7277.04	6204.11	2087.06	6334.37	3327.17	1219.72	36.98
2258.47	923.32	8782.12	7999.22	2216.83	8029.23	3857.66	255.49	97.63
736.92	293.62	3258.07	2550.16	605.26	2743.54	969.67	154.96	7.76
1286.28	547.54	5477.96	4951.12	1394.16	4293.25	2125.36	170.03	38.95
4330.60	1717.41	16930.25	15285.47	5349.19	15309.07	8109.66	299.73	151.69
1081.62	449.02	4717.69	3854.51	868.52	4873.65	2464.21	244.41	28.21
310.20	109.31	1969.60	1179.50	335.09	1450.57	721.96	190.86	47.19
346.68	116.86	1325.80	1043.46	244.96	1353.06	758.18	130.81	17.51
520.54	220.88	3192.86	2541.97	732.01	2153.72	1111.76	180.31	28.50
566.02	209.67	2720.53	2453.06	568.10	2470.12	1293.00	250.49	27.44
504.77	215.52	2792.57	2443.46	595.86	2297.29	1383.41	172.45	47.34
771.04	280.12	2899.13	2446.62	618.16	2740.37	1126.05	93.84	18.19
427.32	124.04	1177.89	1036.99	176.85	1313.68	526.45	11.41	12.37

1-B-1 续表

地　　区					营业收入	营业成本	销售费用
	法人资本	个人资本	港澳台资本	外商资本			
总　计	**9747.84**	**5608.89**	**3007.61**	**6386.18**	**132053.81**	**111560.12**	**3800.38**
苏　南	5656.22	3133.50	2258.82	5264.73	81534.04	68909.82	2172.42
苏　中	1652.71	1394.42	390.97	782.27	26886.35	22633.26	935.71
苏　北	1511.53	1082.22	363.71	348.87	20643.49	17080.13	693.36
南　京	879.97	307.80	255.56	627.14	12884.50	10323.41	408.75
无　锡	1116.96	885.39	490.89	1011.30	17421.73	14734.15	433.09
徐　州	332.45	268.28	139.52	66.72	5592.83	4694.50	167.31
常　州	784.46	543.28	229.32	359.32	11849.03	10182.79	254.97
苏　州	2443.85	1103.94	1140.68	2969.77	35098.03	30086.66	948.98
南　通	834.02	677.86	212.52	466.86	13029.51	11146.65	241.03
连云港	257.13	106.98	49.00	70.80	2592.69	1904.39	222.85
淮　安	217.64	214.27	94.06	83.88	3983.80	3329.47	99.71
盐　城	433.41	333.80	46.68	89.06	6086.24	5265.51	149.82
扬　州	422.63	377.31	98.20	116.93	7027.20	6002.40	172.53
镇　江	430.98	293.08	142.36	297.21	4280.75	3582.80	126.62
泰　州	396.05	339.25	80.24	198.48	6829.65	5484.21	522.15
宿　迁	270.90	158.89	34.46	38.42	2387.93	1886.26	53.67

单位：亿元

管理费用	财务费用			投资收益（损失以"-"号记）	营业利润	利润总额	亏损企业亏损额	平均用工人数（人）
		利息收入	利息支出					
5890.64	**1034.12**	**191.21**	**1110.39**	**370.10**	**8834.42**	**8974.94**	**659.75**	**9521595**
3964.63	606.87	148.15	682.42	297.43	5480.46	5522.03	455.01	5900659
1065.23	200.73	23.63	208.68	45.00	1947.32	2002.10	79.16	1920205
867.21	225.88	18.45	217.82	39.60	1367.86	1407.25	125.79	1674533
662.07	93.76	21.99	100.95	55.04	1022.86	1044.23	101.09	670600
811.65	137.92	34.29	164.20	90.67	1333.50	1333.99	55.88	1172294
205.21	70.36	8.20	73.61	5.27	269.64	279.82	31.29	424566
513.70	92.66	20.82	98.89	13.42	771.05	747.50	46.32	829057
1771.56	225.24	65.95	266.29	142.59	2055.45	2094.87	219.26	2861665
455.10	101.38	7.48	102.81	19.33	1034.61	1048.13	41.69	854985
173.30	27.50	2.99	28.68	6.80	246.83	243.22	21.61	192131
151.05	35.22	3.10	28.66	6.09	253.28	258.21	17.12	295926
239.61	78.68	3.42	72.17	2.29	299.62	311.02	46.03	445775
284.92	52.53	5.14	49.84	5.59	486.91	512.98	16.73	589720
205.65	57.30	5.10	52.09	-4.30	297.59	301.44	32.46	367043
325.21	46.81	11.01	56.03	20.08	425.80	440.98	20.74	475500
98.04	14.12	0.75	14.71	19.14	298.50	314.98	9.74	316135

1-B-2 按地区分组的规模以上

地　区	企　业单位数（个）	资产总计	固定资产净　额	固定资产原　价	累计折旧	流动资产合　计	应收账款
总　计	**1128**	**23117.53**	**9416.97**	**18343.36**	**8768.27**	**9757.35**	**2454.50**
苏　南	634	10771.49	3274.73	6530.11	3185.19	5350.47	1427.97
苏　中	230	3539.22	1418.62	2743.90	1283.49	1644.54	460.50
苏　北	265	5805.97	2203.74	3459.82	1209.94	2544.66	556.89
南　京	230	6611.05	1797.88	3717.94	1873.14	3377.73	885.15
无　锡	112	1351.31	449.12	826.67	371.43	678.27	153.17
徐　州	57	2443.12	654.37	1155.26	481.98	1304.00	389.12
常　州	88	812.32	275.23	486.05	206.25	418.89	138.30
苏　州	145	1302.50	498.21	990.33	486.80	600.17	186.35
南　通	99	1470.85	667.46	1074.04	399.41	609.85	190.04
连云港	51	1170.54	697.24	948.37	250.76	231.20	57.58
淮　安	48	652.11	207.68	343.47	134.45	346.58	26.11
盐　城	87	905.02	484.62	678.96	170.10	301.69	77.26
扬　州	86	1500.28	463.54	1237.44	742.47	804.50	237.34
镇　江	59	694.31	254.29	509.10	247.56	275.40	64.99
泰　州	45	568.09	287.63	432.42	141.60	230.20	33.12
宿　迁	22	635.18	159.83	333.76	172.66	361.19	6.82

国有控股工业企业主要经济指标

单位：亿元

存货	#产成品	负债合计	流动负债合计	#应付账款	所有者权益合计	实收资本	国家资本	集体资本
2243.76	**605.68**	**13055.76**	**9771.01**	**2870.74**	**10061.77**	**5425.74**	**3082.17**	**72.83**
1188.13	288.36	5868.83	4740.68	1645.99	4902.66	2816.27	1959.18	49.42
326.74	109.01	2191.99	1547.56	326.90	1347.23	859.81	538.56	6.11
733.06	208.98	3508.81	2095.87	447.45	2297.16	812.48	587.61	17.30
776.53	153.09	3461.20	2850.74	1055.45	3149.86	1682.64	1192.73	3.90
143.71	54.57	742.40	571.43	177.89	608.91	353.30	230.48	6.38
359.06	147.72	1505.60	1077.59	232.67	937.52	185.81	132.73	0.58
99.29	33.33	487.94	389.48	133.98	324.38	230.53	147.91	18.13
121.27	35.97	721.34	587.59	202.15	581.16	386.93	235.09	20.77
119.69	48.25	927.49	571.31	102.43	543.37	364.91	227.85	2.52
59.70	8.57	844.73	257.91	77.20	325.81	210.27	180.44	6.10
100.57	13.09	298.37	212.71	32.34	353.74	161.75	126.07	7.11
42.75	17.95	620.90	347.58	85.66	284.13	215.20	142.22	1.10
150.91	43.99	885.78	773.99	149.51	614.51	328.82	221.66	2.58
47.32	11.40	455.96	341.45	76.52	238.35	162.87	152.98	0.23
56.14	16.76	378.73	202.25	74.95	189.35	166.08	89.04	1.01
170.99	21.65	239.22	200.08	19.58	395.96	39.44	6.14	2.42

1-B-2 续表

地　区	法人资本	个人资本	港澳台资本	外商资本	营业收入	营业成本	销售费用
总　计	**1886.97**	**111.38**	**36.39**	**236.00**	**18823.08**	**15529.04**	**341.46**
苏　南	550.45	63.38	11.71	182.14	9406.02	7546.21	201.11
苏　中	229.41	23.16	12.01	50.57	2934.44	2473.16	43.32
苏　北	166.09	24.85	12.68	3.94	3331.14	2443.79	97.10
南　京	321.93	33.03	1.35	129.70	6113.26	4769.16	102.70
无　锡	89.03	9.47	2.18	15.77	1136.50	937.09	41.09
徐　州	43.49	0.84	8.18		1941.51	1552.47	52.62
常　州	56.38	5.48	1.78	0.84	655.56	551.17	20.47
苏　州	75.00	14.48	5.81	35.78	1057.19	911.59	25.96
南　通	73.35	6.83	10.41	43.94	863.88	664.10	13.05
连云港	22.37	0.52		0.84	275.42	212.60	4.97
淮　安	16.71	6.86	2.60	2.40	418.77	246.81	11.63
盐　城	53.01	16.26	1.91	0.70	376.40	309.47	8.10
扬　州	96.27	4.82	1.60	1.89	1589.84	1384.59	24.91
镇　江	8.11	0.92	0.58	0.05	443.50	377.21	10.90
泰　州	59.79	11.51		4.74	480.71	424.48	5.36
宿　迁	30.52	0.37			319.04	122.43	19.77

单位：亿元

管理费用	财务费用			投资收益（损失以“-”号记）	营业利润	利润总额	亏损企业亏损额	平均用工人数（人）
		利息收入	利息支出					
681.84	**182.37**	**35.39**	**204.42**	**81.27**	**1393.51**	**1442.55**	**96.44**	**662426**
429.67	74.50	23.68	87.95	55.99	775.88	795.12	58.01	334222
117.27	44.17	4.22	47.39	5.03	247.66	262.65	14.44	135868
135.47	62.26	5.93	66.16	16.43	292.86	301.26	23.99	158442
278.31	38.08	15.41	46.05	37.65	547.01	563.10	42.28	182236
53.51	6.10	3.03	9.79	9.31	103.47	106.64	3.64	49792
68.73	26.30	3.75	27.71	-1.25	67.37	70.96	7.57	87826
32.80	10.22	0.96	11.80	1.10	38.24	39.61	3.59	34462
46.34	10.29	2.33	8.73	5.75	64.20	65.27	4.60	43881
38.82	18.54	1.63	19.69	3.19	128.94	129.05	5.18	41675
14.65	15.64	0.52	16.72	0.57	29.18	28.94	3.37	17081
18.25	3.95	1.28	5.18	2.24	39.78	40.69	6.74	15668
11.34	15.42	0.31	15.58	-0.07	29.84	32.50	6.07	16054
69.06	16.92	2.00	18.58	1.61	96.38	110.97	7.49	80640
18.70	9.81	1.96	11.59	2.18	22.96	20.50	3.91	23851
9.39	8.71	0.60	9.12	0.24	22.34	22.64	1.77	13553
22.50	0.94	0.07	0.98	14.93	126.69	128.16	0.24	21813

1-B-3 按地区分组的规模以上工业

地区	企业单位数（个）	资产总计	固定资产净额	固定资产原价	累计折旧	流动资产合计	应收账款
总计	**4842**	**28473.72**	**10438.91**	**19498.47**	**8870.30**	**13371.44**	**3833.13**
苏南	2131	13353.04	3454.95	6568.62	3023.97	7499.98	2166.48
苏中	1355	5125.15	1771.75	3203.01	1388.31	2583.88	825.46
苏北	1360	6982.80	2689.17	4112.29	1366.51	3061.42	828.54
南京	515	4922.24	1059.69	2105.10	1002.76	2839.30	799.41
无锡	463	2493.13	619.46	1267.57	634.68	1480.36	361.17
徐州	229	2808.49	718.03	1253.47	514.93	1519.60	465.56
常州	294	1144.72	366.18	652.86	282.73	620.58	217.30
苏州	642	3703.45	1088.48	1874.87	772.32	2010.61	640.04
南通	666	2082.63	828.99	1258.20	418.42	932.87	301.18
连云港	175	1474.12	815.46	1084.51	266.85	363.02	67.94
淮安	270	769.49	284.45	454.89	167.86	407.51	83.06
盐城	445	1490.29	706.75	1061.00	326.79	577.33	165.57
扬州	276	1449.22	433.54	1135.59	676.07	781.13	228.10
镇江	217	1089.50	321.14	668.21	331.48	549.13	148.56
泰州	413	1593.30	509.22	809.21	293.82	869.88	296.18
宿迁	241	440.41	164.47	258.42	90.09	193.97	46.41

有限责任公司主要经济指标

单位：亿元

存货	#产成品	负债合计	流动负债合计	#应付账款	所有者权益合计	实收资本	国家资本	集体资本
2982.26	**1043.51**	**16584.01**	**12887.32**	**3614.16**	**11889.70**	**6604.09**	**2356.11**	**252.18**
1591.19	515.59	7789.49	6409.73	1949.62	5563.55	3261.54	1388.74	187.92
610.86	232.92	2840.19	2223.23	522.08	2284.96	1208.72	457.19	29.14
780.88	296.01	4458.00	2857.23	690.53	2524.80	1196.59	511.39	35.11
681.49	160.91	2765.49	2256.14	834.30	2156.75	1067.67	719.63	10.58
270.16	118.55	1447.39	1213.92	298.74	1045.74	696.96	193.83	50.44
399.30	169.85	1746.29	1278.42	316.80	1062.20	236.12	127.30	1.13
137.43	49.62	656.47	539.57	173.56	488.25	312.15	136.94	21.48
415.79	154.15	2183.56	1809.43	516.67	1519.89	929.71	184.25	104.14
216.92	87.54	1162.55	852.41	168.31	920.08	576.36	174.01	14.02
98.27	30.02	1040.30	375.65	130.98	433.82	306.85	172.44	6.42
108.02	22.91	425.40	290.31	55.30	344.09	182.36	80.91	9.70
118.93	53.01	975.11	699.89	149.32	515.18	348.67	125.29	11.64
157.87	47.31	868.24	743.16	162.96	580.98	333.09	201.29	6.19
86.32	32.35	736.57	590.67	126.35	352.93	255.04	154.09	1.28
236.06	98.06	809.40	627.66	190.81	783.90	299.27	81.88	8.93
56.37	20.22	270.90	212.96	38.13	169.51	122.58	5.45	6.23

1-B-3 续表

地区	法人资本	个人资本	港澳台资本	外商资本	营业收入	营业成本	销售费用
总计	**3277.67**	**660.57**	**23.61**	**33.95**	**25904.75**	**21658.51**	**877.39**
苏南	1299.99	339.40	17.47	28.02	11959.49	9903.41	310.59
苏中	549.64	167.81	1.10	3.84	5644.99	4484.86	452.95
苏北	489.16	153.81	5.03	2.10	5146.81	4201.08	114.22
南京	293.51	41.85	0.01	2.08	4081.70	3159.02	127.91
无锡	305.75	126.21	13.22	7.50	2384.56	2046.03	55.58
徐州	78.75	28.08		0.86	2334.30	1899.28	64.75
常州	125.57	24.09	1.11	2.97	977.34	821.61	25.44
苏州	515.16	109.99	3.13	13.04	3814.74	3272.83	83.92
南通	310.21	77.68		0.44	1891.86	1597.11	28.88
连云港	114.07	9.94	3.44	0.54	574.42	468.42	9.82
淮安	68.53	22.89		0.34	806.87	618.62	10.17
盐城	146.13	63.67	1.59	0.36	972.18	813.52	21.69
扬州	88.17	36.06		1.37	1562.52	1388.54	29.75
镇江	59.99	37.26	0.01	2.42	701.16	603.93	17.73
泰州	151.26	54.07	1.10	2.03	2190.61	1499.21	394.33
宿迁	81.67	29.23			459.03	401.23	7.78

单位：亿元

管理费用	财务费用			投资收益（损失以“-”号记）	营业利润	利润总额	亏损企业亏损额	平均用工人数（人）
		利息收入	利息支出					
1048.63	**258.45**	**38.70**	**283.91**	**62.72**	**1534.63**	**1591.50**	**131.72**	**1315854**
566.69	122.30	26.96	142.20	53.06	855.93	871.26	68.82	649906
274.22	52.48	3.83	56.88	2.92	347.79	374.13	22.28	301337
208.68	82.21	6.35	81.89	2.93	254.51	263.36	40.62	329875
221.23	27.30	11.27	36.67	24.67	345.86	362.85	24.31	178856
94.73	22.35	3.59	25.98	12.69	169.65	169.80	10.46	126797
83.89	29.49	3.89	30.53	0.06	86.74	91.08	9.49	121932
52.29	13.71	1.18	14.93	1.79	60.07	63.45	4.77	78337
164.24	44.82	8.77	49.19	12.63	254.43	252.26	19.20	215365
75.33	21.29	1.23	21.73	1.32	161.13	166.07	7.00	111722
27.11	15.90	0.53	16.03	0.95	41.22	40.46	8.40	31958
26.92	7.85	0.95	7.05	1.61	48.34	50.31	5.56	47727
51.90	25.23	0.79	25.02	0.25	53.83	54.88	15.12	77408
68.53	17.34	1.21	18.72	2.02	52.16	67.87	8.87	102753
34.20	14.11	2.15	15.43	1.28	25.92	22.90	10.08	50551
130.36	13.85	1.39	16.42	-0.43	134.50	140.18	6.41	86862
18.87	3.73	0.18	3.27	0.06	24.38	26.63	2.04	50850

1-B-4 按地区分组的规模以上工业

地　　区	企　业 单位数 （个）	资产总计	固定资产 净　　额	固定资产 原　　价	累计折旧	流动资产 合　　计	应收账款
总　　计	**1134**	**12009.95**	**2071.70**	**4136.77**	**2048.34**	**6611.24**	**1789.27**
苏　　南	693	7954.77	1242.19	2524.40	1270.36	4315.68	1309.05
苏　　中	250	1910.39	348.62	662.43	310.56	1040.23	319.89
苏　　北	191	2144.79	480.89	949.94	467.42	1255.34	160.33
南　　京	117	2064.51	465.13	1033.61	567.81	962.78	320.84
无　　锡	180	2090.43	259.16	470.18	205.46	1166.34	302.91
徐　　州	37	538.05	85.21	165.11	79.75	305.77	55.30
常　　州	82	959.62	117.69	249.72	127.21	670.38	233.13
苏　　州	269	2496.38	343.84	669.18	324.71	1331.64	396.71
南　　通	103	1020.69	178.75	322.78	141.63	518.32	145.62
连 云 港	17	413.19	109.58	170.81	61.08	228.63	48.35
淮　　安	48	297.22	85.18	179.07	93.58	167.00	8.49
盐　　城	58	237.53	55.68	113.64	57.10	144.41	29.42
扬　　州	73	486.02	98.52	194.26	95.47	302.75	109.84
镇　　江	45	343.83	56.37	101.70	45.17	184.54	55.47
泰　　州	74	403.69	71.35	145.39	73.46	219.16	64.43
宿　　迁	31	658.80	145.24	321.31	175.91	409.52	18.77

股份有限公司主要经济指标

单位：亿元

存货	#产成品	负债合计	流动负债合计	#应付账款	所有者权益合计	实收资本	国家资本	集体资本
1339.53	**453.54**	**5254.42**	**4712.77**	**1240.76**	**6755.52**	**2053.94**	**321.58**	**99.37**
786.94	289.94	3651.04	3347.89	944.56	4303.72	1432.13	284.86	51.74
208.03	78.27	852.38	714.84	179.89	1058.02	293.26	18.26	6.80
344.56	85.33	751.00	650.04	116.32	1393.79	328.54	18.46	40.82
202.09	40.79	906.81	855.41	302.69	1157.69	487.32	240.69	9.88
220.81	97.76	879.16	791.54	223.52	1211.26	328.68	12.46	22.37
63.19	17.33	187.56	149.23	18.26	350.49	127.18	3.42	2.05
76.31	31.80	547.71	494.77	125.15	411.91	125.96	10.35	1.59
259.62	107.50	1159.16	1061.74	264.27	1337.22	440.45	13.53	17.85
103.26	34.49	426.08	327.14	98.25	594.61	165.97	8.72	1.93
23.34	9.91	116.19	97.81	26.58	297.00	61.34	1.38	36.88
48.67	18.46	123.71	116.78	29.44	173.51	55.82	11.79	1.52
22.30	7.96	121.15	99.40	21.34	116.38	39.80	0.70	0.26
55.81	25.81	263.99	241.31	47.09	222.03	73.93	8.19	3.50
28.11	12.08	158.20	144.44	28.93	185.63	49.73	7.84	0.05
48.96	17.97	162.31	146.39	34.55	241.38	53.36	1.36	1.38
187.06	31.66	202.40	186.81	20.70	456.40	44.41	1.17	0.12

1-B-4 续表

地　　区					营业收入	营业成本	销售费用
	法人资本	个人资本	港澳台资本	外商资本			
总　计	**966.73**	**635.09**	**13.87**	**17.30**	**8776.81**	**6782.08**	**393.67**
苏　　南	645.01	427.96	10.82	11.74	5592.21	4455.92	200.87
苏　　中	131.82	133.20	0.39	2.79	1587.80	1311.97	60.44
苏　　北	189.90	73.92	2.66	2.77	1596.81	1014.19	132.37
南　　京	163.80	69.81	0.72	2.43	1950.21	1503.30	48.92
无　　锡	172.72	110.10	4.46	6.57	1192.28	945.75	55.79
徐　　州	82.26	36.44	1.40	1.62	498.94	395.41	27.06
常　　州	73.63	36.78	3.30	0.30	649.26	543.80	21.36
苏　　州	218.21	186.46	1.96	2.43	1568.66	1279.42	60.36
南　　通	75.05	80.00		0.26	764.77	631.70	24.23
连 云 港	15.92	7.16			262.67	95.99	66.41
淮　　安	32.37	9.14		0.99	286.02	208.31	10.64
盐　　城	26.48	12.20		0.16	174.61	146.57	6.61
扬　　州	41.09	20.40	0.26	0.49	472.63	400.13	13.77
镇　　江	16.65	24.81	0.38		231.80	183.65	14.43
泰　　州	15.67	32.80	0.13	2.03	350.39	280.13	22.43
宿　　迁	32.87	8.98	1.27		374.56	167.91	21.65

单位：亿元

管理费用	财务费用			投资收益（损失以“-”号记）	营业利润	利润总额	亏损企业亏损额	平均用工人数（人）
		利息收入	利息支出					
550.05	**80.50**	**25.01**	**103.63**	**137.20**	**854.84**	**867.79**	**28.70**	**547806**
340.36	47.32	20.59	61.60	100.95	466.39	474.13	14.42	321718
90.84	14.43	2.43	21.58	13.73	113.51	117.45	6.09	109874
118.86	18.75	1.99	20.46	22.52	274.95	276.21	8.19	116214
93.82	8.33	2.72	10.86	20.22	142.52	143.36	6.56	60035
83.41	5.99	9.91	14.46	33.68	133.03	129.66	1.86	83475
24.56	12.54	0.52	12.87	2.03	34.34	34.42	5.25	33437
39.36	11.52	1.12	8.26	2.00	34.92	38.46	0.65	38036
109.00	18.56	6.01	24.36	41.41	136.95	142.78	3.32	122683
46.91	7.66	0.98	14.09	11.48	58.83	61.51	5.12	52941
48.70	1.26	0.79	2.62	2.62	51.91	51.12	0.32	24649
9.77	1.37	0.43	1.49	2.30	50.01	49.65	1.57	17067
10.45	2.16	0.10	2.06	0.06	7.70	8.61	0.47	14442
23.99	5.12	0.62	4.76	1.52	29.20	29.78	0.22	30261
14.77	2.92	0.83	3.66	3.65	18.97	19.88	2.03	17489
19.93	1.65	0.82	2.72	0.73	25.48	26.16	0.76	26672
25.37	1.42	0.15	1.42	15.50	130.99	132.41	0.57	26619

1-B-5 按地区分组的规模以上

地区	企业单位数（个）	资产总计	固定资产净额	固定资产原价	累计折旧	流动资产合计	应收账款
总计	**30895**	**38445.36**	**9162.65**	**17213.35**	**7796.37**	**22903.11**	**7674.51**
苏南	15698	23386.02	4717.83	9319.28	4529.23	15015.10	4996.49
苏中	7741	7914.78	2118.95	3774.45	1627.59	4384.50	1623.73
苏北	7459	7163.13	2328.66	4125.36	1642.49	3515.77	1058.21
南京	1362	2347.54	490.64	877.75	382.92	1406.95	467.07
无锡	4015	5747.45	1139.35	2218.19	1073.28	3842.44	1340.54
徐州	1743	1791.81	594.52	955.90	329.06	833.30	219.56
常州	3508	4819.98	994.41	2009.82	981.58	3153.28	1038.53
苏州	5399	8420.65	1600.31	3139.77	1534.96	5378.64	1719.04
南通	3435	3685.92	1023.91	1704.12	666.26	1918.80	663.52
连云港	703	886.24	265.53	413.47	140.80	456.44	137.96
淮安	1494	1047.77	342.28	619.04	259.16	550.05	190.57
盐城	2220	2477.30	834.58	1679.64	766.63	1165.39	378.01
扬州	2306	2248.08	645.73	1294.99	640.10	1276.50	494.26
镇江	1414	2050.40	493.13	1073.76	556.50	1233.79	431.31
泰州	2000	1980.78	449.31	775.34	321.23	1189.20	465.95
宿迁	1299	960.01	291.76	457.30	146.85	510.59	132.11

私营工业企业主要经济指标

单位：亿元

存货	#产成品	负债合计	流动负债合计	#应付账款	所有者权益合计	实收资本	国家资本	集体资本
5092.31	**2158.68**	**21430.27**	**19335.95**	**4595.83**	**17015.04**	**7538.29**	**60.77**	**124.79**
3254.77	1396.44	13579.22	12461.52	2982.95	9806.79	4283.74	20.24	78.87
956.28	412.80	3998.57	3620.01	807.60	3916.21	1724.28	20.10	21.74
886.64	354.18	3865.59	3267.42	806.49	3297.50	1535.07	20.43	24.18
249.01	100.35	1327.38	1201.55	271.88	1020.16	374.88	5.30	9.20
949.47	389.05	3423.09	3163.50	745.25	2324.36	991.81	2.71	5.96
196.90	81.19	907.06	754.84	180.12	884.71	347.64	6.69	3.75
676.93	290.99	2777.51	2540.72	607.29	2042.47	902.62	6.54	13.11
1159.49	518.10	4878.71	4476.75	1091.90	3541.94	1492.23	3.56	6.35
438.47	201.47	1743.48	1596.82	380.36	1942.44	783.02	0.62	7.95
125.84	41.32	475.43	402.56	127.38	410.80	196.58	4.92	2.39
135.74	55.55	552.07	457.77	112.03	495.70	265.18	0.35	3.80
290.23	118.29	1418.34	1192.82	297.75	1058.97	465.39	3.68	9.25
252.10	100.65	1143.27	1059.20	237.06	1104.81	528.62	18.43	12.76
219.87	97.95	1172.54	1079.00	266.64	877.86	522.20	2.12	44.25
265.72	110.68	1111.82	963.99	190.18	868.95	412.65	1.05	1.02
137.93	57.82	512.69	459.42	89.21	447.32	260.28	4.79	5.00

1-B-5 续表

地　区	法人资本	个人资本	港澳台资本	外商资本	营业收入	营业成本	销售费用
总　计	**3330.28**	**3990.21**	**10.72**	**21.20**	**51698.03**	**44444.12**	**1149.63**
苏　南	2013.28	2152.69	5.50	13.14	27597.60	23645.04	605.01
苏　中	653.06	1022.81	1.88	4.39	13457.67	11581.36	281.15
苏　北	668.45	815.01	3.34	3.67	10648.95	9223.11	263.52
南　京	200.39	159.53	0.42	0.04	2471.20	2034.21	75.84
无　锡	378.92	602.37	1.57	0.28	7467.54	6421.79	154.53
徐　州	141.58	194.74	0.02	0.87	2070.78	1798.88	66.53
常　州	415.69	463.32	0.60	3.37	6939.88	6068.78	120.36
苏　州	758.69	717.41	0.57	5.65	8713.49	7433.39	201.22
南　通	296.06	476.86	0.30	0.91	6981.66	6042.20	112.41
连云港	102.39	85.05	1.28	0.55	1122.51	953.05	38.15
淮　安	86.92	173.20	0.73	0.18	2409.32	2102.16	62.38
盐　城	205.31	245.94	0.90	0.32	3834.15	3331.58	75.83
扬　州	181.52	311.81	0.65	3.44	3608.77	3043.60	98.73
镇　江	259.60	210.07	2.34	3.81	2005.49	1686.87	53.06
泰　州	175.47	234.14	0.93	0.03	2867.24	2495.56	70.01
宿　迁	132.25	116.08	0.42	1.75	1212.20	1037.45	20.63

单位：亿元

管理费用	财务费用			投资收益（损失以"-"号记）	营业利润	利润总额	亏损企业亏损额	平均用工人数（人）
		利息收入	利息支出					
2121.52	**453.89**	**41.99**	**430.01**	**66.32**	**3311.21**	**3332.43**	**145.87**	**4146543**
1275.18	267.75	29.36	262.24	49.62	1715.82	1713.41	92.15	2190341
478.52	86.27	7.34	82.53	10.64	963.26	971.10	16.13	1054128
368.01	100.26	5.38	85.69	6.16	632.32	648.11	37.59	902604
132.09	18.63	0.33	21.11	5.82	206.72	210.20	5.84	178354
323.08	81.25	8.27	83.76	12.15	466.92	465.81	12.93	533259
66.14	19.89	2.53	20.47	2.28	109.71	112.25	9.16	216768
264.69	54.65	9.77	54.17	6.29	411.35	391.57	21.56	464670
454.26	87.22	10.16	85.91	34.96	509.03	521.13	37.04	818650
214.77	37.72	1.63	35.84	4.41	541.63	543.24	6.96	462242
44.11	8.16	0.40	6.66	0.23	74.86	75.50	8.59	91151
85.98	22.53	0.40	16.07	0.51	123.32	125.69	3.75	157039
134.04	39.23	1.55	34.25	1.75	225.88	230.27	12.20	277323
144.68	25.37	1.04	20.82	2.63	272.48	278.56	2.06	354780
101.06	26.00	0.81	17.28	-9.60	121.80	124.70	14.78	195408
119.07	23.17	4.67	25.87	3.60	149.15	149.30	7.11	237106
37.73	10.46	0.50	8.24	1.39	98.55	104.41	3.90	160323

1-B-6 按地区分组的规模以上港澳

地区	企业单位数（个）	资产总计	固定资产净额	固定资产原价	累计折旧	流动资产合计	应收账款
总计	**3027**	**14018.48**	**3718.35**	**7643.25**	**3861.87**	**8236.94**	**3048.48**
苏南	2108	10579.64	2580.78	5453.36	2830.88	6574.67	2440.48
苏中	573	1874.57	573.86	1166.94	586.91	1000.37	331.52
苏北	350	1639.72	585.60	1063.37	462.60	710.69	283.64
南京	169	1102.05	338.03	525.78	182.23	599.87	197.89
无锡	413	2249.38	554.88	1167.44	596.88	1279.11	394.12
徐州	65	582.99	221.42	447.22	215.58	188.91	55.75
常州	234	1339.44	316.07	808.97	491.37	781.67	274.78
苏州	1157	5201.34	1192.03	2579.94	1371.10	3508.62	1477.89
南通	335	1036.07	308.94	562.65	252.17	527.63	155.61
连云港	40	189.92	46.00	69.44	23.13	91.89	35.43
淮安	97	295.57	109.71	168.30	57.71	117.34	35.36
盐城	105	225.68	86.01	157.48	68.84	118.24	61.58
扬州	143	416.97	124.46	370.79	242.21	234.66	80.54
镇江	135	687.43	179.77	371.22	189.30	405.40	95.80
泰州	95	421.52	140.46	233.50	92.53	238.08	95.38
宿迁	43	345.57	122.46	220.94	97.34	194.30	95.51

台商投资工业企业主要经济指标

单位：亿元

存货	#产成品	负债合计	流动负债合计	#应付账款	所有者权益合计	实收资本	国家资本	集体资本
1593.66	**627.95**	**6922.16**	**6223.75**	**1977.06**	**7096.32**	**4040.35**	**145.29**	**35.76**
1267.28	500.44	5331.21	4828.97	1629.08	5248.42	2942.38	61.45	26.07
207.00	81.88	860.10	764.16	212.26	1014.46	605.76	34.20	10.42
131.70	48.87	774.59	671.89	149.27	865.14	507.81	51.61	4.30
140.97	37.42	607.61	488.99	160.22	494.43	334.95	4.56	0.20
236.92	99.79	1120.09	1012.65	246.17	1129.29	700.06	18.58	7.53
32.31	14.14	259.28	224.71	34.11	323.71	165.02	13.26	0.03
167.07	83.08	707.75	667.02	223.70	631.69	358.95	13.45	0.20
646.30	244.78	2615.19	2416.22	932.67	2586.15	1326.54	21.94	17.43
107.94	47.82	426.84	359.64	73.17	609.23	324.42	12.69	2.31
14.25	4.14	106.33	87.81	9.68	83.59	53.39	2.93	
30.87	11.56	128.71	108.04	23.59	166.86	150.12	27.66	1.97
17.17	8.84	134.88	117.20	59.01	90.80	76.38	7.76	2.30
43.13	16.61	168.20	153.48	58.35	248.77	151.46	19.53	2.72
76.02	35.37	280.57	244.09	66.33	406.86	221.88	2.92	0.71
55.94	17.46	265.06	251.04	80.74	156.46	129.89	1.98	5.39
37.10	10.20	145.39	134.13	22.87	200.18	62.90		

1-B-6 续表

地　区					营业收入	营业成本	销售费用
	法人资本	个人资本	港澳台资本	外商资本			
总　计	**622.27**	**129.46**	**2730.99**	**376.58**	**14876.83**	**12673.50**	**367.76**
苏　南	445.18	82.56	2051.49	275.63	11535.31	9910.15	258.27
苏　中	115.25	27.25	357.00	61.64	2203.50	1855.38	46.26
苏　北	63.63	19.65	328.40	40.22	1219.78	973.26	63.72
南　京	67.23	3.18	240.89	18.88	823.77	666.83	41.36
无　锡	119.55	32.49	461.19	60.73	2015.62	1663.69	47.60
徐　州	8.19	4.30	136.89	2.36	337.55	297.81	4.42
常　州	71.43	8.33	206.78	58.75	1694.64	1466.33	26.40
苏　州	160.29	30.97	1012.46	83.45	6295.32	5510.94	131.38
南　通	72.03	21.49	204.51	11.39	1340.03	1136.69	24.59
连云港	11.57	1.79	30.55	6.55	169.50	90.17	38.27
淮　安	16.91	4.98	90.81	7.78	245.00	200.09	9.93
盐　城	21.08	5.25	37.68	2.30	189.81	160.77	9.29
扬　州	24.78	2.96	77.37	24.10	463.98	384.13	15.51
镇　江	26.68	7.60	130.17	53.81	705.96	602.36	11.53
泰　州	18.44	2.81	75.12	26.15	399.49	334.55	6.16
宿　迁	5.87	3.31	32.48	21.23	277.93	224.42	1.81

单位：亿元

管理费用	财务费用	利息收入	利息支出	投资收益（损失以“-”号记）	营业利润	利润总额	亏损企业亏损额	平均用工人数（人）
656.86	**73.26**	**39.22**	**115.50**	**34.77**	**1075.09**	**1088.16**	**105.31**	**1273477**
511.76	48.92	34.83	83.54	31.06	789.22	783.17	83.57	912295
78.52	13.83	3.24	17.15	0.51	199.43	208.77	8.81	203688
68.23	11.01	1.22	15.37	3.22	99.85	110.16	13.00	162058
55.33	10.25	1.84	10.23	3.28	51.74	51.30	25.94	61460
103.19	17.52	5.11	21.68	13.18	182.11	184.92	13.93	144922
15.04	6.94	1.08	7.98	0.56	13.51	16.07	3.76	26776
62.14	3.42	6.27	11.39	1.80	131.77	116.72	6.49	128278
268.76	12.34	20.60	34.40	12.97	359.30	365.40	34.27	533658
43.29	8.71	1.56	11.01	0.40	119.38	121.13	5.64	89850
14.69	1.20	0.01	1.23	0.37	23.53	23.21	1.29	15623
16.87	2.97	0.10	2.60	0.13	13.39	14.03	4.61	35143
8.83	2.12	0.12	2.21	0.05	7.49	8.32	1.37	20036
18.10	1.23	1.32	2.07	-0.21	43.66	45.42	1.14	45737
22.34	5.40	1.01	5.84	-0.17	64.31	64.84	2.93	43977
17.13	3.90	0.36	4.07	0.32	36.39	42.22	2.02	68101
12.79	-2.22	-0.10	1.35	2.11	41.92	48.52	1.96	64480

1-B-7 按地区分组的规模以上

地　　区	企　业 单位数 （个）	资产总计	固定资产 净　　额	固定资产 原　　价	累计折旧	流动资产 合　　计	应收账款
总　　计	**6145**	**26634.15**	**7322.05**	**15965.17**	**8475.72**	**16102.83**	**5889.64**
苏　　南	4727	21788.79	5743.73	12821.90	6996.55	13546.80	5161.32
苏　　中	920	3348.22	1034.74	2094.58	995.95	1760.54	426.90
苏　　北	502	1878.29	557.09	1078.50	499.51	1054.86	322.33
南　　京	378	2861.58	978.78	1928.99	940.11	1514.76	520.92
无　　锡	753	4188.13	1074.85	2589.22	1506.83	2637.96	941.30
徐　　州	83	255.23	68.48	138.60	62.18	136.04	42.48
常　　州	503	1500.97	373.84	819.08	440.61	928.55	346.59
苏　　州	2900	12349.69	3115.77	6951.80	3786.53	7978.70	3177.12
南　　通	591	1610.97	604.97	1183.02	530.31	728.00	209.48
连 云 港	82	453.08	107.98	211.47	102.51	297.39	53.08
淮　　安	82	262.21	90.41	183.21	92.54	136.81	44.13
盐　　城	203	823.21	254.86	487.98	220.96	447.05	173.40
扬　　州	159	571.42	212.89	464.33	237.96	284.22	86.29
镇　　江	193	888.43	200.50	532.80	322.46	486.83	175.40
泰　　州	170	1165.82	216.88	447.24	227.69	748.32	131.13
宿　　迁	52	84.56	35.37	57.23	21.33	37.56	9.24

外商投资工业企业主要经济指标

单位：亿元

存货	#产成品	负债合计	流动负债合计	#应付账款	所有者权益合计	实收资本	国家资本	集体资本
3626.50	**1358.93**	**13065.39**	**11700.35**	**4692.06**	**13568.75**	**8343.14**	**420.38**	**31.53**
3057.00	1152.32	10631.27	9606.08	4090.08	11157.52	6838.50	333.08	21.53
427.48	128.83	1541.66	1307.80	310.49	1806.55	1025.79	40.54	2.54
193.05	77.87	990.45	871.80	316.89	887.83	493.34	46.76	7.47
313.97	116.29	1485.26	1254.20	483.77	1376.32	1034.64	226.52	5.43
577.87	216.16	1869.04	1774.52	697.65	2319.09	1136.36	27.87	7.82
42.39	9.63	144.68	133.29	50.84	110.55	86.28	0.77	0.76
227.40	91.45	786.58	707.18	264.09	714.39	424.50	2.45	2.33
1843.87	690.79	6066.34	5500.17	2539.22	6283.35	3913.45	74.62	5.51
212.33	76.68	779.85	621.56	130.12	831.12	598.24	33.58	1.75
47.67	23.37	229.78	214.18	40.07	223.30	102.02	8.69	1.50
22.98	8.12	91.64	67.62	24.56	170.58	102.83	8.60	0.25
71.24	32.64	478.55	413.74	195.51	344.66	166.94	28.69	4.94
54.70	18.27	268.81	249.55	61.36	302.61	202.56	3.04	0.36
93.89	37.64	424.05	370.01	105.34	464.38	329.55	1.63	0.45
160.44	33.88	493.00	436.69	119.01	672.82	224.99	3.91	0.43
8.76	4.11	45.81	42.96	5.90	38.74	35.27		0.01

1-B-7 续表

地　区					营业收入	营业成本	销售费用
	法人资本	个人资本	港澳台资本	外商资本			
总　计	**1539.25**	**186.39**	**228.42**	**5937.16**	**30368.77**	**25642.22**	**1000.38**
苏　南	1246.42	127.73	173.54	4936.20	24580.78	20766.58	791.78
苏　中	202.54	39.95	30.61	709.62	3867.19	3296.08	90.33
苏　北	95.51	19.21	24.27	300.12	1996.37	1641.13	118.45
南　京	152.08	33.39	13.53	603.70	3400.43	2825.72	113.25
无　锡	139.97	14.03	10.45	936.22	4305.06	3606.71	118.70
徐　州	17.96	4.57	1.22	61.01	336.98	289.97	4.16
常　州	97.60	10.65	17.53	293.92	1580.28	1275.60	61.23
苏　州	788.76	56.80	122.57	2865.19	14669.72	12560.88	469.80
南　通	80.51	20.82	7.71	453.87	2000.73	1697.71	48.85
连云港	12.00	2.93	13.73	63.16	459.43	293.23	70.08
淮　安	12.91	3.96	2.52	74.58	234.49	198.73	6.40
盐　城	34.40	6.48	6.51	85.92	902.06	804.61	36.02
扬　州	87.02	4.70	19.93	87.52	874.73	749.32	13.52
镇　江	68.00	12.85	9.46	237.17	625.30	497.66	28.80
泰　州	35.02	14.43	2.97	168.23	991.73	849.05	27.96
宿　迁	18.25	1.28	0.29	15.45	63.41	54.59	1.80

单位：亿元

管理费用	财务费用			投资收益（损失以“-”号记）	营业利润	利润总额	亏损企业亏损额	平均用工人数（人）
		利息收入	利息支出					
1488.00	**157.44**	**45.21**	**166.53**	**68.50**	**2035.00**	**2070.04**	**241.37**	**2191354**
1253.04	117.56	35.38	128.67	62.36	1639.45	1665.23	192.85	1799874
136.88	27.21	6.74	24.93	17.14	317.11	325.95	22.65	237892
101.70	12.59	3.52	13.38	4.63	102.43	103.95	26.01	157032
147.94	27.63	5.28	19.84	0.72	267.64	268.09	35.43	177263
205.92	9.87	6.92	16.88	18.98	378.75	380.32	16.66	280704
14.72	1.46	0.17	1.74	0.19	25.11	25.75	3.29	21936
94.70	9.33	2.48	10.11	1.54	132.76	137.13	12.86	118943
772.27	62.07	20.40	72.13	40.58	794.03	810.95	125.27	1166110
72.04	20.47	2.02	15.45	1.66	152.31	156.71	14.10	133929
38.51	0.94	1.25	2.12	2.63	55.03	52.67	3.01	28219
11.24	0.46	1.21	1.41	1.54	18.17	18.46	1.58	38423
33.97	9.01	0.86	7.68	0.17	1.57	4.17	16.87	54946
27.66	3.19	0.95	3.22	-0.38	85.42	87.20	4.43	51366
32.22	8.67	0.29	9.71	0.54	66.27	68.74	2.63	56854
37.18	3.55	3.76	6.26	15.86	79.38	82.04	4.12	52597
3.26	0.72	0.03	0.43	0.09	2.55	2.89	1.27	13508

1-B-8 按地区分组的规模以上

地区	企业单位数（个）	资产总计	固定资产净额	固定资产原价	累计折旧	流动资产合计	应收账款
总计	**1056**	**49911.85**	**14308.64**	**29823.48**	**15285.79**	**26671.49**	**8167.50**
苏南	730	32996.90	7829.56	16861.08	8924.25	19168.43	6134.36
苏中	178	5765.95	1368.53	2902.58	1501.73	3249.85	1022.37
苏北	151	8549.06	2606.66	4495.02	1798.89	4311.92	1017.97
南京	99	7416.03	2003.78	4081.54	2038.16	3845.67	1109.99
无锡	128	7087.37	1757.65	3784.66	2006.98	3937.50	918.50
徐州	43	3512.40	845.47	1507.22	626.83	1891.56	492.82
常州	90	3394.73	685.34	1423.63	725.13	2223.59	701.55
苏州	372	13725.81	3057.80	6786.31	3705.02	8458.12	3197.74
南通	80	1937.34	540.23	945.54	402.69	983.56	350.49
连云港	20	1939.09	865.66	1199.83	331.83	691.06	132.34
淮安	25	796.04	238.43	449.28	210.58	469.90	87.42
盐城	34	1280.25	369.17	751.93	331.02	647.05	201.56
扬州	53	1665.19	464.87	1264.27	769.90	915.30	280.85
镇江	41	1372.97	324.99	784.95	448.96	703.55	206.57
泰州	45	2163.42	363.43	692.77	329.14	1350.99	391.04
宿迁	29	1021.28	287.94	586.76	298.62	612.34	103.83

大型工业企业主要经济指标

单位：亿元

存货	#产成品	负债合计	流动负债合计	#应付账款	所有者权益合计	实收资本	国家资本	集体资本
5596.16	**1987.47**	**26243.42**	**22406.16**	**7392.61**	**23668.43**	**10086.34**	**1742.63**	**183.69**
3831.00	1360.28	17419.50	15520.97	5441.53	15577.40	6999.96	1287.11	132.44
719.42	270.15	2776.57	2309.67	577.38	2989.38	986.59	178.77	7.75
1103.50	359.57	4665.86	3280.56	954.53	3883.20	1173.84	278.73	44.24
877.93	189.47	3896.41	3293.11	1178.39	3519.62	1717.51	901.61	0.19
836.90	295.00	3579.65	3191.54	922.00	3507.72	1484.21	150.99	36.86
477.86	187.48	1987.62	1520.28	367.31	1524.78	380.79	91.64	2.21
394.71	179.02	1923.23	1749.38	551.18	1471.50	470.41	89.21	3.07
1583.82	633.58	7356.25	6697.43	2631.83	6369.55	2934.57	94.81	92.31
220.39	117.88	938.16	702.22	191.36	999.18	449.48	47.23	0.39
128.97	40.39	1154.22	510.96	188.84	784.87	291.54	140.15	36.86
151.77	34.75	314.42	252.69	70.36	481.63	193.98	15.02	0.24
111.14	53.96	841.99	649.84	281.81	438.26	195.79	30.75	4.93
182.35	60.99	931.22	835.44	178.19	733.98	305.01	129.56	0.96
137.64	63.21	663.97	589.51	158.13	709.00	393.26	50.48	0.01
316.68	91.28	907.19	772.00	207.84	1256.23	232.10	1.98	6.40
233.77	42.98	367.61	346.79	46.21	653.67	111.75	1.17	

1-B-8 续表

地区	法人资本	个人资本	港澳台资本	外商资本	营业收入	营业成本	销售费用
总计	**3664.54**	**891.77**	**1222.71**	**2381.01**	**53598.83**	**45279.78**	**1578.30**
苏南	1980.25	603.97	896.77	2099.42	36399.36	31213.15	736.23
苏中	332.88	176.79	124.30	166.10	6483.02	5181.37	462.21
苏北	413.06	111.01	201.63	125.17	7688.59	5915.03	380.05
南京	359.79	65.68	92.47	297.77	7628.13	6056.74	193.76
无锡	328.63	205.98	224.83	536.92	6594.75	5608.16	155.95
徐州	108.30	40.44	109.35	28.85	3080.77	2521.40	102.69
常州	164.54	121.83	37.02	54.74	4852.48	4291.75	61.44
苏州	1064.03	178.28	480.07	1025.07	16228.75	14352.07	297.52
南通	146.52	125.14	83.66	46.55	2233.20	1904.29	37.25
连云港	78.03	25.15	8.14	3.20	1416.64	899.03	191.59
淮安	68.82	11.15	56.85	41.91	753.30	526.81	18.15
盐城	90.83	21.96	8.52	38.80	1573.87	1382.92	40.61
扬州	110.37	24.70	10.64	28.77	1929.05	1686.07	30.24
镇江	63.26	32.20	62.39	184.92	1095.25	904.42	27.55
泰州	75.99	26.95	30.00	90.78	2320.76	1591.02	394.72
宿迁	67.08	12.31	18.78	12.41	864.01	584.86	27.00

单位：亿元

管理费用	财务费用			投资收益（损失以“-”号记）	营业利润	利润总额	亏损企业亏损额	平均用工人数（人）
		利息收入	利息支出					
1977.05	**333.33**	**114.29**	**424.29**	**238.36**	**3750.35**	**3763.72**	**166.35**	**3016421**
1350.30	226.46	89.05	286.47	190.56	2533.85	2515.61	130.02	2073702
297.23	32.69	12.50	51.06	31.89	516.61	526.65	9.16	444184
334.05	72.63	11.65	84.29	27.73	660.29	676.82	27.17	469646
318.21	43.39	14.51	50.21	30.61	622.76	634.74	55.03	278281
250.55	51.41	20.98	68.51	61.47	558.51	566.19	5.62	355228
113.26	44.91	7.76	51.90	1.74	127.33	135.82	9.33	161130
123.91	33.78	13.32	40.32	0.72	326.40	286.67	0.78	230865
617.59	79.63	38.78	111.34	97.60	919.02	924.36	63.95	1132670
76.93	16.66	1.79	22.21	9.98	196.50	194.97	3.13	155145
108.92	12.73	0.57	15.08	5.29	191.35	187.59		73051
30.16	3.77	1.50	3.28	2.56	83.73	84.95	2.91	61300
39.50	11.32	1.79	10.46	1.42	77.72	79.48	12.50	71598
79.94	16.53	2.22	19.20	1.67	121.87	124.21	5.51	131712
40.04	18.25	1.46	16.08	0.16	107.16	103.65	4.64	76658
140.36	-0.51	8.49	9.65	20.23	198.23	207.46	0.51	157327
42.21	-0.10	0.03	3.56	16.71	180.15	188.97	2.44	102567

1-B-9 按地区分组的规模以上

地区	企业单位数（个）	资产总计	固定资产净额	固定资产原价	累计折旧	流动资产合计	应收账款
总计	**4985**	**29070.00**	**7744.32**	**15132.19**	**7212.26**	**16478.17**	**5511.86**
苏南	3114	19858.09	4748.00	9499.60	4678.59	11927.82	4153.65
苏中	1115	5821.28	1803.26	3458.96	1586.07	2963.11	897.05
苏北	759	3429.61	1205.68	2190.69	952.03	1607.80	467.40
南京	309	2772.58	704.61	1278.34	561.36	1574.11	556.83
无锡	621	4105.48	870.59	1795.82	913.47	2596.57	897.05
徐州	169	826.88	328.59	603.68	259.81	332.84	116.39
常州	432	2640.81	583.08	1312.00	716.19	1601.31	563.42
苏州	1524	8501.51	2075.21	4098.26	1997.89	5167.97	1853.46
南通	544	3164.89	928.83	1718.19	734.58	1532.64	445.94
连云港	76	549.68	169.13	282.34	112.40	291.85	61.45
淮安	146	520.59	155.14	323.24	166.22	259.81	69.28
盐城	224	1123.44	424.68	775.01	344.73	509.91	161.08
扬州	379	1420.03	429.80	994.89	554.06	801.11	255.27
镇江	228	1837.70	514.51	1015.17	489.67	987.85	282.90
泰州	192	1236.36	444.63	745.88	297.43	629.36	195.84
宿迁	144	409.03	128.13	206.41	68.86	213.39	59.19

中型工业企业主要经济指标

单位：亿元

存货	#产成品	负债合计	流动负债合计	#应付账款	所有者权益合计	实收资本	国家资本	集体资本
3755.63	**1502.74**	**14995.62**	**13116.45**	**3930.27**	**14074.38**	**7069.03**	**832.08**	**155.29**
2659.66	1078.09	10220.17	9110.73	2894.44	9637.91	4751.48	501.18	119.78
695.95	263.64	2908.34	2431.35	664.68	2912.94	1495.40	204.54	17.62
408.03	166.24	1890.92	1595.74	375.38	1538.69	837.32	126.36	22.17
297.58	108.99	1463.59	1246.20	412.15	1308.99	663.67	203.77	23.02
591.23	264.21	2087.14	1903.06	566.89	2018.34	905.22	42.04	31.83
82.42	34.05	444.83	345.34	86.64	382.05	173.03	31.50	1.99
365.19	153.54	1397.94	1289.77	365.71	1242.87	574.93	54.14	5.51
1240.29	487.99	4184.24	3768.49	1311.45	4317.27	2157.58	126.18	20.25
373.08	133.89	1489.53	1214.74	313.01	1675.36	820.77	104.82	6.89
65.46	21.82	308.94	265.09	58.26	240.74	153.80	11.49	0.42
63.71	27.95	277.87	219.88	60.28	242.72	157.66	55.66	1.61
127.71	54.45	622.91	555.29	123.75	500.52	242.12	27.36	14.26
157.77	59.02	735.06	681.18	182.26	684.97	343.94	44.71	6.03
165.39	63.37	1087.26	903.21	238.24	750.44	450.09	75.04	39.18
165.11	70.73	683.75	535.43	169.41	552.62	330.70	55.00	4.70
68.74	27.97	236.36	210.15	46.44	172.66	110.71	0.35	3.90

1-B-9 续表

地区	法人资本	个人资本	港澳台资本	外商资本	营业收入	营业成本	销售费用
总计	**2276.48**	**1187.81**	**863.58**	**1753.48**	**29554.43**	**24374.01**	**1007.62**
苏南	1383.47	701.82	680.52	1364.70	18485.64	15038.76	723.02
苏中	544.98	308.17	134.42	285.35	7475.43	6272.58	189.87
苏北	352.53	178.31	54.52	103.43	3607.75	3075.48	95.11
南京	172.76	61.35	73.26	129.50	2103.15	1652.36	106.58
无锡	298.34	154.41	151.23	227.36	4102.71	3388.30	128.84
徐州	70.15	46.06	16.60	6.73	877.01	737.69	28.73
常州	210.13	82.58	111.60	110.96	2708.22	2214.80	94.09
苏州	547.45	315.07	301.00	847.62	8201.78	6653.69	347.94
南通	311.91	151.60	61.17	184.06	4048.67	3379.29	80.90
连云港	79.42	7.46	9.87	45.14	443.99	385.34	12.13
淮安	35.48	24.34	18.44	22.13	675.18	573.49	19.31
盐城	107.76	70.90	6.58	15.26	1169.62	997.99	27.51
扬州	111.60	86.13	48.55	46.92	2115.72	1780.45	65.24
镇江	154.79	88.40	43.42	49.26	1369.77	1129.61	45.58
泰州	121.47	70.44	24.70	54.38	1311.04	1112.84	43.73
宿迁	59.72	29.55	3.03	14.17	441.94	380.97	7.42

单位：亿元

管理费用	财务费用			投资收益（损失以“-”号记）	营业利润	利润总额	亏损企业亏损额	平均用工人数（人）
		利息收入	利息支出					
1580.25	**242.90**	**41.96**	**265.92**	**75.99**	**2287.66**	**2356.37**	**166.85**	**2579675**
1101.15	143.71	32.04	170.84	59.98	1489.37	1519.49	104.69	1620694
298.92	58.11	5.56	56.67	8.53	613.23	647.46	21.18	564301
180.79	41.56	4.46	38.97	7.57	185.16	189.76	40.98	396252
145.97	21.17	2.74	21.44	12.77	191.12	193.52	16.49	160255
216.52	30.00	6.31	37.65	13.52	346.70	345.12	16.88	307016
40.57	9.78	0.37	8.47	1.42	54.67	54.75	6.02	83341
153.97	15.94	4.76	18.93	6.94	222.45	232.92	14.71	226003
510.83	56.72	15.70	71.58	29.00	629.35	643.41	41.26	805247
159.00	29.66	3.12	29.73	6.50	382.61	390.15	9.75	271380
25.92	5.48	1.81	5.25	1.27	12.59	13.21	9.19	39997
29.62	4.67	1.10	4.99	3.58	35.57	36.26	6.30	79686
62.70	17.56	0.79	16.58	0.42	56.72	58.00	17.36	109319
84.42	13.29	1.41	11.43	2.70	161.16	182.50	4.89	197621
73.86	19.88	2.54	21.25	-2.25	99.75	104.52	15.36	122173
55.49	15.17	1.03	15.50	-0.67	69.46	74.81	6.53	95300
21.99	4.07	0.38	3.67	0.87	25.61	27.54	2.12	83909

1-B-10 按地区分组的规模以上

地区	企业单位数（个）	资产总计	固定资产净额	固定资产原价	累计折旧	流动资产合计	应收账款
总计	**40249**	**41439.17**	**10878.07**	**19874.21**	**8708.24**	**24579.39**	**8729.57**
苏南	21623	24668.18	5287.69	10564.52	5159.81	16117.01	5877.96
苏中	9637	8834.26	2729.58	4626.31	1854.31	4738.62	1678.22
苏北	8998	7960.15	2867.20	4692.53	1696.86	3738.75	1179.29
南京	2162	3422.81	709.33	1259.10	538.46	2085.56	708.17
无锡	5102	5618.50	1025.46	2147.13	1105.68	3899.33	1530.78
徐州	1963	1662.36	518.60	857.37	317.75	772.07	235.89
常州	4106	3735.67	900.88	1808.63	884.85	2333.58	846.81
苏州	8499	10012.00	2232.68	4385.56	2115.99	6615.05	2370.77
南通	4526	4489.12	1509.69	2418.50	889.78	2224.04	735.02
连云港	927	931.40	310.86	469.60	151.00	456.11	149.35
淮安	1826	1362.24	518.76	832.81	294.54	654.17	205.84
盐城	2786	2942.89	1175.45	2008.64	768.96	1335.87	449.11
扬州	2562	2105.42	625.41	1210.60	572.50	1174.49	468.04
镇江	1754	1879.19	419.34	964.10	514.83	1183.50	421.42
泰州	2549	2239.71	594.48	997.21	392.02	1340.10	475.16
宿迁	1496	1061.26	343.53	524.12	164.60	520.54	139.09

小微型工业企业主要经济指标

单位：亿元

存货	#产成品	负债合计	流动负债合计	#应付账款	所有者权益合计	实收资本	国家资本	集体资本
5336.98	**2168.28**	**22623.94**	**19724.59**	**4880.96**	**18815.17**	**11521.52**	**796.62**	**215.75**
3507.14	1425.65	13620.27	12251.68	3307.13	11047.89	7051.81	329.12	120.36
1003.31	405.02	4652.44	4013.17	812.72	4181.81	2401.27	205.43	48.47
830.15	338.90	4367.43	3475.78	764.26	3592.68	2076.86	263.27	46.92
442.17	161.77	1917.05	1664.80	496.52	1505.76	945.98	114.34	13.76
830.34	364.11	3115.33	2904.62	727.94	2503.16	1468.23	62.45	28.94
176.65	72.08	825.61	684.55	151.32	836.71	415.86	31.82	3.56
526.39	214.99	2156.79	1911.97	477.27	1578.88	1080.02	26.67	30.38
1506.50	595.84	5389.75	4819.55	1405.91	4622.24	3017.52	78.74	39.13
488.15	197.25	2290.00	1937.55	364.16	2199.12	1193.96	92.37	20.93
115.77	47.10	506.44	403.45	87.98	424.96	276.62	39.22	9.91
131.21	54.16	733.51	570.89	114.32	628.72	406.53	60.13	15.66
281.70	112.47	1727.96	1336.84	326.44	1214.93	673.85	122.20	9.31
225.90	89.67	1054.25	936.45	207.65	1051.17	644.06	76.21	20.46
201.74	88.94	1041.34	950.75	199.49	837.85	540.05	46.92	8.15
289.25	118.10	1308.19	1139.18	240.92	931.52	563.25	36.86	7.08
124.82	53.09	573.91	480.04	84.20	487.34	303.99	9.89	8.47

1-B-10 续表

地　区					营业收入	营业成本	销售费用
	法人资本	个人资本	港澳台资本	外商资本			
总　计	**3806.82**	**3529.31**	**921.32**	**2251.70**	**48900.55**	**41906.33**	**1214.46**
苏　南	2292.50	1827.71	681.52	1800.61	26649.05	22657.91	713.17
苏　中	774.85	909.45	132.25	330.82	12927.90	11179.31	283.63
苏　北	745.94	792.91	107.55	120.27	9347.15	8089.62	218.21
南　京	347.43	180.77	89.83	199.86	3153.22	2614.31	108.42
无　锡	489.99	525.00	114.83	247.02	6724.27	5737.69	148.30
徐　州	154.00	181.78	13.57	31.14	1635.05	1435.42	35.89
常　州	409.78	338.87	80.70	193.62	4288.33	3676.24	99.43
苏　州	832.36	610.59	359.61	1097.08	10667.50	9080.89	303.52
南　通	375.60	401.13	67.70	236.25	6747.63	5863.08	122.88
连云港	99.68	74.37	30.98	22.45	732.05	620.01	19.13
淮　安	113.34	178.78	18.77	19.84	2555.32	2229.16	62.24
盐　城	234.82	240.94	31.58	34.99	3342.75	2884.59	81.70
扬　州	200.66	266.47	39.01	41.24	2982.42	2535.88	77.06
镇　江	212.93	172.47	36.55	63.03	1815.73	1548.78	53.49
泰　州	198.60	241.86	25.53	53.33	3197.85	2780.35	83.69
宿　迁	144.11	117.03	12.65	11.84	1081.98	920.43	19.25

单位：亿元

管理费用	财务费用			投资收益（损失以“-”号记）	营业利润	利润总额	亏损企业亏损额	平均用工人数（人）
		利息收入	利息支出					
2333.33	**457.89**	**34.95**	**420.18**	**55.74**	**2796.41**	**2854.84**	**326.55**	**3925499**
1513.18	236.70	27.06	225.11	46.89	1457.24	1486.94	220.30	2206263
469.08	109.93	5.58	100.95	4.58	817.48	828.00	48.83	911720
352.36	111.69	2.34	94.56	4.30	522.41	540.67	57.63	808635
197.89	29.19	4.74	29.30	11.66	208.99	215.97	29.56	232064
344.58	56.50	7.00	58.04	15.68	428.29	422.68	33.39	510050
51.38	15.66	0.06	13.23	2.10	87.64	89.25	15.94	180095
235.82	42.94	2.75	39.64	5.76	222.20	227.92	30.84	372189
643.14	88.89	11.47	83.38	15.99	507.08	527.10	114.04	923748
219.16	55.07	2.56	50.86	2.84	455.50	463.01	28.80	428460
38.45	9.29	0.61	8.35	0.24	42.89	42.42	12.42	79083
91.28	26.78	0.50	20.39	-0.05	133.97	137.00	7.92	154940
137.42	49.81	0.84	45.12	0.45	165.17	173.54	16.17	264858
120.56	22.71	1.52	19.20	1.21	203.88	206.28	6.33	260387
91.75	19.17	1.09	14.76	-2.21	90.68	93.27	12.47	168212
129.36	32.15	1.49	30.88	0.52	158.11	158.71	13.70	222873
33.84	10.16	0.34	7.48	1.56	92.73	98.46	5.18	129659

1-B-11 按地区分组的规模以上

地区	企业单位数（个）	资产总计	固定资产净额	固定资产原价	累计折旧	流动资产合计	应收账款
总计	**4870**	**25228.50**	**5873.38**	**11572.91**	**5616.96**	**15124.51**	**6162.94**
苏南	3293	19104.30	4290.53	8719.73	4385.39	11893.75	4945.68
苏中	917	3495.96	866.08	1607.59	728.52	1867.56	734.79
苏北	660	2628.24	716.77	1245.60	503.04	1363.21	482.47
南京	435	3966.75	901.80	1401.15	496.73	2188.19	751.45
无锡	459	3098.38	875.24	2013.01	1131.56	1714.05	644.24
徐州	126	773.91	226.52	395.02	158.03	284.93	69.48
常州	561	1571.23	336.63	572.87	231.34	956.89	352.83
苏州	1645	9958.92	2065.48	4442.56	2354.47	6740.89	3090.79
南通	411	1687.98	427.92	728.72	297.77	776.72	272.39
连云港	72	697.33	111.21	200.66	86.70	472.00	139.94
淮安	153	325.89	94.64	157.98	62.56	159.82	60.33
盐城	237	479.06	152.86	253.10	93.24	251.19	115.22
扬州	293	730.65	211.24	495.74	278.30	411.80	159.07
镇江	193	509.02	111.38	290.14	171.29	293.72	106.36
泰州	213	1077.33	226.92	383.12	152.44	679.03	303.34
宿迁	72	352.06	131.53	238.83	102.52	195.26	97.49

高技术工业企业主要经济指标

单位：亿元

存货	#产成品	负债合计	流动负债合计	#应付账款	所有者权益合计	实收资本	国家资本	集体资本
3097.21	**1117.74**	**12285.26**	**11055.14**	**4428.36**	**12943.23**	**6166.95**	**613.67**	**88.29**
2468.60	857.18	9649.25	8767.45	3773.39	9455.05	4825.86	543.87	35.62
420.29	190.29	1444.44	1260.52	405.39	2051.52	785.06	34.23	14.10
208.33	70.27	1191.58	1027.17	249.59	1436.67	556.03	35.57	38.57
479.28	113.38	1980.24	1655.84	581.15	1986.51	926.79	403.56	13.98
417.94	171.52	1336.44	1263.72	465.45	1761.94	907.92	22.61	3.72
34.44	13.10	371.64	323.03	37.67	402.26	170.29	0.12	0.57
188.04	81.79	742.48	670.37	202.87	828.75	383.28	43.75	2.66
1333.48	466.84	5348.02	4964.48	2452.09	4610.90	2477.64	67.03	14.26
152.70	83.46	644.12	529.21	162.06	1043.86	434.83	19.63	8.04
57.73	20.03	240.79	206.17	57.00	456.54	88.68	4.41	36.90
26.26	10.50	139.15	94.31	31.51	186.74	127.90	28.59	0.36
51.59	19.35	295.66	263.49	96.09	183.39	97.31	2.44	0.74
87.37	32.18	325.06	290.68	99.84	405.59	201.69	13.31	1.12
49.85	23.66	242.07	213.04	71.83	266.95	130.23	6.92	0.99
180.22	74.65	475.26	440.63	143.49	602.07	148.54	1.29	4.94
38.31	7.29	144.33	140.18	27.33	207.72	71.84		

1-B-11 续表

地区	法人资本	个人资本	港澳台资本	外商资本	营业收入	营业成本	销售费用
总计	**1567.60**	**763.01**	**1047.61**	**2086.78**	**26159.57**	**21629.56**	**1289.24**
苏南	1084.74	436.57	817.69	1907.38	19560.93	16893.37	553.29
苏中	306.17	243.07	85.38	102.12	4462.82	3340.60	467.34
苏北	176.69	83.38	144.54	77.29	2135.82	1395.59	268.61
南京	139.92	81.44	108.63	179.26	2588.65	2107.91	149.96
无锡	142.62	52.25	131.91	554.81	3015.52	2556.44	95.92
徐州	47.69	16.83	103.71	1.36	394.03	288.13	47.35
常州	94.93	61.64	116.82	63.47	1337.83	1042.25	57.12
苏州	652.00	212.34	425.36	1106.65	12178.44	10824.46	234.39
南通	194.97	155.92	18.36	37.91	2145.14	1797.52	41.52
连云港	10.86	15.11	11.52	9.89	668.14	232.12	186.82
淮安	45.71	12.95	4.79	35.49	323.13	260.99	16.03
盐城	48.96	31.30	6.68	7.20	494.98	416.52	15.93
扬州	77.75	45.06	35.31	29.14	851.53	711.35	30.38
镇江	55.26	28.90	34.97	3.19	440.49	362.31	15.90
泰州	33.44	42.08	31.71	35.07	1466.15	831.73	395.43
宿迁	23.47	7.18	17.84	23.35	255.55	197.83	2.48

单位：亿元

管理费用	财务费用	利息收入	利息支出	投资收益（损失以“-”号记）	营业利润	利润总额	亏损企业亏损额	平均用工人数（人）
1445.92	**132.76**	**51.61**	**162.35**	**96.18**	**1730.59**	**1783.53**	**183.88**	**2280610**
987.21	101.32	47.07	122.58	82.27	1118.40	1147.17	145.13	1734402
256.99	18.33	3.86	22.86	6.91	360.94	376.18	17.12	296494
201.72	13.11	0.68	16.91	7.01	251.25	260.19	21.64	249714
168.48	32.72	4.60	26.41	28.06	183.89	185.96	45.44	191415
150.63	9.84	5.04	15.08	22.44	226.42	227.62	13.95	238455
27.67	6.85	-0.04	8.74	1.92	24.85	27.40	3.54	30973
95.32	5.80	8.07	14.72	2.24	132.04	138.59	8.93	155762
547.36	45.77	28.97	63.54	28.81	545.06	564.71	69.78	1099865
89.59	12.00	1.53	12.92	7.41	197.20	201.68	7.30	115038
101.12	0.80	0.21	1.82	4.64	145.64	141.96	4.24	56645
23.91	3.43	0.28	2.00	-0.56	16.52	17.47	6.45	41595
33.10	4.69	0.21	3.77	0.24	23.02	25.27	5.12	51448
47.38	3.03	1.21	3.76	0.24	54.46	58.44	3.32	74433
25.41	7.18	0.39	2.83	0.71	30.99	30.30	7.03	48905
120.02	3.29	1.12	6.18	-0.75	109.27	116.06	6.50	107023
15.93	-2.65	0.02	0.58	0.76	41.23	48.08	2.28	69053

1-B-12　按地区分组的规模以上

地　　区	企　业单位数（个）	资产总计	固定资产净　　额	固定资产原　　价	累计折旧	流动资产合　　计	应收账款
总　计	**44**	**925.86**	**350.28**	**948.96**	**581.62**	**266.77**	**38.73**
苏　南	20	117.15	47.62	140.08	92.18	17.87	4.83
苏　中	1						
苏　北	23	755.27	273.51	532.43	242.15	240.47	33.46
南　京	3	78.10	37.37	119.19	81.81	4.04	0.88
无　锡							
徐　州	10	681.65	244.16	477.71	218.01	213.15	29.78
常　州	8	14.14	1.01	2.50	1.49	5.24	3.16
苏　州	1						
南　通							
连云港	5	7.33	1.26	2.28	1.02	5.07	1.12
淮　安	5	55.72	25.38	47.29	21.91	17.88	2.06
盐　城	2						
扬　州	1						
镇　江	8	20.15	7.64	14.80	6.88	6.93	0.60
泰　州							
宿　迁	1						

采矿业工业企业主要经济指标

单位：亿元

存货	#产成品	负债合计	流动负债合计	#应付账款	所有者权益合计	实收资本	国家资本	集体资本
34.83	**14.38**	**586.97**	**374.18**	**71.65**	**338.88**	**161.48**	**129.70**	**1.69**
1.89	0.95	78.88	66.37	3.89	38.27	87.66	79.06	0.11
31.50	13.03	452.19	258.76	67.76	303.08	76.29	53.11	1.58
0.57	0.26	60.34	52.32	1.81	17.75	79.29	79.06	0.11
23.96	9.14	413.58	223.83	64.00	268.07	62.44	45.93	0.58
0.42	0.40	8.05	6.96	1.66	6.09	4.84		
2.48	0.76	4.72	4.56	0.19	2.62	2.78	2.00	
2.29	1.69	26.02	24.30	3.18	29.70	8.88	5.18	
0.59	0.14	8.44	6.15	0.32	11.71	2.53		

1-B-12 续表

地　区					营业收入	营业成本	销售费用
	法人资本	个人资本	港澳台资本	外商资本			
总　计	**22.21**	**4.44**	**3.13**	**0.31**	**573.11**	**446.96**	**8.13**
苏　南	5.27	2.19	1.02		53.09	34.73	1.29
苏　中							
苏　北	16.94	2.25	2.11	0.31	470.52	377.40	6.41
南　京	0.11				30.81	19.22	0.17
无　锡							
徐　州	15.46	0.46			410.27	326.85	3.23
常　州	3.16	1.68			8.96	6.19	0.27
苏　州							
南　通							
连云港		0.47		0.31	18.41	16.88	0.97
淮　安	0.28	1.31	2.11		33.95	26.83	1.61
盐　城							
扬　州							
镇　江	1.00	0.51	1.02		11.32	8.04	0.74
泰　州							
宿　迁							

单位：亿元

管理费用	财务费用			投资收益（损失以“-”号记）	营业利润	利润总额	亏损企业亏损额	平均用工人数（人）
		利息收入	利息支出					
57.67	**9.12**	**1.76**	**9.36**	**-1.43**	**19.31**	**22.56**	**3.85**	**63433**
10.25	1.59	0.19	1.76	0.08	5.11	5.22	0.20	4725
39.07	6.31	1.40	6.20	-1.50	17.29	20.41	0.58	51633
7.53	1.31	0.05	1.35	0.04	3.14	3.12	0.13	2129
37.25	5.27	1.34	5.24	-1.58	14.26	17.39	0.58	48043
1.20	0.15		0.16		0.77	0.76		564
0.19	0.07		0.02		0.23	0.21		771
1.51	0.90	0.05	0.86	0.07	2.56	2.52		2205
1.06	0.12	0.12	0.23	0.01	1.10	1.09	0.07	1530

1-B-13 按地区分组的规模以上

地区	企业单位数（个）	资产总计	固定资产净额	固定资产原价	累计折旧	流动资产合计	应收账款
总计	**45565**	**108754.07**	**25833.59**	**51370.73**	**24909.15**	**65211.62**	**22034.08**
苏南	25193	73930.69	16109.49	33676.56	17277.17	46197.87	16033.21
苏中	10773	18870.82	5008.45	9284.58	4142.43	10501.07	3525.85
苏北	9615	16440.65	4755.67	8488.71	3528.64	8843.27	2511.87
南京	2521	12844.50	3021.68	5905.87	2821.98	7326.47	2349.29
无锡	5806	16149.15	3330.84	7093.80	3715.84	10204.57	3324.35
徐州	2094	4899.39	1221.46	2059.31	785.69	2681.08	785.02
常州	4580	9407.38	1950.37	4191.51	2192.66	6056.97	2093.46
苏州	10295	30819.78	6707.85	14057.72	7264.85	19823.65	7366.37
南通	5073	8762.27	2488.95	4292.86	1734.92	4502.13	1486.76
连云港	983	2400.65	672.44	1067.66	384.46	1306.63	322.27
淮安	1947	2317.67	743.81	1336.09	570.75	1240.56	344.23
盐城	2957	4513.06	1444.84	2827.82	1284.79	2305.29	764.94
扬州	2956	4838.98	1323.62	2876.34	1501.23	2800.35	989.40
镇江	1991	4709.88	1098.73	2427.65	1281.83	2786.21	899.74
泰州	2744	5269.58	1195.88	2115.38	906.29	3198.58	1049.69
宿迁	1634	2309.89	673.12	1197.83	502.95	1309.71	295.42

制造业工业企业主要经济指标

单位：亿元

存货	#产成品	负债合计	流动负债合计	#应付账款	所有者权益合计	实收资本	国家资本	集体资本
14517.99	**5636.65**	**56956.03**	**51004.51**	**15319.90**	**51797.97**	**25679.26**	**2270.03**	**485.63**
9937.15	3858.03	39185.44	35592.79	11489.88	34745.22	17813.69	1607.73	327.46
2398.97	936.90	9359.64	8245.09	1988.68	9511.18	4494.07	429.23	65.61
2252.84	850.78	8575.40	7315.78	1883.18	7865.21	3410.18	236.26	97.59
1608.58	457.68	6836.48	5927.26	2050.82	6008.01	3041.12	998.20	36.72
2247.47	923.06	8431.75	7801.74	2180.89	7717.39	3648.70	144.79	87.07
705.23	284.33	2575.26	2144.60	503.96	2324.09	787.24	52.78	6.63
1278.64	547.06	5256.09	4824.71	1375.43	4151.29	2044.22	161.90	21.58
4305.18	1716.24	16116.51	14755.10	5298.27	14703.26	7785.18	204.37	135.18
1073.22	447.78	4215.82	3606.43	844.69	4546.45	2245.04	144.00	24.12
271.20	108.46	1208.68	1005.05	284.19	1191.97	539.95	30.73	46.62
339.85	115.00	1085.66	913.83	230.60	1232.01	680.44	88.96	10.21
511.01	219.22	2632.13	2265.39	692.53	1880.92	921.10	58.25	25.78
560.45	209.19	2493.90	2304.56	550.88	2345.08	1209.57	203.14	26.89
497.28	214.00	2544.61	2283.98	584.47	2165.27	1294.46	98.47	46.91
765.30	279.93	2649.92	2334.09	593.11	2619.66	1039.47	82.08	14.61
425.55	123.78	1073.67	986.92	171.89	1236.22	481.45	5.54	8.37

1-B-13 续表

地　区	法人资本	个人资本	港澳台资本	外商资本	营业收入	营业成本	销售费用
总　计	**8245.20**	**5533.82**	**2845.63**	**6298.63**	**125251.17**	**105551.14**	**3739.00**
苏　南	5405.10	3096.51	2142.44	5234.45	79719.10	67410.54	2130.71
苏　中	1496.38	1388.10	377.76	736.68	26239.95	22130.17	927.05
苏　北	1357.35	1050.46	331.33	337.19	19472.32	16156.77	682.34
南　京	835.95	307.56	243.20	619.47	12566.58	10063.87	399.70
无　锡	1065.91	879.47	468.29	1003.16	17063.97	14452.84	419.26
徐　州	279.12	262.21	126.05	60.46	4997.38	4206.59	163.41
常　州	742.84	537.53	223.75	356.62	11669.75	10040.83	252.74
苏　州	2336.29	1080.97	1069.72	2958.65	34308.73	29415.96	935.67
南　通	764.98	675.45	208.55	427.62	12754.00	10946.38	236.69
连云港	240.93	105.54	46.48	69.66	2409.81	1767.30	221.25
淮　安	199.42	209.62	90.67	81.57	3848.39	3218.92	97.14
盐　城	390.22	317.15	40.69	89.01	5873.12	5112.76	147.78
扬　州	393.09	376.36	95.51	114.57	6832.54	5846.48	170.78
镇　江	424.10	290.97	137.47	296.54	4110.06	3437.04	123.33
泰　州	338.32	336.29	73.69	194.48	6653.41	5337.31	519.58
宿　迁	247.66	155.94	27.45	36.48	2343.61	1851.20	52.76

单位：亿元

管理费用	财务费用	利息收入	利息支出	投资收益（损失以“-”号记）	营业利润	利润总额	亏损企业亏损额	平均用工人数（人）
5745.87	**909.18**	**175.30**	**978.11**	**339.33**	**8395.48**	**8517.09**	**636.53**	**9313991**
3904.87	560.77	138.94	631.26	274.89	5298.06	5333.27	448.87	5840866
1043.39	177.02	22.09	184.00	42.58	1867.31	1921.43	73.97	1892002
804.04	172.50	14.86	164.60	37.60	1268.60	1302.53	113.89	1590410
642.63	85.30	21.18	92.02	50.17	998.95	1019.13	97.53	655811
802.38	130.75	33.09	157.21	82.93	1280.99	1280.03	55.10	1161086
162.09	57.41	5.96	60.58	6.46	245.86	252.80	25.34	367228
506.58	87.77	20.23	93.39	13.06	748.97	724.56	45.45	822524
1751.60	204.47	61.11	243.24	134.39	1983.40	2020.34	218.51	2842541
448.89	89.72	6.45	90.20	17.32	981.86	994.73	40.56	845243
166.96	11.72	2.54	12.83	6.31	221.91	218.79	19.81	184694
145.77	30.02	2.74	23.41	4.71	241.15	246.07	16.32	289115
232.77	60.80	2.94	54.56	2.32	267.53	276.71	43.03	436532
273.45	46.35	4.79	43.59	5.48	475.68	502.29	13.64	576625
201.67	52.48	3.32	45.40	-5.65	285.75	289.21	32.29	358904
321.06	40.94	10.85	50.20	19.78	409.78	424.41	19.78	470134
96.45	12.55	0.67	13.22	17.82	292.16	308.16	9.41	312841

1-B-14 按地区分组的规模以上农副

地区	企业单位数（个）	资产总计	固定资产净额	固定资产原价	累计折旧	流动资产合计	应收账款
总计	**1326**	**1691.58**	**434.79**	**754.45**	**307.18**	**1028.61**	**181.26**
苏南	167	453.93	93.74	167.13	72.06	297.17	48.73
苏中	412	549.97	126.99	223.62	94.69	360.61	52.95
苏北	747	687.69	214.06	363.71	140.43	370.83	79.58
南京	47	101.39	22.74	35.54	12.22	51.37	10.79
无锡	18	17.51	4.90	8.54	3.64	9.55	2.74
徐州	169	125.46	40.62	67.16	22.23	57.80	11.71
常州	23	20.09	5.73	11.52	5.78	12.59	3.98
苏州	53	196.73	37.22	77.45	39.54	133.03	24.50
南通	214	256.83	66.67	118.20	50.62	153.64	25.96
连云港	125	181.33	42.25	74.56	31.32	116.18	24.17
淮安	182	132.25	46.62	81.08	32.92	66.88	20.05
盐城	163	183.65	67.55	115.06	45.90	94.52	16.01
扬州	69	56.57	17.09	31.48	14.24	33.00	7.10
镇江	26	118.21	23.15	34.08	10.88	90.64	6.72
泰州	129	236.56	43.22	73.93	29.83	173.97	19.89
宿迁	108	64.99	17.01	25.85	8.06	35.44	7.65

食品加工业工业企业主要经济指标

单位：亿元

存货	#产成品	负债合计	流动负债合计	#应付账款	所有者权益合计	实收资本	国家资本	集体资本
313.44	**125.42**	**994.63**	**902.85**	**143.63**	**696.95**	**367.36**	**21.96**	**2.49**
88.53	26.89	275.07	233.56	69.68	178.86	109.78	10.33	0.57
110.92	52.98	357.48	340.98	17.03	192.48	91.72	4.32	0.30
113.99	45.55	362.08	328.32	56.92	325.61	165.86	7.31	1.63
15.00	3.84	69.72	49.81	18.41	31.67	25.12	0.21	0.26
2.60	1.20	9.49	8.26	2.16	8.02	7.35	0.05	
19.47	6.42	44.51	35.28	7.71	80.96	28.26	1.35	0.23
4.40	1.42	14.67	14.12	2.72	5.42	4.93	0.01	0.30
41.24	12.42	91.76	82.95	20.93	104.97	45.06	1.52	
63.92	29.67	155.02	149.26	21.71	101.81	51.85	2.10	0.02
19.77	8.57	101.91	94.54	10.32	79.41	52.80		
21.43	8.73	68.33	60.23	7.95	63.92	28.51	0.19	
42.64	18.15	113.69	105.44	27.38	69.97	33.73	5.64	1.40
8.89	4.90	32.02	30.00	3.06	24.54	8.74	0.59	0.20
25.29	8.01	89.43	78.42	25.47	28.78	27.32	8.54	
38.11	18.42	170.43	161.72	-7.74	66.13	31.13	1.62	0.08
10.68	3.68	33.64	32.83	3.56	31.35	22.55	0.12	

1-B-14 续表

地区	法人资本	个人资本	港澳台资本	外商资本	营业收入	营业成本	销售费用
总计	**131.70**	**104.84**	**15.48**	**90.89**	**3083.67**	**2808.74**	**63.00**
苏南	40.41	11.79	8.05	38.64	682.33	620.36	18.25
苏中	27.18	32.87	4.64	22.42	1147.22	1058.10	17.65
苏北	64.11	60.19	2.79	29.83	1254.13	1130.28	27.10
南京	14.24	2.88	0.93	6.60	102.00	85.97	3.78
无锡	4.36	0.83	0.48	1.64	26.79	23.13	1.04
徐州	9.00	17.22		0.47	234.28	208.52	4.86
常州	0.94	2.99	0.68		37.24	33.63	1.06
苏州	7.15	3.31	5.95	27.12	381.95	349.96	9.16
南通	11.98	18.80	3.47	15.47	560.45	519.31	7.62
连云港	18.26	7.40	1.16	25.98	177.82	161.71	4.32
淮安	12.34	15.42	0.35	0.21	376.96	338.54	7.06
盐城	8.57	13.68	1.27	3.17	357.97	323.00	9.30
扬州	1.55	5.91	0.39	0.10	130.39	113.01	2.98
镇江	13.72	1.77		3.28	134.35	127.67	3.22
泰州	13.65	8.16	0.78	6.85	456.38	425.78	7.06
宿迁	15.94	6.48			107.09	98.51	1.55

单位：亿元

管理费用	财务费用			投资收益（损失以“-”号记）	营业利润	利润总额	亏损企业亏损额	平均用工人数（人）
		利息收入	利息支出					
62.26	**19.00**	**4.43**	**17.00**	**1.76**	**123.37**	**125.12**	**14.55**	**146442**
15.35	3.38	0.77	2.64	0.88	24.93	25.66	5.05	23031
15.75	7.15	1.80	7.10	-0.55	45.83	46.22	4.43	46267
31.16	8.46	1.85	7.26	1.42	52.60	53.23	5.07	77144
4.34	1.03	0.10	0.94	-1.36	5.28	5.74	2.11	5291
1.40	0.01	0.03	0.08		1.13	1.14	0.23	1711
4.96	1.04	0.03	0.81	0.03	14.01	14.06	1.03	22106
0.95	0.12	0.02	0.14		1.43	1.18	0.48	2010
7.22	0.94	0.65	1.31	1.62	15.42	15.59	1.09	11847
7.64	4.18	0.20	2.81	-0.43	20.15	20.46	3.14	21041
4.44	0.47	1.63	1.11	0.62	6.48	6.60	0.61	9715
9.60	2.53	0.09	1.28	0.33	17.42	17.61	0.46	17190
10.24	3.63	0.09	3.43	0.04	10.41	10.59	1.95	18580
3.18	1.07	0.04	1.08		9.57	9.64	0.07	8643
1.45	1.28	-0.03	0.17	0.63	1.67	2.00	1.15	2172
4.92	1.91	1.56	3.21	-0.11	16.11	16.12	1.22	16583
1.92	0.79		0.63	0.40	4.28	4.38	1.02	9553

1-B-15　按地区分组的规模以上食品

地　　区	企　业单位数（个）	资产总计	固定资产净　　额	固定资产原　　价	累计折旧	流动资产合　　计	应收账款
总　计	**424**	**749.07**	**207.88**	**373.35**	**149.84**	**386.55**	**96.47**
苏　南	171	444.74	113.39	227.19	100.86	237.56	61.02
苏　中	87	134.71	39.97	59.60	19.45	61.55	18.27
苏　北	166	169.62	54.52	86.56	29.54	87.44	17.18
南　京	52	134.12	30.02	59.05	28.57	72.52	11.23
无　锡	28	77.05	18.43	31.18	12.73	48.31	20.07
徐　州	47	41.25	14.23	24.77	10.44	16.60	3.09
常　州	19	38.59	11.01	23.37	12.35	13.77	2.87
苏　州	58	164.66	46.13	100.95	42.45	86.61	25.25
南　通	31	42.63	12.04	20.06	8.02	13.32	3.47
连云港	38	30.09	9.20	14.38	5.11	17.10	5.63
淮　安	24	35.43	7.37	12.60	5.17	24.00	1.60
盐　城	32	31.69	12.77	16.81	4.03	14.31	3.54
扬　州	21	23.54	7.56	12.70	4.99	12.93	3.25
镇　江	14	30.32	7.80	12.64	4.75	16.35	1.60
泰　州	35	68.54	20.36	26.84	6.44	35.30	11.55
宿　迁	25	31.15	10.95	17.99	4.79	15.42	3.31

制造业工业企业主要经济指标

单位：亿元

存货	#产成品	负债合计	流动负债合计	#应付账款	所有者权益合计	实收资本	国家资本	集体资本
83.23	**34.89**	**350.56**	**321.87**	**77.14**	**398.51**	**215.64**	**15.61**	**10.40**
44.53	19.93	202.19	189.00	50.21	242.56	132.08	11.94	9.07
15.71	5.13	62.04	57.49	11.06	72.67	43.11	2.53	0.04
22.99	9.84	86.33	75.38	15.87	83.29	40.45	1.15	1.29
9.04	3.55	50.86	43.62	13.58	83.27	25.73	0.46	
9.80	4.32	29.31	27.67	5.97	47.74	24.20	0.07	
4.97	2.13	20.48	17.04	3.75	20.78	9.87	1.15	0.70
3.77	0.95	24.23	22.89	5.33	14.36	8.34	3.56	0.92
19.90	10.37	90.68	88.01	23.08	73.97	63.02		8.15
3.87	1.56	16.45	16.10	2.51	26.19	11.40	1.48	0.04
6.59	2.87	15.96	14.21	2.62	14.13	7.32		
2.74	0.72	8.00	6.16	0.43	27.43	9.78		0.07
4.71	2.39	21.08	19.77	5.56	10.61	7.26		0.50
2.49	1.15	10.64	9.67	2.38	12.90	9.43	1.05	
2.03	0.73	7.11	6.80	2.26	23.21	10.79	7.85	
9.35	2.42	34.95	31.72	6.18	33.59	22.28		
3.98	1.72	20.81	18.20	3.51	10.33	6.22		0.02

1-B-15 续表

地　区	法人资本	个人资本	港澳台资本	外商资本	营业收入	营业成本	销售费用
总　计	**56.38**	**36.02**	**31.58**	**65.64**	**805.55**	**573.18**	**104.10**
苏　南	26.44	12.41	20.34	51.89	519.43	338.13	92.32
苏　中	14.30	12.77	8.49	4.99	126.06	103.40	4.59
苏　北	15.64	10.85	2.75	8.77	160.06	131.65	7.19
南　京	7.85	3.30	7.87	6.25	123.25	91.09	11.64
无　锡	4.09	1.97	0.16	17.92	67.59	53.04	3.83
徐　州	3.50	4.51			44.36	37.56	2.49
常　州	1.40	0.79	0.65	1.02	60.71	42.78	4.88
苏　州	11.19	5.90	11.66	26.12	244.60	135.22	69.26
南　通	0.51	4.41	0.20	4.76	55.00	47.17	1.15
连云港	4.08	2.06		1.18	30.70	25.67	1.57
淮　安	1.98	1.33		6.40	27.40	21.14	1.11
盐　城	1.61	1.88	2.42	0.85	30.40	25.64	1.00
扬　州	2.34	4.23	1.65	0.16	16.56	13.09	0.98
镇　江	1.91	0.45		0.58	23.27	15.99	2.71
泰　州	11.44	4.13	6.64	0.07	54.50	43.14	2.46
宿　迁	4.47	1.06	0.32	0.35	27.20	21.64	1.03

单位：亿元

管理费用	财务费用			投资收益（损失以“-”号记）	营业利润	利润总额	亏损企业亏损额	平均用工人数（人）
		利息收入	利息支出					
46.96	**5.52**	**1.17**	**6.46**	**4.21**	**64.54**	**66.75**	**18.06**	**79798**
31.19	3.53	0.39	4.20	2.01	42.48	43.22	15.38	42735
7.75	1.09	0.14	1.15	0.06	8.86	9.29	1.29	14815
8.02	0.91	0.64	1.11	2.14	13.20	14.24	1.40	22248
6.27	0.42	0.27	0.76	0.84	14.76	14.81	0.86	14643
3.35	0.19	0.12	0.32	-0.02	7.18	7.31	0.80	6553
1.77	0.31	0.01	0.24		2.02	2.14	0.10	8455
3.09	1.45	0.01	1.51	0.13	7.76	7.84	0.33	2778
16.79	1.38	-0.02	1.53	0.57	9.71	9.81	13.34	15662
2.35	0.43	0.04	0.41	0.01	3.61	3.73	0.23	4180
1.81	0.27		0.20	0.08	1.29	1.39	0.26	4822
1.78	-0.35	0.64	0.12	2.02	5.29	5.65	0.38	2897
1.30	0.36		0.29		1.80	2.00	0.42	3009
1.64	0.05	0.08	0.13		0.82	0.87	0.19	3837
1.69	0.09		0.08	0.48	3.07	3.44	0.05	3099
3.76	0.60	0.02	0.61	0.06	4.42	4.69	0.86	6798
1.36	0.31		0.26	0.04	2.79	3.06	0.25	3065

1-B-16 按地区分组的规模以上酒、饮料

地区	企业单位数（个）	资产总计	固定资产净额	固定资产原价	累计折旧	流动资产合计	应收账款
总计	**153**	**1179.67**	**260.10**	**604.23**	**340.86**	**707.75**	**59.27**
苏南	56	165.27	64.57	143.15	78.32	81.51	21.54
苏中	24	64.46	27.44	48.00	20.54	28.28	6.82
苏北	73	949.95	168.09	413.08	242.00	597.96	30.91
南京	17	47.94	20.77	43.79	22.89	21.08	0.82
无锡	9	30.71	8.61	17.35	8.73	20.17	9.85
徐州	18	270.55	32.15	78.79	45.42	167.58	23.29
常州	6	10.31	3.72	11.71	7.94	4.40	1.08
苏州	20	68.63	28.69	64.72	35.98	31.52	9.32
南通	9	21.15	7.65	12.58	4.93	9.81	2.29
连云港	9	14.29	4.43	8.93	4.35	7.30	1.26
淮安	2						
盐城	15	36.15	10.14	35.64	24.08	18.64	2.69
扬州	5	15.83	8.74	18.34	9.60	6.07	2.63
镇江	4	7.67	2.77	5.58	2.78	4.34	0.46
泰州	10	27.48	11.06	17.09	6.01	12.40	1.90
宿迁	29	543.60	113.47	277.24	163.62	342.33	3.16

和精制茶制造业工业企业主要经济指标

单位：亿元

存货	#产成品	负债合计	流动负债合计	#应付账款	所有者权益合计	实收资本	国家资本	集体资本
273.83	**48.97**	**423.09**	**379.20**	**57.24**	**756.59**	**219.22**	**12.60**	**1.45**
26.14	7.46	67.05	60.64	25.25	98.22	74.59	1.88	
11.13	3.46	36.70	33.12	6.48	27.76	28.09	1.21	0.10
236.56	38.04	319.34	285.44	25.50	630.60	116.55	9.51	1.35
4.94	1.78	16.89	16.57	4.43	31.06	26.97		
8.07	2.93	9.79	8.66	5.24	20.92	8.85	1.63	
38.91	10.72	88.98	64.72	4.69	181.57	63.90	2.61	1.35
2.58	0.25	9.28	8.66	3.45	1.03	5.00		
9.99	2.19	26.69	22.36	10.92	41.94	31.00		
3.56	1.31	13.44	12.33	3.55	7.70	9.44		
3.86	1.16	7.89	7.84	0.92	6.40	3.91	0.24	
5.92	2.64	20.95	17.96	1.34	15.20	8.91		
1.71	0.69	9.34	7.44	1.51	6.48	7.03		0.10
0.56	0.32	4.39	4.39	1.20	3.28	2.77	0.25	
5.86	1.46	13.91	13.35	1.43	13.58	11.61	1.21	
168.14	19.76	177.41	171.29	17.30	366.18	27.22	1.00	

1-B-16 续表

地 区					营业收入	营业成本	销售费用
	法人资本	个人资本	港澳台资本	外商资本			
总 计	**123.99**	**24.43**	**11.02**	**45.74**	**1044.24**	**681.42**	**58.63**
苏 南	31.78	1.67	7.72	31.54	182.38	132.49	13.69
苏 中	5.59	6.33	2.96	11.89	54.35	44.58	3.00
苏 北	86.62	16.43	0.34	2.31	807.51	504.34	41.94
南 京	9.57	0.50	1.99	14.91	47.66	33.58	7.37
无 锡	1.42	0.12		5.68	52.09	32.76	2.08
徐 州	52.68	5.43		1.82	415.89	348.04	12.77
常 州	2.28	0.19		2.53	9.25	6.72	0.77
苏 州	17.26	0.50	4.80	8.43	66.86	53.45	3.34
南 通	1.20	1.36		6.88	16.55	13.20	0.39
连 云 港	2.92	0.75			11.00	7.55	0.38
淮 安							
盐 城	3.37	5.54			39.59	31.55	2.77
扬 州	2.63	0.18	1.00	3.13	16.51	13.69	1.82
镇 江	1.24	0.35	0.93		6.52	5.99	0.12
泰 州	1.77	4.79	1.96	1.89	21.29	17.70	0.78
宿 迁	24.42	0.97	0.34	0.49	303.25	106.69	20.53

单位：亿元

管理费用	财务费用	利息收入	利息支出	投资收益（损失以“-”号记）	营业利润	利润总额	亏损企业亏损额	平均用工人数（人）
48.80	**13.11**	**0.85**	**13.40**	**17.52**	**198.36**	**200.06**	**1.59**	**68723**
7.46	1.00	0.22	0.89	0.44	23.81	23.87	0.87	12883
2.69	0.77	0.09	0.79	0.01	2.00	2.07	0.30	4392
38.65	11.34	0.54	11.72	17.06	172.55	174.12	0.42	51448
2.96	-0.09	0.07	0.09	0.07	2.75	2.87	0.13	4921
0.87	0.29	0.02	0.14	0.02	15.43	15.04	0.01	1426
12.78	10.26	0.18	10.43	0.35	26.47	26.61	0.01	23319
0.57	0.10		0.08		0.34	0.30	0.10	1763
2.86	0.62	0.13	0.49	0.35	5.23	5.58	0.44	4311
1.09	0.22		0.21		0.93	0.94	0.04	1341
0.89	0.12	0.01	0.11	0.45	0.98	0.97	0.20	2154
2.02	0.64		0.62		2.06	2.20	0.05	1714
0.78	0.19	0.03	0.22		-0.04	-0.04	0.20	1326
0.19	0.08		0.09		0.07	0.08	0.19	462
0.82	0.35	0.06	0.35	0.01	1.11	1.17	0.07	1725
21.02	0.59		0.53	15.02	127.77	128.95	0.16	21016

1-B-17 按地区分组的规模以上

地区	企业单位数（个）	资产总计	固定资产净额	固定资产原价	累计折旧	流动资产合计	应收账款
总计	**4310**	**4075.38**	**1077.22**	**2200.67**	**1096.62**	**2484.58**	**679.65**
苏南	2139	2481.62	568.56	1226.43	653.33	1647.21	430.40
苏中	1181	943.43	287.17	545.02	248.48	496.91	163.84
苏北	990	650.33	221.50	429.22	194.81	340.45	85.41
南京	19	32.91	9.14	24.84	15.70	19.88	8.04
无锡	446	836.33	148.71	334.19	184.84	600.95	156.98
徐州	208	122.03	42.95	79.18	33.39	60.61	14.75
常州	350	297.19	63.56	136.66	70.85	203.14	54.12
苏州	1260	1274.39	339.67	704.78	364.33	794.08	203.92
南通	928	744.55	233.91	439.22	201.46	379.00	125.13
连云港	22	16.37	5.15	9.32	3.82	9.25	2.56
淮安	120	81.45	26.77	47.38	19.88	39.58	11.38
盐城	434	257.87	99.05	209.58	102.94	124.75	31.85
扬州	134	100.51	34.48	66.01	26.03	49.81	16.62
镇江	64	40.80	7.49	25.96	17.61	29.17	7.34
泰州	119	98.37	18.78	39.79	20.99	68.10	22.09
宿迁	206	172.62	47.57	83.75	34.78	106.27	24.86

纺织业工业企业主要经济指标

单位：亿元

存货	#产成品	负债合计	流动负债合计	应付账款	所有者权益合计	实收资本	国家资本	集体资本
699.63	**321.66**	**2436.03**	**2274.57**	**404.64**	**1639.29**	**929.82**	**18.07**	**17.56**
455.79	217.44	1600.88	1513.62	265.14	880.74	545.51	4.68	15.91
127.13	53.46	465.64	434.97	86.05	477.79	214.20	11.09	1.43
116.71	50.76	369.51	325.98	53.45	280.76	170.11	2.30	0.23
5.09	2.40	17.22	13.85	3.21	15.69	12.70	0.12	0.02
129.74	59.12	571.21	536.82	98.97	265.12	174.70	3.65	15.33
25.63	8.91	57.50	48.56	8.02	64.46	28.50	0.69	0.08
51.42	23.94	187.34	180.42	33.08	109.85	58.50	0.80	0.15
259.51	127.16	801.62	760.62	126.34	472.77	290.16	0.11	0.39
95.12	41.17	357.16	331.46	61.78	387.39	161.23	3.07	0.84
3.41	1.87	7.86	6.67	1.40	8.51	6.77	0.10	
15.18	5.32	44.85	34.46	7.07	36.60	23.25		0.05
38.64	17.59	146.34	130.16	20.89	111.53	66.02	0.34	0.09
13.53	5.25	48.48	45.28	7.45	52.03	31.57	8.03	0.02
10.03	4.82	23.49	21.91	3.54	17.31	9.45		0.02
18.48	7.04	60.00	58.23	16.82	38.37	21.41		0.57
33.85	17.07	112.96	106.13	16.07	59.66	45.57	1.17	

1-B-17 续表

地　区	法人资本	个人资本	港澳台资本	外商资本	营业收入	营业成本	销售费用
总　计	**305.36**	**337.08**	**103.56**	**147.88**	**5306.23**	**4751.57**	**86.50**
苏　南	174.78	184.20	60.84	105.11	2681.90	2426.05	38.48
苏　中	63.77	79.43	20.12	38.05	1591.18	1399.23	30.18
苏　北	66.81	73.45	22.60	4.73	1033.15	926.30	17.84
南　京	2.50	0.72	0.13	9.21	33.63	29.04	0.97
无　锡	60.17	43.65	22.52	29.39	815.35	742.29	8.98
徐　州	8.56	12.46	6.19	0.50	166.69	150.61	2.45
常　州	23.73	21.21	7.58	5.03	403.19	361.25	5.83
苏　州	83.68	115.13	30.47	60.38	1377.49	1247.30	20.94
南　通	52.43	58.68	14.27	31.62	1254.11	1099.87	23.86
连云港	0.46	0.74	4.42	1.05	15.53	14.14	0.32
淮　安	8.52	10.27	3.96	0.46	171.08	157.33	2.88
盐　城	27.96	30.65	5.42	1.57	457.02	403.40	10.14
扬　州	5.64	11.53	1.35	4.99	162.53	140.30	3.51
镇　江	4.70	3.49	0.14	1.10	52.24	46.17	1.75
泰　州	5.69	9.22	4.49	1.44	174.55	159.06	2.81
宿　迁	21.32	19.33	2.61	1.15	222.84	200.82	2.05

单位：亿元

管理费用	财务费用	利息收入	利息支出	投资收益（损失以“-”号记）	营业利润	利润总额	亏损企业亏损额	平均用工人数（人）
173.49	**56.12**	**2.89**	**57.30**	**13.13**	**231.90**	**240.70**	**14.55**	**628376**
98.07	35.05	2.27	33.66	9.12	89.07	94.81	8.85	324720
46.82	9.96	0.59	14.12	3.83	99.10	99.89	2.86	156175
28.60	11.11	0.03	9.51	0.18	43.73	46.01	2.84	147481
1.59	0.45	0.06	0.45	0.01	1.35	1.33	0.19	5827
27.33	13.42	0.56	13.27	5.87	31.00	32.48	1.35	89588
4.07	1.43	0.03	1.23		7.67	8.20	0.42	29934
14.62	2.88	0.30	2.86	1.77	19.35	19.19	1.59	36815
51.86	17.86	1.32	16.70	1.51	36.33	40.69	5.57	182299
35.05	7.73	0.39	11.88	3.47	84.52	85.17	1.40	115798
0.65	0.08		0.05		0.27	0.36	0.08	4015
3.72	0.92	0.04	0.74	0.01	5.40	5.68	0.73	22032
15.64	6.39	0.05	5.44	0.07	18.09	18.73	1.22	61507
6.38	0.92	0.03	0.96	0.19	9.25	9.41	0.63	24056
2.66	0.43	0.03	0.38	-0.04	1.05	1.13	0.15	10191
5.39	1.30	0.17	1.28	0.17	5.33	5.31	0.83	16321
4.51	2.29	-0.09	2.05	0.10	12.30	13.04	0.39	29993

1-B-18 按地区分组的规模以上纺织

地区	企业单位数（个）	资产总计	固定资产净额	固定资产原价	累计折旧	流动资产合计	应收账款
总计	**1942**	**1999.63**	**427.17**	**792.19**	**356.62**	**1196.06**	**304.70**
苏南	928	1373.77	239.43	423.82	181.89	871.43	212.00
苏中	534	345.67	81.35	175.77	92.46	200.29	54.73
苏北	480	280.18	106.39	192.61	82.27	124.34	37.98
南京	120	245.28	30.24	50.71	20.10	138.32	40.40
无锡	263	603.82	117.73	178.37	59.61	370.05	45.72
徐州	78	38.28	10.95	18.61	7.29	16.27	3.77
常州	126	124.46	28.18	56.61	28.23	74.23	28.64
苏州	352	344.79	49.75	108.12	58.22	255.98	90.57
南通	340	173.20	51.57	92.43	39.07	93.87	26.19
连云港	46	20.73	4.82	7.30	2.19	12.07	4.40
淮安	126	55.16	24.80	43.23	17.50	23.57	7.17
盐城	131	86.95	38.59	81.83	42.31	35.49	10.21
扬州	119	113.58	25.05	72.90	47.69	68.62	18.16
镇江	67	55.41	13.52	30.01	15.73	32.85	6.66
泰州	75	58.89	4.73	10.43	5.69	37.80	10.38
宿迁	99	79.07	27.23	41.64	12.99	36.93	12.43

服装、服饰业工业企业主要经济指标

单位：亿元

存货	#产成品	负债合计	流动负债合计	#应付账款	所有者权益合计	实收资本	国家资本	集体资本
326.63	**150.41**	**1077.01**	**943.12**	**277.41**	**922.62**	**378.88**	**6.78**	**21.54**
248.92	119.24	777.38	666.84	222.00	596.39	242.36	6.20	18.54
42.16	15.06	179.25	169.50	29.26	166.42	60.33	0.10	1.89
35.55	16.12	120.38	106.78	26.14	159.81	76.20	0.49	1.10
21.36	11.31	143.97	125.72	18.08	101.31	44.90	5.33	0.22
135.86	62.60	324.38	239.82	113.96	279.43	95.68	0.48	16.07
4.68	3.00	12.18	9.74	2.06	26.10	8.17		0.01
16.70	4.97	62.28	59.87	23.40	62.19	25.74	0.23	0.13
68.89	37.44	214.49	210.29	60.53	130.30	68.36	0.02	2.12
20.97	6.83	76.08	70.50	15.41	97.12	33.71	0.06	0.20
2.27	0.78	8.39	7.60	1.68	12.34	4.29		
5.47	2.44	23.28	20.39	4.78	31.88	20.61		0.04
12.04	6.82	45.35	40.22	10.76	41.61	20.03	0.49	0.74
9.15	4.17	59.06	56.59	5.20	54.52	17.56	0.04	1.67
6.11	2.92	32.26	31.14	6.03	23.15	7.67	0.13	
12.04	4.07	44.12	42.41	8.66	14.78	9.06		0.03
11.08	3.08	31.18	28.83	6.86	47.89	23.09		0.31

1-B-18 续表

地　区					营业收入	营业成本	销售费用
	法人资本	个人资本	港澳台资本	外商资本			
总　计	**116.82**	**144.79**	**42.01**	**46.94**	**2858.86**	**2435.55**	**95.16**
苏　南	74.99	97.03	17.51	28.09	1740.78	1462.94	69.42
苏　中	20.68	20.36	7.69	9.61	584.47	509.62	11.61
苏　北	21.15	27.40	16.82	9.24	533.60	462.99	14.12
南　京	27.93	6.82	1.66	2.95	229.22	189.30	10.43
无　锡	10.80	62.29	2.90	3.14	801.01	669.81	28.71
徐　州	1.42	2.98	2.60	1.17	59.87	51.53	1.84
常　州	13.13	2.34	5.73	4.17	220.19	188.90	4.39
苏　州	20.78	22.18	6.89	16.37	420.14	355.29	24.13
南　通	11.88	11.86	4.57	5.15	413.00	360.70	6.93
连云港	0.78	1.67	1.11	0.73	29.41	25.68	0.50
淮　安	4.42	9.86	3.60	2.70	211.65	187.38	4.01
盐　城	2.43	6.79	8.19	1.39	131.33	109.80	6.57
扬　州	6.94	6.07	1.80	1.05	106.59	92.78	2.41
镇　江	2.34	3.41	0.33	1.47	70.22	59.64	1.76
泰　州	1.87	2.44	1.31	3.41	64.88	56.14	2.28
宿　迁	12.11	6.10	1.32	3.25	101.36	88.61	1.20

单位：亿元

管理费用	财务费用			投资收益（损失以“-”号记）	营业利润	利润总额	亏损企业亏损额	平均用工人数（人）
		利息收入	利息支出					
134.73	**16.70**	**1.76**	**16.94**	**4.14**	**161.82**	**164.33**	**8.57**	**515409**
90.89	9.94	1.49	11.34	3.97	100.00	101.55	5.73	276772
22.63	2.97	0.15	2.81	0.08	33.72	33.90	1.55	113120
21.21	3.80	0.12	2.79	0.09	28.09	28.89	1.29	125517
15.35	2.56	0.32	2.95	0.26	10.87	10.58	0.70	34220
32.36	3.35	0.47	3.80	2.29	62.19	63.40	0.40	86231
2.01	0.19	0.08	0.20		3.83	3.86	0.23	12690
13.95	0.54	0.07	0.74	0.59	11.66	12.29	1.28	48482
24.17	2.66	0.57	3.27	0.73	12.12	12.40	3.27	91624
15.19	1.48	0.05	1.57	0.06	26.39	26.21	0.50	64484
1.05	0.09		0.04	0.08	1.99	2.09	0.07	10727
7.92	1.55		0.90		9.80	9.86	0.28	32896
6.14	1.39	0.01	1.22		6.39	6.51	0.35	28245
3.95	0.96	0.05	0.77	0.02	5.45	5.72	0.33	32403
5.06	0.82	0.06	0.58	0.10	3.17	2.87	0.09	16215
3.49	0.53	0.04	0.46		1.88	1.97	0.72	16233
4.10	0.57	0.02	0.43	0.01	6.08	6.57	0.36	40959

1-B-19 按地区分组的规模以上皮革、毛皮、

地区	企业单位数（个）	资产总计	固定资产净额	固定资产原价	累计折旧	流动资产合计	应收账款
总计	**457**	**263.79**	**60.66**	**117.92**	**56.34**	**176.43**	**64.70**
苏南	128	66.97	10.39	23.93	13.44	49.92	19.61
苏中	188	114.81	29.84	58.54	28.36	71.07	23.29
苏北	141	82.01	20.42	35.45	14.54	55.44	21.80
南京	17	14.33	1.59	3.82	2.21	11.40	6.53
无锡	9	3.50	0.94	1.88	0.94	2.12	0.53
徐州	14	20.12	2.96	4.97	2.01	15.94	9.07
常州	21	7.60	1.94	4.18	2.17	4.83	0.71
苏州	51	33.70	5.16	12.44	7.27	25.23	9.13
南通	55	31.62	12.52	19.90	7.33	17.01	4.56
连云港	13	9.54	2.36	3.14	0.77	6.48	1.55
淮安	73	24.83	8.60	15.62	6.68	14.16	5.41
盐城	21	17.76	4.89	9.18	4.20	11.67	4.85
扬州	123	76.60	16.33	37.31	20.70	49.11	16.01
镇江	30	7.84	0.76	1.61	0.85	6.33	2.72
泰州	10	6.59	0.99	1.33	0.34	4.96	2.72
宿迁	20	9.76	1.62	2.54	0.88	7.18	0.92

羽毛及其制品和制鞋业工业企业主要经济指标

单位：亿元

存货	#产成品	负债合计	流动负债合计	#应付账款	所有者权益合计	实收资本	国家资本	集体资本
49.82	**17.59**	**139.52**	**135.19**	**36.40**	**124.27**	**62.00**	**0.10**	**0.65**
13.13	4.43	35.58	34.43	9.62	31.40	19.57	0.10	0.45
22.23	6.96	64.27	62.87	18.38	50.54	20.37		0.21
14.46	6.20	39.67	37.89	8.40	42.34	22.07		
2.61	0.32	5.84	5.49	2.03	8.49	3.41		0.02
0.81	0.51	2.42	2.42	0.60	1.08	0.86		0.43
2.73	0.79	5.52	5.39	2.78	14.60	5.26		
1.85	0.76	5.92	5.90	1.37	1.68	2.35	0.10	
6.57	2.42	15.75	15.05	4.05	17.95	11.34		
4.80	1.26	14.93	14.05	2.37	16.69	6.45		0.05
2.92	1.21	7.49	7.46	2.02	2.05	1.69		
3.63	1.71	12.64	11.52	1.64	12.18	7.33		
3.29	0.98	8.07	7.88	1.29	9.69	5.34		
16.31	5.53	43.95	43.46	15.58	32.66	13.40		0.16
1.29	0.41	5.64	5.56	1.56	2.21	1.62		
1.12	0.17	5.39	5.35	0.43	1.19	0.52		
1.90	1.50	5.95	5.65	0.66	3.81	2.45		

1-B-19 续表

地 区	法人资本	个人资本	港澳台资本	外商资本	营业收入	营业成本	销售费用
总 计	**14.11**	**21.22**	**12.98**	**12.94**	**533.40**	**467.72**	**12.14**
苏 南	4.17	3.32	3.94	7.60	95.45	84.85	2.66
苏 中	2.02	9.70	4.83	3.61	250.44	217.75	5.97
苏 北	7.92	8.20	4.22	1.73	187.51	165.12	3.51
南 京	0.76	0.18	1.01	1.44	25.54	21.92	0.42
无 锡	0.05	0.25		0.13	5.19	4.71	0.06
徐 州	1.16	0.22	3.83	0.06	20.15	17.27	0.35
常 州	1.16	0.60		0.48	11.15	9.89	0.25
苏 州	1.93	1.60	2.45	5.36	42.87	38.96	1.59
南 通	0.90	3.19		2.31	69.62	60.73	1.31
连 云 港		1.32		0.37	8.38	7.87	0.06
淮 安	1.70	3.96	0.39	1.28	107.17	95.17	2.35
盐 城	3.90	1.41		0.03	36.20	31.70	0.55
扬 州	1.04	6.08	4.83	1.30	156.88	135.10	4.14
镇 江	0.26	0.69	0.48	0.19	10.70	9.37	0.34
泰 州	0.09	0.43			23.94	21.91	0.52
宿 迁	1.15	1.29			15.62	13.11	0.19

单位：亿元

管理费用	财务费用			投资收益（损失以“-”号记）	营业利润	利润总额	亏损企业亏损额	平均用工人数（人）
		利息收入	利息支出					
18.74	**2.92**	**0.14**	**2.38**	**0.09**	**28.77**	**29.72**	**1.80**	**85296**
5.10	0.40	0.02	0.54	0.11	1.93	2.76	0.81	22457
7.77	1.47	0.02	1.22		16.00	15.83	0.48	41231
5.87	1.05	0.09	0.62	-0.03	10.84	11.13	0.51	21608
1.14			0.10	0.08	1.96	1.97		3445
0.27	0.04		0.04		0.08	0.08		1111
0.59		0.08	0.04	-0.03	2.00	2.25	0.39	3720
0.87	0.05		0.02		0.03	0.03	0.15	3892
2.25	0.25	0.02	0.32	0.04	-0.40	0.40	0.61	10512
1.77	0.37	0.01	0.37		4.99	5.00	0.03	9265
0.22	0.10		0.06		0.07	0.08		1644
3.50	0.65		0.30		4.70	4.73	0.04	9386
1.23	0.22		0.18		2.31	2.32	0.02	4289
5.72	1.10	0.01	0.84		9.87	9.69	0.45	29145
0.57	0.07		0.06		0.26	0.27	0.05	3497
0.28					1.14	1.14		2821
0.32	0.08		0.04		1.76	1.76	0.07	2569

1-B-20 按地区分组的规模以上木材加工和木、

地区	企业单位数（个）	资产总计	固定资产净额	固定资产原价	累计折旧	流动资产合计	应收账款
总计	**965**	**603.64**	**154.07**	**272.78**	**111.31**	**350.69**	**97.25**
苏南	179	268.36	42.58	89.43	46.62	181.37	54.23
苏中	49	50.21	11.83	18.67	6.83	33.57	6.53
苏北	737	285.07	99.67	164.67	57.86	135.75	36.49
南京	10	4.28	0.83	1.59	0.76	2.97	1.42
无锡	15	16.76	2.80	4.19	1.39	13.03	5.54
徐州	285	117.25	45.92	77.88	27.91	47.73	14.84
常州	87	58.09	13.68	22.94	9.26	38.16	13.37
苏州	50	99.79	8.12	14.52	6.40	65.34	16.29
南通	16	8.30	1.69	3.34	1.65	5.39	1.99
连云港	34	17.81	5.79	8.41	2.58	8.55	2.81
淮安	92	38.39	13.47	21.81	8.23	20.37	4.74
盐城	30	10.63	3.52	5.71	2.12	5.95	1.58
扬州	20	10.82	3.55	6.34	2.79	5.30	1.28
镇江	17	89.44	17.15	46.19	28.81	61.87	17.62
泰州	13	31.09	6.59	8.99	2.40	22.87	3.26
宿迁	296	100.99	30.96	50.87	17.01	53.14	12.52

竹、藤、棕、草制品业工业企业主要经济指标

单位：亿元

存货	#产成品	负债合计	流动负债合计	#应付账款	所有者权益合计	实收资本	国家资本	集体资本
91.05	**43.72**	**314.13**	**283.22**	**58.34**	**289.51**	**149.20**	**2.15**	**0.53**
44.35	20.85	156.00	146.30	36.16	112.37	58.60	0.03	
7.17	4.41	31.58	29.62	5.07	18.63	13.85	1.96	
39.53	18.45	126.56	107.30	17.11	158.51	76.75	0.17	0.52
0.66	0.26	2.73	2.72	0.63	1.56	0.76		
5.33	1.71	9.84	8.93	2.73	6.92	3.24		
16.32	7.54	45.23	39.18	5.27	72.02	26.98		0.04
14.06	5.41	31.83	30.92	7.38	26.26	12.03		
14.62	7.00	54.47	47.65	10.61	45.32	28.97	0.03	
1.33	0.62	4.51	3.85	0.84	3.79	2.53		
2.82	1.32	9.70	9.34	0.67	8.11	6.77		
5.39	2.64	19.19	15.88	1.26	19.20	9.35	0.14	0.48
2.69	1.26	6.84	6.29	0.80	3.78	2.72		0.01
2.42	0.96	5.53	5.32	0.72	5.29	2.03		
9.68	6.48	57.13	56.07	14.80	32.31	13.59		
3.41	2.83	21.54	20.45	3.52	9.55	9.29	1.96	
12.32	5.69	45.59	36.60	9.11	55.40	30.94	0.03	

1-B-20　续表

地　　区					营业收入	营业成本	销售费用
	法人资本	个人资本	港澳台资本	外商资本			
总　计	**42.97**	**82.83**	**5.72**	**15.00**	**861.92**	**749.69**	**19.85**
苏　南	18.71	27.18	2.29	10.39	255.05	212.12	10.91
苏　中	4.19	5.23	1.49	0.98	73.98	66.41	1.87
苏　北	20.06	50.41	1.94	3.63	532.89	471.16	7.07
南　京	0.42	0.35			9.05	7.55	0.43
无　锡	1.38	1.49		0.38	19.52	16.38	0.94
徐　州	8.41	17.93	0.08	0.52	204.05	182.92	2.75
常　州	1.39	9.88		0.76	105.79	90.21	4.75
苏　州	9.52	10.71	2.18	6.53	54.91	46.04	2.80
南　通	0.05	1.27	0.23	0.98	14.96	13.14	0.24
连云港	0.82	5.66	0.29		20.75	18.77	0.28
淮　安	1.97	3.81	1.56	1.39	107.32	96.56	1.68
盐　城	0.12	1.66	0.01	0.92	18.93	17.88	0.25
扬　州	0.54	1.49			27.45	24.60	0.42
镇　江	6.00	4.76	0.10	2.73	65.78	51.94	1.99
泰　州	3.60	2.47	1.26		31.56	28.66	1.22
宿　迁	8.74	21.36		0.80	181.84	155.03	2.11

单位：亿元

管理费用	财务费用			投资收益（损失以“-”号记）	营业利润	利润总额	亏损企业亏损额	平均用工人数（人）
		利息收入	利息支出					
22.91	**7.35**	**0.20**	**5.87**	**0.12**	**56.88**	**57.90**	**3.90**	**91947**
12.04	3.42	0.16	3.33	0.04	14.67	14.85	2.53	23792
1.90	0.82	0.01	0.70	0.01	2.72	2.76	0.32	5620
8.97	3.11	0.02	1.83	0.07	39.49	40.29	1.06	62535
0.61	0.07		0.05		0.37	0.38		851
0.98	0.10	0.03	0.09	0.02	1.05	1.05	0.21	1898
3.11	1.41	0.01	0.88		12.72	12.83	0.29	26213
3.65	0.51		0.26	0.01	6.16	6.26	0.04	9218
3.04	2.09	0.10	2.06	0.36	0.73	0.74	2.03	6525
0.68	0.11		0.10		0.71	0.72	0.01	1506
0.53	0.11		0.09		0.92	1.00	0.10	4104
1.90	0.53	0.01	0.22		6.08	6.23	0.09	6500
0.51	0.12		0.08		0.08	0.11	0.39	1820
0.54	0.22		0.18	0.01	1.59	1.60	0.05	2683
3.76	0.65	0.03	0.88	-0.35	6.37	6.42	0.24	5300
0.68	0.50	0.01	0.41		0.43	0.45	0.26	1431
2.93	0.93	0.01	0.56	0.07	19.70	20.12	0.19	23898

1-B-21 按地区分组的规模以上家具

地区	企业单位数（个）	资产总计	固定资产净额	固定资产原价	累计折旧	流动资产合计	应收账款
总计	**319**	**302.09**	**81.53**	**122.29**	**39.55**	**173.83**	**47.04**
苏南	134	164.71	43.21	63.67	20.45	96.83	27.08
苏中	97	92.29	19.89	29.75	9.60	56.80	15.23
苏北	88	45.09	18.42	28.88	9.50	20.20	4.74
南京	19	28.96	8.68	11.28	2.58	11.45	3.52
无锡	17	33.65	13.24	15.58	2.35	14.88	1.70
徐州	42	14.72	6.13	11.76	5.43	6.76	1.03
常州	17	10.16	2.14	3.21	1.08	6.79	2.51
苏州	76	83.03	18.93	33.08	14.15	55.10	19.33
南通	72	58.49	14.62	21.67	6.91	35.48	7.14
连云港	9	3.87	1.11	2.35	0.62	1.62	0.41
淮安	8	4.38	1.24	1.61	0.36	2.92	1.49
盐城	10	4.72	1.14	2.06	0.89	2.75	0.95
扬州	10	16.40	2.08	3.08	0.87	8.66	3.80
镇江	5	8.91	0.23	0.52	0.29	8.60	0.02
泰州	15	17.41	3.19	5.00	1.81	12.65	4.29
宿迁	19	17.40	8.80	11.11	2.20	6.15	0.85

制造业工业企业主要经济指标

单位：亿元

存货	#产成品	负债合计	流动负债合计	#应付账款	所有者权益合计	实收资本	国家资本	集体资本
48.98	**19.89**	**153.92**	**146.58**	**36.84**	**148.17**	**87.78**		**0.37**
23.54	9.68	91.27	88.86	21.40	73.45	48.93		0.34
17.73	7.09	40.23	37.07	10.72	52.06	25.70		0.01
7.71	3.12	22.42	20.64	4.72	22.67	13.14		0.02
2.40	1.04	9.15	8.47	2.02	19.80	12.37		
3.40	1.35	27.34	26.67	3.78	6.31	3.35		0.19
2.96	1.19	6.09	4.88	0.74	8.62	2.92		0.02
1.52	0.67	4.04	4.04	1.90	6.12	4.87		
15.37	6.34	42.30	41.24	12.72	40.73	27.32		0.15
13.39	5.28	26.81	23.87	5.12	31.68	20.11		
0.43	0.36	2.38	2.38	0.23	1.48	1.38		
0.76	0.21	2.02	1.95	0.76	2.36	2.06		
0.83	0.32	2.43	2.42	0.71	2.29	0.91		
3.10	1.25	6.58	6.55	2.18	9.82	3.08		
0.86	0.29	8.43	8.43	0.99	0.48	1.01		
1.23	0.57	6.85	6.65	3.42	10.56	2.51		0.01
2.72	1.03	9.49	9.00	2.28	7.91	5.88		

1-B-21 续表

地区	法人资本	个人资本	港澳台资本	外商资本	营业收入	营业成本	销售费用
总计	**39.08**	**24.25**	**6.98**	**17.09**	**339.01**	**282.78**	**13.67**
苏南	23.69	11.00	6.06	7.84	164.90	135.77	8.73
苏中	8.99	8.71		7.99	104.85	88.32	2.89
苏北	6.40	4.54	0.92	1.26	69.26	58.69	2.05
南京	7.72	3.81	0.18	0.66	21.64	16.92	1.29
无锡	0.77	1.58	0.05	0.75	26.29	21.24	0.47
徐州	0.57	2.29	0.03		22.51	19.87	0.63
常州	3.72	0.59	0.56		13.43	11.18	0.51
苏州	10.75	4.74	5.27	6.42	99.14	82.87	6.21
南通	7.30	6.39		6.42	60.39	51.79	1.49
连云港	0.68	0.30		0.39	5.61	5.02	0.10
淮安	0.35	0.01	0.89	0.80	10.39	9.30	0.33
盐城	0.30	0.55		0.06	11.44	8.78	0.50
扬州	1.54	1.05		0.49	16.42	13.15	0.79
镇江	0.73	0.28			4.40	3.56	0.25
泰州	0.16	1.27		1.08	28.04	23.38	0.60
宿迁	4.49	1.39			19.30	15.71	0.50

单位：亿元

管理费用	财务费用			投资收益（损失以“-”号记）	营业利润	利润总额	亏损企业亏损额	平均用工人数（人）
		利息收入	利息支出					
21.35	**2.18**	**0.18**	**2.12**	**0.25**	**17.31**	**17.11**	**2.64**	**63955**
12.37	0.77	0.07	0.83	0.14	6.71	6.63	1.73	34828
6.00	0.60	0.10	0.64	0.07	6.29	6.08	0.46	17137
2.98	0.81	0.01	0.65	0.04	4.31	4.39	0.46	11990
2.05	0.12	0.02	0.13	0.08	1.12	1.16	0.21	4541
2.41	0.11	0.01	0.08		1.95	1.99	0.06	6357
0.60	0.16	0.01	0.08		1.13	1.13	0.02	4477
1.13	0.03				0.54	0.56	0.02	2216
6.41	0.39	0.06	0.42	0.06	3.03	2.84	1.28	20718
3.61	0.52	0.10	0.53	0.07	2.68	2.72	0.44	11182
0.23	0.03		0.02		0.19	0.19		697
0.33	0.04		0.03		0.33	0.33	0.01	1715
0.96	0.45		0.41		0.65	0.65		1468
1.30	0.07		0.08		1.02	1.05	0.02	2218
0.37	0.12	-0.01	0.20		0.08	0.08	0.15	996
1.08	0.01		0.03		2.59	2.31		3737
0.86	0.14		0.11	0.04	2.01	2.10	0.42	3633

1-B-22 按地区分组的规模以上造纸

地区	企业单位数（个）	资产总计	固定资产净额	固定资产原价	累计折旧	流动资产合计	应收账款
总计	**548**	**1743.49**	**508.19**	**1079.06**	**535.87**	**864.11**	**262.56**
苏南	331	1361.12	365.31	820.61	452.66	722.38	224.69
苏中	86	170.37	62.34	133.49	40.63	61.96	16.17
苏北	131	212.00	80.54	124.95	42.58	79.77	21.70
南京	26	38.87	14.48	23.46	8.56	21.36	13.74
无锡	44	67.23	27.08	43.22	16.14	30.56	11.97
徐州	20	9.47	3.96	8.63	4.45	4.18	1.35
常州	51	26.62	7.73	14.74	6.97	17.30	6.93
苏州	174	850.09	223.18	522.66	298.35	497.44	123.89
南通	44	100.19	28.52	79.29	20.31	28.89	6.84
连云港	9	4.52	0.58	1.12	0.55	2.89	0.37
淮安	38	27.54	11.48	21.30	9.14	10.03	3.68
盐城	38	141.84	54.88	80.91	25.60	46.38	9.61
扬州	19	53.47	28.99	45.27	16.23	22.61	5.24
镇江	36	378.32	92.84	216.53	122.65	155.72	68.16
泰州	23	16.72	4.83	8.92	4.09	10.47	4.09
宿迁	26	28.64	9.65	12.98	2.84	16.29	6.69

和纸制品业工业企业主要经济指标

单位：亿元

存货	#产成品	负债合计	流动负债合计	#应付账款	所有者权益合计	实收资本	国家资本	集体资本
144.72	**57.70**	**934.17**	**748.15**	**179.93**	**809.32**	**674.00**	**20.77**	**0.52**
105.75	42.08	664.73	580.67	147.85	696.39	525.98	12.07	0.49
15.02	4.17	128.79	72.95	13.67	41.58	97.70	7.01	
23.96	11.45	140.64	94.53	18.41	71.36	50.32	1.68	0.03
3.67	1.36	16.98	12.48	7.86	21.89	10.39		0.20
6.97	3.24	33.76	29.66	7.08	33.47	22.17		0.17
1.18	0.56	6.71	6.33	2.12	2.76	2.52		
4.30	1.51	16.61	16.31	3.69	10.01	6.51		
73.93	28.80	418.49	381.82	89.28	431.60	313.08	8.74	0.09
8.04	2.15	78.28	28.18	5.86	21.91	71.23	7.01	
0.98	0.70	2.53	2.35	0.18	1.99	1.17		0.01
2.52	0.89	17.82	15.76	2.54	9.72	7.38		0.01
15.44	7.40	95.85	52.68	10.19	45.99	34.22	1.68	
4.60	1.13	41.57	36.17	5.98	11.90	21.29		
16.87	7.17	178.90	140.40	39.94	199.42	173.83	3.34	0.03
2.38	0.88	8.94	8.60	1.83	7.78	5.18		
3.83	1.89	17.74	17.42	3.37	10.90	5.03		0.02

1-B-22 续表

地区					营业收入	营业成本	销售费用
	法人资本	个人资本	港澳台资本	外商资本			
总计	**212.98**	**58.99**	**70.63**	**310.12**	**1469.84**	**1233.94**	**56.34**
苏南	181.16	35.38	66.13	230.74	1050.96	868.73	45.79
苏中	3.24	6.52	3.52	77.40	155.43	133.16	4.66
苏北	28.57	17.08	0.98	1.98	263.45	232.05	5.88
南京	1.15	0.86	5.26	2.92	37.23	32.09	0.47
无锡	0.79	4.13	12.29	4.79	83.12	75.63	1.71
徐州	1.15	1.37			22.76	22.67	0.07
常州	0.66	4.43	0.77	0.64	37.44	33.57	0.79
苏州	172.84	9.47	42.81	79.13	737.01	595.47	36.59
南通	1.12	2.88	0.29	59.93	73.47	59.34	2.07
连云港	0.88	0.28			4.50	3.98	0.14
淮安	1.36	5.13	0.51	0.37	60.54	53.55	1.49
盐城	22.35	8.12	0.47	1.61	121.50	107.43	3.18
扬州	0.86	1.26	1.85	17.31	51.67	48.74	1.40
镇江	5.72	16.49	5.00	143.25	156.15	131.97	6.24
泰州	1.26	2.38	1.38	0.16	30.30	25.08	1.20
宿迁	2.82	2.19			54.14	44.42	1.00

单位：亿元

管理费用	财务费用			投资收益（损失以"-"号记）	营业利润	利润总额	亏损企业亏损额	平均用工人数（人）
		利息收入	利息支出					
61.12	**26.42**	**2.70**	**24.28**	**2.55**	**100.33**	**103.40**	**11.35**	**87924**
49.23	14.31	2.42	16.21	2.52	83.78	83.72	5.16	59585
5.47	6.93	0.12	4.01	0.01	4.42	5.29	2.45	11204
6.42	5.19	0.15	4.07	0.03	12.13	14.39	3.74	17135
2.05	0.31	0.15	0.23		1.97	2.04	0.04	2591
3.87	0.58	0.02	0.47		1.14	1.06	1.10	5242
0.16	0.23		0.20		-0.39	-0.30	0.71	1541
1.65	0.41	0.01	0.40		0.88	0.81	0.31	3651
37.63	7.57	1.88	8.98	3.05	63.57	63.52	3.13	39720
2.20	5.02	0.02	2.55		4.30	4.86	0.06	4368
0.18	0.03	0.01	0.03		0.13	0.14		957
1.45	0.81		0.59	0.01	2.82	3.13	0.47	3865
3.53	3.80	0.10	2.97	0.02	2.70	3.42	2.55	6833
1.48	1.41	0.09	1.00		-1.36	-1.03	2.39	4276
4.03	5.43	0.37	6.13	-0.53	16.22	16.29	0.57	8381
1.80	0.50	0.01	0.46		1.48	1.46		2560
1.10	0.33	0.05	0.28		6.88	8.00		3939

1-B-23　按地区分组的规模以上印刷和

地　区	企　业 单位数 （个）	资产总计	固定资产 净　额	固定资产 原　价	累计折旧	流动资产 合　计	应收账款
总　计	**633**	**665.78**	**187.04**	**404.35**	**211.24**	**389.36**	**152.28**
苏　南	411	500.93	137.32	301.93	160.66	301.22	123.23
苏　中	72	48.99	16.56	32.35	15.43	24.50	9.96
苏　北	150	115.86	33.16	70.07	35.16	63.64	19.09
南　京	55	57.32	18.93	40.71	21.77	30.88	10.79
无　锡	127	128.49	34.59	74.59	38.60	81.17	32.42
徐　州	23	20.66	6.38	13.05	6.67	12.26	4.67
常　州	45	32.61	8.55	18.02	9.47	21.16	7.48
苏　州	158	242.52	67.10	149.11	79.48	140.56	66.22
南　通	38	26.74	8.44	12.94	4.32	13.13	5.59
连云港	18	7.68	1.22	2.08	0.86	5.20	1.56
淮　安	42	34.81	13.63	27.03	12.71	17.11	5.15
盐　城	14	5.46	1.69	4.11	2.35	2.00	0.92
扬　州	17	13.12	5.41	14.21	8.68	6.55	2.05
镇　江	26	39.99	8.14	19.50	11.34	27.46	6.33
泰　州	17	9.13	2.71	5.20	2.43	4.83	2.32
宿　迁	53	47.24	10.24	23.80	12.56	27.07	6.79

记录媒介复制业工业企业主要经济指标

单位：亿元

存货	#产成品	负债合计	流动负债合计	#应付账款	所有者权益合计	实收资本	国家资本	集体资本
73.07	**33.00**	**342.47**	**319.00**	**78.86**	**323.31**	**167.43**	**11.65**	**5.30**
54.81	23.95	260.82	243.48	62.46	240.12	126.07	8.88	0.97
5.13	2.11	20.29	18.69	5.71	28.70	10.57	0.40	0.54
13.13	6.95	61.36	56.83	10.69	54.49	30.79	2.37	3.79
7.45	3.16	28.39	27.46	7.28	28.93	19.83	8.35	
14.63	6.29	67.24	64.38	17.15	61.26	32.92		0.04
2.59	1.31	11.81	10.44	1.34	8.85	3.27	0.21	0.49
4.14	1.78	17.71	17.03	2.89	14.90	7.01	0.50	
23.88	11.09	119.95	108.82	30.44	122.57	60.12		0.93
2.48	0.84	10.49	9.88	3.31	16.25	5.11		0.54
1.30	0.66	5.25	4.31	0.29	2.43	1.46		0.03
3.92	2.16	15.66	14.49	3.83	19.15	11.83	0.11	0.58
0.44	0.19	2.30	2.03	0.60	3.16	0.86		0.22
1.58	0.74	6.20	5.59	1.60	6.92	2.52	0.35	
4.72	1.62	27.53	25.78	4.70	12.46	6.19	0.03	
1.07	0.52	3.60	3.22	0.80	5.53	2.94	0.05	
4.89	2.61	26.35	25.57	4.64	20.89	13.36	2.05	2.47

1-B-23　续表

地　区					营业收入	营业成本	销售费用
	法人资本	个人资本	港澳台资本	外商资本			
总　计	**59.88**	**50.87**	**14.27**	**25.46**	**755.35**	**622.63**	**23.68**
苏　南	48.03	30.40	12.62	25.17	515.53	421.30	18.63
苏　中	3.17	6.29	0.17		90.64	75.59	1.71
苏　北	8.68	14.18	1.48	0.29	149.18	125.74	3.33
南　京	4.82	3.68	1.24	1.74	62.76	53.88	1.51
无　锡	11.81	11.92	2.98	6.17	148.92	123.14	4.01
徐　州	1.27	1.03	0.26		14.90	11.62	0.36
常　州	3.12	2.20	1.06	0.13	34.98	28.92	0.98
苏　州	23.45	11.27	7.34	17.12	234.47	187.42	10.88
南　通	1.43	2.97	0.17		37.95	32.34	0.63
连云港	0.59	0.42	0.42		5.35	4.83	0.13
淮　安	3.81	6.37	0.80	0.15	69.01	57.10	1.97
盐　城	0.08	0.57			9.30	7.50	0.30
扬　州	1.10	1.07			31.76	25.63	0.54
镇　江	4.83	1.34			34.40	27.94	1.25
泰　州	0.64	2.25			20.93	17.62	0.54
宿　迁	2.92	5.79		0.14	50.61	44.69	0.57

单位：亿元

管理费用	财务费用			投资收益（损失以“-”号记）	营业利润	利润总额	亏损企业亏损额	平均用工人数（人）
		利息收入	利息支出					
45.59	**5.58**	**0.14**	**5.83**	**0.81**	**54.56**	**56.37**	**4.17**	**94136**
34.18	3.44	0.06	4.17	0.75	36.19	37.27	3.57	69913
4.26	0.62	0.04	0.51	0.05	7.87	8.33	0.06	7578
7.15	1.51	0.04	1.15	0.01	10.50	10.77	0.54	16645
3.89	0.24	0.09	0.41	0.06	3.24	3.36	0.34	7572
8.71	0.70	-0.34	1.13	0.81	12.55	12.70	0.81	17259
1.26	0.14	0.01	0.04		1.38	1.38	0.11	2572
2.02	0.45	0.02	0.41		2.41	2.47	0.02	4405
17.32	1.27	0.30	1.44	0.21	16.38	16.81	1.83	36912
1.62	0.32	0.01	0.27	0.04	2.91	2.93	0.06	4024
0.27	0.09		0.07				0.06	1195
3.30	0.89	0.02	0.78	0.01	5.32	5.46	0.01	5641
0.63	0.08		0.08		0.69	0.69	0.01	1176
1.54	0.19	0.03	0.14	0.01	3.54	3.60	0.01	2130
2.24	0.79		0.78	-0.33	1.61	1.92	0.57	3765
1.09	0.12		0.09		1.43	1.80		1424
1.69	0.31	0.01	0.17		3.11	3.24	0.34	6061

1-B-24 按地区分组的规模以上文教、工美、

地区	企业单位数（个）	资产总计	固定资产净额	固定资产原价	累计折旧	流动资产合计	应收账款
总计	**1226**	**962.32**	**263.71**	**469.90**	**201.65**	**547.05**	**165.37**
苏南	357	382.49	71.50	151.20	78.89	254.81	68.06
苏中	551	387.77	132.27	212.41	78.16	191.43	61.42
苏北	318	192.06	59.94	106.29	44.59	100.80	35.89
南京	56	38.99	5.83	11.45	5.57	29.37	7.69
无锡	57	32.56	5.87	11.38	5.51	20.15	6.16
徐州	34	24.05	5.63	11.73	5.92	10.09	2.09
常州	100	106.44	23.14	44.86	21.28	69.06	20.97
苏州	123	192.05	34.63	74.60	39.93	127.00	30.74
南通	315	275.64	103.19	156.35	52.12	126.96	40.44
连云港	32	20.23	5.32	9.30	3.76	12.67	5.03
淮安	83	48.82	18.73	31.94	12.35	24.16	10.02
盐城	84	50.87	20.18	37.14	16.72	25.38	8.88
扬州	153	53.80	14.79	28.13	12.58	29.53	10.83
镇江	21	12.46	2.04	8.91	6.60	9.23	2.49
泰州	83	58.33	14.29	27.93	13.46	34.94	10.15
宿迁	85	48.08	10.09	16.17	5.84	28.49	9.87

体育和娱乐用品制造业工业企业主要经济指标

单位：亿元

存货	#产成品	负债合计	流动负债合计	#应付账款	所有者权益合计	实收资本	国家资本	集体资本
159.70	**69.73**	**513.34**	**478.44**	**112.36**	**448.98**	**202.86**	**4.01**	**3.43**
74.19	34.48	211.94	204.12	51.81	170.55	83.57	0.60	1.66
54.85	21.31	207.91	190.85	45.64	179.86	73.36	0.06	1.70
30.66	13.94	93.49	83.46	14.90	98.57	45.93	3.35	0.06
9.33	5.51	25.91	24.72	7.56	13.08	9.74	0.60	0.69
5.42	1.80	16.62	15.63	5.04	15.94	7.24		0.02
1.86	0.83	9.69	9.09	1.01	14.36	2.58		0.03
18.73	6.16	59.66	57.27	10.98	46.79	20.81		0.75
38.78	20.33	103.06	101.49	27.45	88.98	43.53		0.20
35.61	14.59	148.90	136.01	31.06	126.74	47.95	0.06	0.29
2.73	1.25	10.88	8.66	0.54	9.36	4.56		
6.84	3.47	21.63	18.80	3.92	27.19	18.43		
9.22	4.26	25.01	21.60	2.92	25.86	10.15	3.00	0.02
6.61	2.69	27.00	25.86	5.28	26.80	12.86		1.41
1.93	0.67	6.69	5.01	0.79	5.77	2.25		
12.64	4.03	32.01	28.99	9.30	26.32	12.55		
10.01	4.13	26.28	25.31	6.52	21.80	10.21	0.35	0.01

1-B-24 续表

地区	法人资本	个人资本	港澳台资本	外商资本	营业收入	营业成本	销售费用
总计	**40.38**	**84.03**	**30.33**	**40.68**	**1842.09**	**1573.13**	**46.51**
苏南	19.43	24.07	20.94	16.87	561.65	487.44	17.11
苏中	10.04	32.51	7.09	21.95	887.53	752.29	16.90
苏北	10.90	27.45	2.31	1.86	392.91	333.41	12.50
南京	1.96	4.60	1.14	0.74	93.85	85.63	2.35
无锡	1.46	3.53	0.68	1.54	47.43	38.60	1.56
徐州	0.65	1.86		0.04	32.89	28.40	1.10
常州	2.94	9.36	4.49	3.27	163.23	139.85	3.32
苏州	11.65	5.78	14.58	11.32	240.76	209.33	9.41
南通	4.84	18.36	5.88	18.52	601.36	517.72	8.08
连云港	1.49	2.17	0.34	0.56	25.60	22.48	0.78
淮安	3.27	13.97	1.11	0.09	160.48	131.09	6.80
盐城	1.40	5.43	0.20	0.10	107.54	94.70	1.89
扬州	2.24	8.01	0.67	0.53	171.13	142.64	4.83
镇江	1.41	0.79	0.06		16.38	14.02	0.46
泰州	2.96	6.14	0.54	2.90	115.04	91.92	3.99
宿迁	4.10	4.01	0.67	1.07	66.39	56.75	1.93

单位：亿元

管理费用	财务费用	利息收入	利息支出	投资收益（损失以“-”号记）	营业利润	利润总额	亏损企业亏损额	平均用工人数（人）
81.49	**9.38**	**0.52**	**8.69**	**1.87**	**123.46**	**125.07**	**3.68**	**221348**
31.66	2.29	0.18	2.71	1.83	22.16	22.99	2.57	73872
30.25	4.34	0.25	4.04	0.01	78.67	78.56	0.63	97472
19.59	2.74	0.09	1.94	0.03	22.63	23.52	0.48	50004
3.94	0.27	0.04	0.29		1.31	1.52	0.54	9827
3.60	0.10	-0.04	0.20	0.56	3.91	4.28	0.05	7697
1.07	0.28		0.15	0.01	1.98	1.99	0.05	4586
7.25	0.99	0.05	0.95	0.12	10.64	10.51	0.18	17844
16.09	0.73	0.13	1.14	1.13	5.48	6.00	1.64	35392
17.41	3.01	0.11	2.91	0.01	52.06	52.23	0.36	61318
1.18	0.29	0.04	0.25	0.01	0.74	0.76	0.22	6196
10.83	0.65		0.29	-0.01	10.72	11.34	0.03	11388
3.49	1.01	0.02	0.85		5.29	5.30	0.01	13891
6.44	0.66	0.13	0.52		15.46	15.32	0.03	23990
0.78	0.21		0.13	0.02	0.82	0.68	0.15	3112
6.40	0.67	0.01	0.62		11.15	11.02	0.25	12164
3.02	0.51	0.04	0.40	0.02	3.89	4.13	0.17	13943

1-B-25 按地区分组的规模以上石油、煤炭

地区	企业单位数（个）	资产总计	固定资产净额	固定资产原价	累计折旧	流动资产合计	应收账款
总计	**138**	**987.85**	**331.31**	**628.59**	**295.21**	**503.06**	**93.84**
苏南	70	442.73	141.30	338.41	197.12	227.00	49.67
苏中	21	180.03	91.21	115.57	23.75	69.38	5.33
苏北	48	368.98	100.52	177.03	75.05	208.45	38.93
南京	6	262.58	108.08	263.58	155.50	107.34	26.45
无锡	21	50.08	9.10	28.20	19.10	33.39	4.65
徐州	14	255.78	74.58	112.57	37.19	141.56	27.13
常州	9	9.81	1.39	2.99	1.60	7.68	2.42
苏州	23	68.20	15.71	30.69	14.98	44.56	12.80
南通	5	11.18	0.60	0.85	0.25	6.10	1.85
连云港	7	53.77	14.32	29.43	15.11	25.40	1.49
淮安	19	48.79	9.94	29.71	19.13	32.97	9.60
盐城	6	10.50	1.67	5.31	3.63	8.44	0.67
扬州	6	10.65	2.87	7.54	4.67	7.13	0.58
镇江	11	52.06	7.01	12.96	5.94	34.03	3.35
泰州	10	158.21	87.74	107.18	18.83	56.14	2.90
宿迁	2						

及其他燃料加工业工业企业主要经济指标

单位：亿元

存货	#产成品	负债合计	流动负债合计	#应付账款	所有者权益合计	实收资本	国家资本	集体资本
156.97	**56.43**	**577.00**	**481.47**	**181.77**	**410.85**	**229.14**	**95.07**	**2.20**
78.72	17.25	216.17	207.69	60.72	226.56	140.89	75.20	2.20
34.32	13.72	112.50	67.54	32.17	67.54	44.14	15.78	
44.22	25.73	249.75	207.65	88.96	119.23	45.90	4.08	
39.79	3.23	128.14	125.98	41.75	134.44	75.42	65.34	2.20
11.06	5.65	31.16	30.05	3.37	18.92	12.56	3.53	
18.08	10.40	163.04	125.83	45.67	92.74	24.70		
3.03	0.91	3.83	3.47	1.72	5.98	4.84		
13.68	3.72	25.38	21.76	10.68	42.82	38.39	6.34	
3.60	3.31	7.73	7.68	0.03	3.44	2.66		
14.77	8.83	40.31	40.31	23.91	13.46	7.27		
7.87	4.92	40.64	35.84	19.09	8.14	11.73	4.08	
3.49	1.57	5.69	5.60	0.29	4.82	2.19		
1.51	0.40	4.66	4.57	0.39	5.98	2.08	1.29	
11.15	3.75	27.65	26.43	3.20	24.41	9.67		
29.21	10.01	100.10	55.29	31.75	58.11	39.40	14.49	

1-B-25 续表

地区	法人资本	个人资本	港澳台资本	外商资本	营业收入	营业成本	销售费用
总计	**50.28**	**48.51**	**4.24**	**28.84**	**2141.94**	**1755.31**	**16.58**
苏南	17.63	14.95	2.08	28.84	1379.83	1088.37	10.70
苏中	18.67	7.52	2.17		281.96	253.55	1.41
苏北	15.77	26.04			484.85	417.84	4.61
南京	3.53	4.36			1015.04	770.78	2.31
无锡	3.66	3.21	2.08	0.08	160.77	146.51	1.41
徐州	8.05	16.65			190.04	167.56	3.34
常州	0.62	2.03		2.19	14.93	13.05	0.70
苏州	5.66	1.08		25.33	95.12	80.24	1.62
南通	0.17	0.32	2.17		20.57	19.03	0.21
连云港	6.90	0.37			162.97	144.08	0.23
淮安	0.70	6.94			112.54	90.96	0.70
盐城	0.11	2.08			18.56	14.54	0.34
扬州	0.66	0.13			26.84	21.70	0.17
镇江	4.17	4.27		1.24	93.96	77.78	4.67
泰州	17.84	7.07			234.55	212.82	1.04
宿迁							

单位：亿元

管理费用	财务费用	利息收入	利息支出	投资收益（损失以“-”号记）	营业利润	利润总额	亏损企业亏损额	平均用工人数（人）
39.21	**9.35**	**4.07**	**12.53**	**4.25**	**109.37**	**115.26**	**2.02**	**29418**
24.83	1.58	1.22	2.25	3.02	82.29	82.08	0.90	11230
2.93	1.75	0.07	1.77	0.15	9.48	13.76	0.09	4576
11.63	6.02	2.77	8.51	1.11	17.55	19.36	1.10	13756
16.76	-0.35	1.04	0.62	2.68	59.72	59.86		5548
2.44	0.85	0.08	0.79	0.05	7.71	7.32	0.30	2514
7.96	4.99	2.63	7.55	1.10	5.10	6.68	1.05	8813
0.43	0.08	0.01	0.07		0.49	0.51	0.02	580
2.70	0.50	0.08	0.33		7.22	7.22	0.57	1406
0.22	0.03		0.02		1.00	1.03		1237
0.85	0.30	0.08	0.35		5.27	5.33	0.01	1411
2.36	0.49	0.04	0.43		4.28	4.43	0.01	2615
0.45	0.25	0.02	0.18	0.01	2.88	2.89	0.02	868
0.68	-0.04	0.07	0.02	0.04	0.65	0.70		821
2.49	0.50	0.02	0.44	0.29	7.15	7.18	0.01	1182
2.03	1.77		1.73	0.11	7.82	12.03	0.08	2518

1-B-26 按地区分组的规模以上化学原料和

地区	企业单位数（个）	资产总计	固定资产净额	固定资产原价	累计折旧	流动资产合计	应收账款
总计	**2947**	**10171.00**	**3163.58**	**6619.14**	**3368.07**	**5187.20**	**1331.17**
苏南	1527	6368.98	1828.74	4271.67	2387.75	3386.06	931.16
苏中	715	2018.49	613.25	1163.35	540.57	1058.68	271.56
苏北	706	1784.30	721.69	1184.66	440.19	743.01	128.87
南京	176	1849.92	580.92	1469.87	853.19	892.14	174.58
无锡	334	1119.28	289.53	597.78	307.64	642.79	164.86
徐州	110	296.21	100.75	183.55	77.62	127.68	27.41
常州	320	747.37	156.39	564.77	405.22	385.56	111.02
苏州	565	2179.64	641.93	1192.50	545.22	1230.86	432.31
南通	380	997.94	336.39	602.52	259.24	514.85	144.16
连云港	159	561.85	268.02	371.32	100.89	218.32	24.08
淮安	166	312.44	140.56	246.69	103.11	122.09	24.91
盐城	201	526.36	186.75	342.07	144.06	224.26	40.04
扬州	155	454.96	101.91	236.29	133.63	263.41	54.43
镇江	132	472.78	159.96	446.74	276.48	234.71	48.39
泰州	180	565.59	174.94	324.54	147.69	280.42	72.97
宿迁	70	87.44	25.61	41.03	14.50	50.66	12.43

化学制品制造业工业企业主要经济指标

单位：亿元

存货	#产成品	负债合计	流动负债合计	#应付账款	所有者权益合计	实收资本	国家资本	集体资本
1179.79	**472.39**	**4874.60**	**4179.42**	**1032.07**	**5296.40**	**2938.28**	**372.71**	**28.89**
739.67	277.63	2994.64	2594.71	644.89	3374.34	1858.49	316.65	7.93
250.15	112.15	911.92	813.12	204.38	1106.57	566.71	39.84	7.83
190.06	82.70	968.20	771.74	182.89	816.10	513.52	16.22	13.13
221.23	65.23	875.61	711.35	192.48	974.31	673.76	265.35	1.39
154.84	44.62	562.86	513.70	101.68	556.42	133.16	0.76	2.35
27.15	8.98	132.94	102.89	24.48	163.26	58.72	1.63	0.20
76.64	39.49	330.51	303.19	54.68	416.86	234.39	23.76	0.96
233.68	106.84	986.86	857.45	253.12	1192.78	680.27	19.36	3.23
141.34	65.32	460.20	407.88	97.79	537.74	300.35	19.31	6.70
48.90	21.24	348.55	231.58	67.06	213.30	172.16	2.53	7.17
33.97	15.69	160.50	147.65	32.85	151.94	124.92	7.74	2.94
66.15	30.89	280.62	253.20	48.40	245.74	134.20	3.98	2.00
46.70	19.94	167.21	162.55	45.62	287.74	106.42	20.37	1.04
53.28	21.46	238.80	209.01	42.94	233.98	136.92	7.41	
62.11	26.88	284.51	242.69	60.97	281.08	159.95	0.16	0.10
13.90	5.89	45.59	36.42	10.11	41.85	23.52	0.35	0.83

1-B-26 续表

地　区					营业收入	营业成本	销售费用
	法人资本	个人资本	港澳台资本	外商资本			
总　计	**976.84**	**376.45**	**384.92**	**798.47**	**11684.99**	**9752.79**	**292.58**
苏　南	521.19	173.03	264.33	575.37	7405.56	6157.96	192.06
苏　中	175.58	98.42	54.66	190.38	2827.10	2384.46	66.79
苏　北	280.07	105.45	65.93	32.72	1453.36	1211.18	33.74
南　京	173.03	16.25	35.26	182.48	2226.99	1844.74	36.31
无　锡	41.24	48.91	17.25	22.64	1242.34	1045.31	24.19
徐　州	26.05	21.85	1.33	7.67	199.76	166.26	5.89
常　州	60.42	34.10	86.92	28.24	1127.81	999.94	20.00
苏　州	189.84	63.02	110.44	294.36	2158.55	1713.70	98.51
南　通	97.10	58.70	9.61	108.92	1552.65	1324.01	32.83
连云港	119.27	19.45	5.73	18.01	413.45	358.55	7.87
淮　安	33.94	22.36	52.75	5.19	311.59	260.82	7.48
盐　城	91.05	30.10	5.29	1.79	437.37	354.13	10.68
扬　州	27.86	13.62	39.24	4.30	567.01	444.77	18.99
镇　江	56.65	10.75	14.46	47.65	649.87	554.27	13.05
泰　州	50.62	26.10	5.81	77.15	707.44	615.68	14.97
宿　迁	9.76	11.68	0.84	0.07	91.19	71.42	1.82

单位：亿元

管理费用	财务费用	利息收入	利息支出	投资收益（损失以“-”号记）	营业利润	利润总额	亏损企业亏损额	平均用工人数（人）
512.30	**113.58**	**16.42**	**115.84**	**26.05**	**903.77**	**910.85**	**63.81**	**441341**
301.64	70.95	13.63	76.88	17.51	589.37	596.35	29.30	230448
111.44	22.26	1.29	19.98	5.30	233.52	235.84	7.79	105234
99.24	20.36	1.50	18.98	3.23	81.07	78.86	26.72	105694
85.89	16.67	5.39	19.36	7.47	162.84	169.87	9.49	49105
42.73	20.66	2.21	22.13	1.89	106.56	107.57	0.74	39096
12.49	3.23	0.07	2.72	1.35	12.60	12.75	3.49	18650
35.60	6.86	1.01	7.05	3.54	65.15	66.16	3.78	38340
117.42	19.01	4.41	20.58	5.35	207.56	208.91	12.54	84819
64.19	11.36	0.91	9.78	3.21	115.73	116.76	5.34	56828
25.00	5.09	0.17	4.11	0.25	14.12	12.56	9.84	24021
18.23	3.40	0.19	3.12	0.19	20.09	20.41	2.96	21985
37.15	7.93	0.88	8.20	1.34	23.83	22.38	10.24	32746
23.55	2.85	0.05	2.72	1.65	75.17	75.91	0.53	23470
20.00	7.74	0.61	7.76	-0.74	47.26	43.84	2.75	19088
23.71	8.05	0.33	7.48	0.45	42.62	43.17	1.91	24936
6.37	0.72	0.18	0.83	0.10	10.43	10.77	0.19	8292

1-B-27 按地区分组的规模以上医药

地区	企业单位数（个）	资产总计	固定资产净额	固定资产原价	累计折旧	流动资产合计	应收账款
总计	**645**	**3227.71**	**662.72**	**1146.61**	**468.58**	**1968.26**	**574.34**
苏南	308	1298.22	274.54	486.53	207.46	818.01	197.36
苏中	164	958.44	206.98	345.20	134.36	553.18	211.29
苏北	173	971.05	181.20	314.88	126.77	597.07	165.68
南京	76	404.77	67.82	112.50	44.35	253.80	68.19
无锡	41	265.87	43.74	86.85	43.11	179.94	38.66
徐州	37	185.16	24.22	32.44	7.91	90.79	20.01
常州	67	218.62	56.18	91.56	34.53	129.18	27.81
苏州	105	381.46	97.88	180.32	79.32	240.99	58.18
南通	79	263.07	75.66	111.83	34.40	106.29	28.72
连云港	32	601.57	90.40	163.05	70.32	422.21	123.22
淮安	24	45.30	13.28	22.09	8.41	23.43	6.75
盐城	71	117.86	47.36	88.36	37.14	50.55	12.34
扬州	37	63.94	16.48	47.39	30.78	33.92	10.75
镇江	19	27.51	8.90	15.30	6.16	14.11	4.51
泰州	48	631.43	114.84	185.98	69.18	412.97	171.82
宿迁	9	21.16	5.94	8.94	3.00	10.09	3.36

制造业工业企业主要经济指标

单位：亿元

存货	#产成品	负债合计	流动负债合计	#应付账款	所有者权益合计	实收资本	国家资本	集体资本
448.83	**195.75**	**1280.60**	**1127.46**	**248.12**	**1947.10**	**608.98**	**19.68**	**55.05**
212.35	98.12	528.78	456.28	102.55	769.44	349.82	11.43	10.50
157.24	68.30	350.60	313.07	80.77	607.84	123.08	5.94	7.31
79.24	29.33	401.22	358.11	64.80	569.83	136.09	2.31	37.24
51.38	20.36	137.82	121.06	26.02	266.95	99.25	5.11	7.10
64.44	28.88	108.12	101.80	21.64	157.75	60.87	5.42	
10.34	3.13	111.60	105.97	7.99	73.56	26.14		0.01
24.76	11.41	101.84	91.93	10.69	116.77	47.83		2.33
68.94	35.55	169.62	132.91	41.61	211.85	131.98	0.83	0.62
28.27	12.49	110.65	95.48	12.96	152.42	74.43	3.60	3.20
45.24	16.39	196.00	168.98	41.20	405.57	66.88	2.31	36.86
4.36	2.06	17.38	15.58	2.00	27.92	10.18		
16.75	6.43	68.85	60.71	12.60	49.01	27.56		0.38
7.51	3.66	23.92	22.03	4.43	40.02	13.50	2.11	0.04
2.83	1.92	11.38	8.58	2.59	16.12	9.89	0.06	0.44
121.47	52.15	216.03	195.56	63.38	415.40	35.14	0.24	4.07
2.54	1.32	7.40	6.87	1.02	13.76	5.32		

1-B-27 续表

地　区	法人资本	个人资本	港澳台资本	外商资本	营业收入	营业成本	销售费用
总　计	**215.44**	**109.21**	**64.46**	**145.13**	**3423.76**	**1700.70**	**926.01**
苏　南	114.23	54.34	41.62	117.72	1055.79	529.53	267.97
苏　中	46.92	26.48	11.39	25.03	1477.16	817.95	413.21
苏　北	54.30	28.39	11.45	2.39	890.81	353.21	244.84
南　京	59.34	10.60	15.49	1.61	296.94	92.67	105.80
无　锡	11.56	6.10	1.93	35.86	265.03	156.88	57.92
徐　州	18.37	6.67	1.09		105.77	42.88	40.68
常　州	16.21	23.96	1.36	3.97	152.38	91.77	23.12
苏　州	23.14	11.74	19.59	76.04	310.00	168.88	75.33
南　通	29.71	14.16	10.69	13.08	352.33	281.12	17.07
连云港	5.80	11.86	8.97	1.08	593.08	171.64	183.87
淮　安	7.30	0.51	1.09	1.28	41.73	22.75	8.64
盐　城	19.05	7.80	0.30	0.03	137.20	106.80	10.69
扬　州	4.77	5.11	0.69	0.78	83.12	59.28	10.82
镇　江	3.97	1.94	3.25	0.24	31.44	19.33	5.80
泰　州	12.44	7.21	0.02	11.17	1041.71	477.56	385.32
宿　迁	3.77	1.55			13.03	9.14	0.95

单位：亿元

管理费用	财务费用			投资收益（损失以“-”号记）	营业利润	利润总额	亏损企业亏损额	平均用工人数（人）
		利息收入	利息支出					
355.64	**8.73**	**2.22**	**15.54**	**18.62**	**441.69**	**447.34**	**17.38**	**218581**
114.09	4.63	2.33	6.35	11.63	158.36	161.66	9.78	83916
122.06	1.71	0.56	4.26	1.62	114.89	120.02	3.43	56551
119.49	2.39	-0.68	4.93	5.37	168.43	165.66	4.17	78114
43.15	0.03	0.19	0.97	5.53	67.73	68.40	0.68	24194
16.14	0.66	0.27	1.00	5.27	42.62	43.22	0.28	13296
7.96	0.49	-0.94	1.95	0.60	13.75	14.11	0.23	10635
17.31	0.09	1.45	1.85	0.17	18.63	19.19	0.71	15041
34.76	3.69	0.42	2.36	0.12	25.33	26.86	8.02	28139
23.12	2.23	0.06	2.17	1.37	28.06	31.80	2.17	17367
92.79	0.13	0.13	1.48	4.63	143.35	139.76	1.19	47207
4.17	0.21	0.02	0.27	0.01	5.87	5.97	0.40	4268
13.46	1.47	0.11	1.19	0.12	3.86	4.08	2.27	14148
5.33	0.23	0.09	0.34	0.05	6.72	6.80		6713
2.72	0.16		0.17	0.54	4.07	4.00	0.10	3246
93.61	-0.75	0.41	1.74	0.20	80.11	81.42	1.26	32471
1.11	0.09		0.03		1.60	1.74	0.08	1856

1-B-28　按地区分组的规模以上化学

地　区	企　业 单位数 （个）	资产总计	固定资产 净　额	固定资产 原　价	累计折旧	流动资产 合　计	应收账款
总　计	**696**	**2292.94**	**688.51**	**1492.12**	**773.04**	**1138.99**	**174.88**
苏　南	483	1676.01	446.95	945.34	494.33	890.46	141.62
苏　中	133	392.72	164.73	407.00	215.92	149.10	18.94
苏　北	80	224.21	76.83	139.78	62.79	99.43	14.31
南　京	8	45.59	9.57	29.90	16.84	26.86	1.99
无　锡	95	506.46	133.45	282.12	148.58	246.65	40.67
徐　州	10	29.24	5.27	8.12	2.76	20.15	3.58
常　州	37	25.97	6.38	12.87	6.47	16.84	5.82
苏　州	339	1088.33	295.71	617.83	321.64	592.88	92.16
南　通	91	257.54	116.95	218.93	90.58	99.50	12.78
连云港	5	32.38	14.06	25.73	11.67	9.88	0.75
淮　安	14	12.91	4.99	6.28	1.26	5.58	1.68
盐　城	30	89.33	29.18	59.44	30.22	32.12	4.63
扬　州	31	128.34	46.15	184.83	123.73	45.17	4.96
镇　江	4	9.66	1.83	2.63	0.80	7.24	0.97
泰　州	11	6.84	1.64	3.25	1.61	4.44	1.20
宿　迁	21	60.35	23.33	40.20	16.88	31.70	3.67

纤维制造业工业企业主要经济指标

单位：亿元

存货	#产成品	负债合计	流动负债合计	#应付账款	所有者权益合计	实收资本	国家资本	集体资本
327.15	**155.43**	**1386.99**	**1181.60**	**156.75**	**905.95**	**551.77**	**58.71**	**4.99**
254.06	117.44	1084.50	924.66	113.37	591.50	336.91	7.94	4.17
46.14	23.50	166.28	142.16	24.81	226.45	146.47	40.00	0.10
26.94	14.49	136.21	114.78	18.57	88.00	68.40	10.77	0.72
5.69	2.94	19.38	17.90	5.34	26.21	10.63	5.22	
83.58	31.78	336.19	247.67	30.41	170.27	53.79	0.98	3.92
2.10	1.28	20.87	19.44	11.19	8.36	4.82		
5.09	3.03	14.03	13.44	3.43	11.94	6.70	0.49	0.20
158.35	78.95	708.97	639.73	71.45	379.36	264.41	1.25	0.05
29.45	16.38	119.11	97.44	12.86	138.43	92.85		
1.96	1.35	21.90	15.70	0.87	10.48	11.60	9.37	0.02
0.91	0.44	7.04	5.61	1.62	5.88	5.17		0.70
9.67	5.38	54.51	43.09	2.79	34.82	24.06	1.40	
15.88	6.91	44.60	42.16	11.83	83.74	51.40	40.00	0.01
1.35	0.75	5.93	5.93	2.73	3.73	1.38		
0.82	0.21	2.56	2.56	0.12	4.28	2.22		0.10
12.29	6.04	31.89	30.94	2.11	28.46	22.75		

1-B-28 续表

地区	法人资本	个人资本	港澳台资本	外商资本	营业收入	营业成本	销售费用
总计	**275.40**	**125.08**	**43.33**	**44.26**	**2847.50**	**2567.30**	**29.09**
苏南	173.83	95.84	33.16	21.97	1983.08	1816.51	16.95
苏中	61.03	15.70	7.53	22.09	580.72	488.53	9.66
苏北	40.54	13.54	2.64	0.20	283.69	262.26	2.48
南京	0.13	0.46		4.82	29.29	26.11	1.41
无锡	26.27	19.65	1.67	1.31	658.40	605.96	4.23
徐州	2.51	2.11		0.20	34.78	33.21	0.21
常州	2.14	2.78		1.09	39.72	35.35	0.70
苏州	144.99	71.87	31.49	14.76	1246.11	1142.88	10.30
南通	53.29	10.62	7.05	21.89	322.78	260.07	4.78
连云港	1.88		0.33		7.87	7.02	0.23
淮安	3.34	0.48	0.65		11.81	10.44	0.15
盐城	16.99	4.02	1.66		99.86	92.18	1.26
扬州	6.85	4.54			250.77	222.21	4.54
镇江	0.30	1.08			9.55	6.22	0.32
泰州	0.89	0.54	0.49	0.20	7.17	6.26	0.34
宿迁	15.82	6.93			129.37	119.40	0.64

单位：亿元

管理费用	财务费用	利息收入	利息支出	投资收益（损失以“-”号记）	营业利润	利润总额	亏损企业亏损额	平均用工人数（人）
80.27	**38.99**	**5.88**	**40.51**	**16.69**	**138.91**	**141.01**	**9.98**	**144514**
44.60	32.24	5.12	33.55	16.64	86.48	85.28	7.22	97441
26.07	3.55	0.67	4.00	0.03	47.41	49.10	0.16	26190
9.60	3.20	0.09	2.96	0.03	5.02	6.63	2.59	20883
1.72	0.36	0.03	0.14	1.14	0.46	1.10	0.61	3222
8.14	11.87	1.47	12.98	0.40	27.29	27.87	0.23	22545
0.43	0.26	0.01	0.22		0.75	0.76	0.02	2338
1.61	0.35		0.32	0.06	1.66	1.66	0.13	3178
32.27	19.53	3.62	20.02	15.03	55.12	52.68	6.25	67651
12.25	3.17	0.28	3.19	0.02	40.62	41.74	0.07	14528
1.13	0.37	0.02	0.38		-0.78	-0.50	0.56	1696
0.66	0.17		0.17		0.30	0.38		1170
5.33	1.16	0.04	1.10	0.03	-0.61	0.19	1.82	8217
13.48	0.36	0.39	0.78	0.01	6.61	7.03	0.03	10919
0.85	0.13		0.09		1.96	1.96		845
0.34	0.02		0.03		0.18	0.32	0.06	743
2.05	1.24	0.02	1.10		5.37	5.80	0.19	7462

1-B-29 按地区分组的规模以上橡胶和

地区	企业单位数（个）	资产总计	固定资产净额	固定资产原价	累计折旧	流动资产合计	应收账款
总计	**2381**	**2858.44**	**797.45**	**1600.34**	**786.14**	**1724.52**	**684.24**
苏南	1627	2096.20	548.93	1140.73	580.04	1308.53	539.50
苏中	395	371.12	111.90	216.67	103.07	206.32	76.44
苏北	359	391.12	136.62	242.94	103.04	209.67	68.29
南京	125	136.82	45.06	83.98	38.56	78.78	29.80
无锡	378	510.58	118.20	246.44	127.97	311.07	130.08
徐州	81	50.82	16.75	29.88	11.54	27.40	10.15
常州	237	197.21	43.41	84.78	40.99	130.22	50.15
苏州	794	1190.69	328.86	690.35	351.20	751.43	312.31
南通	151	173.07	56.82	108.53	51.26	93.49	27.72
连云港	18	6.92	1.56	2.66	1.07	4.45	0.99
淮安	65	88.71	33.15	77.08	43.17	47.91	22.08
盐城	111	60.33	19.81	34.96	14.52	33.00	13.37
扬州	120	80.03	27.53	55.47	27.23	40.61	16.69
镇江	93	60.90	13.39	35.17	21.32	37.04	17.17
泰州	124	118.02	27.56	52.67	24.58	72.21	32.04
宿迁	84	184.34	65.35	98.37	32.74	96.92	21.69

塑料制品业工业企业主要经济指标

单位：亿元

存货	#产成品	负债合计	流动负债合计	#应付账款	所有者权益合计	实收资本	国家资本	集体资本
389.79	**181.74**	**1281.06**	**1166.54**	**334.55**	**1577.38**	**860.95**	**10.62**	**11.93**
291.37	133.50	954.91	867.02	277.56	1141.29	642.73	5.65	6.14
47.63	21.35	176.16	169.87	33.37	194.96	119.35	3.58	4.03
50.80	26.88	149.99	129.66	23.62	241.13	98.87	1.39	1.76
15.61	8.22	83.78	71.68	16.81	53.04	47.05	1.18	1.60
70.54	35.68	228.77	218.67	75.34	281.81	124.55		0.44
8.08	5.00	22.50	20.96	5.73	28.32	11.33	0.14	
26.65	12.64	98.93	93.30	19.98	98.29	54.46	3.27	3.26
171.34	73.21	514.62	457.82	158.86	676.07	397.72	1.18	0.76
22.40	9.20	81.69	77.84	12.52	91.38	60.09	3.20	1.98
1.83	0.78	3.37	2.27	0.14	3.55	1.69		
9.78	3.72	25.44	22.39	2.06	63.27	33.42	1.02	1.69
6.16	3.12	30.59	28.31	5.42	29.75	15.94		0.07
8.20	4.19	38.83	37.71	6.45	41.20	30.16	0.38	2.01
7.22	3.75	28.82	25.55	6.57	32.09	18.94	0.02	0.09
17.02	7.96	55.64	54.32	14.40	62.38	29.10		0.04
24.94	14.27	68.09	55.72	10.26	116.25	36.47	0.23	

1-B-29 续表

地区					营业收入	营业成本	销售费用
	法人资本	个人资本	港澳台资本	外商资本			
总计	**242.94**	**176.08**	**125.41**	**293.96**	**3143.23**	**2625.43**	**94.68**
苏南	177.02	108.61	96.38	248.92	2199.91	1813.63	68.66
苏中	30.02	33.54	22.57	25.61	538.84	464.93	13.88
苏北	35.90	33.93	6.47	19.42	404.48	346.86	12.15
南京	13.33	10.79	16.61	3.54	146.31	125.70	3.70
无锡	60.78	27.32	7.64	28.38	511.07	418.76	16.73
徐州	1.06	8.01		2.12	59.58	51.28	1.23
常州	23.82	17.55	1.58	4.98	237.64	198.61	6.60
苏州	74.76	46.09	64.80	210.14	1231.52	1009.08	39.53
南通	8.76	12.32	18.63	15.19	235.85	208.20	4.94
连云港	0.54	1.14		0.01	7.03	6.26	0.24
淮安	2.60	7.87	3.78	16.47	112.63	97.65	4.65
盐城	6.45	8.33	1.05	0.05	102.01	87.89	2.89
扬州	11.06	8.19	0.43	8.09	119.92	102.67	3.15
镇江	4.33	6.86	5.76	1.88	73.38	61.49	2.10
泰州	10.20	13.03	3.51	2.33	183.08	154.07	5.79
宿迁	25.25	8.59	1.64	0.77	123.24	103.78	3.14

单位：亿元

管理费用	财务费用			投资收益（损失以“-”号记）	营业利润	利润总额	亏损企业亏损额	平均用工人数（人）
		利息收入	利息支出					
188.79	**22.47**	**3.03**	**21.82**	**3.23**	**201.03**	**200.70**	**22.42**	**355056**
147.23	14.57	2.33	14.95	2.39	149.46	148.20	19.13	258121
23.61	4.14	0.51	3.86	0.04	28.94	29.03	1.97	51612
17.94	3.76	0.20	3.00	0.80	22.62	23.47	1.33	45323
9.25	2.37	0.06	1.77	0.07	4.73	0.10	7.57	14634
31.82	2.75	0.77	3.27	0.47	40.20	40.32	1.03	58236
2.79	0.40	-0.02	0.25		3.61	3.56	0.40	10954
13.57	2.01	0.05	1.80	0.66	16.20	16.84	1.20	24702
88.18	6.95	1.43	7.61	1.19	83.73	86.08	8.87	151548
8.19	1.77	0.37	1.65	-0.10	11.52	11.66	1.46	20004
0.25	0.10		0.03	-0.01	0.13	0.21	0.03	803
4.49	0.89	0.03	0.59	0.15	5.11	5.16	0.49	10334
4.32	1.02	0.01	0.91	0.08	5.30	5.42	0.12	10120
5.22	0.95	0.03	0.77		6.85	6.96	0.10	13951
4.42	0.48	0.02	0.51		4.59	4.86	0.45	9001
10.20	1.43	0.11	1.45	0.13	10.57	10.41	0.41	17657
6.09	1.36	0.17	1.22	0.57	8.47	9.11	0.29	13112

1-B-30 按地区分组的规模以上非金属

地　区	企　业 单位数 （个）	资产总计	固定资产 净　额	固定资产 原　价	累计折旧	流动资产 合　计	应收账款
总　计	**2659**	**3758.41**	**896.93**	**1841.26**	**926.16**	**2343.29**	**960.95**
苏　南	1168	2263.71	471.65	1076.12	596.99	1492.53	631.04
苏　中	575	623.12	151.50	262.97	110.15	396.62	166.72
苏　北	916	871.58	273.78	502.17	219.02	454.14	163.20
南　京	180	386.06	90.11	170.41	79.41	243.25	121.00
无　锡	263	372.22	63.77	144.88	79.35	266.01	128.99
徐　州	217	269.63	85.45	133.71	46.66	138.08	61.35
常　州	234	505.53	110.38	283.73	172.45	317.65	100.26
苏　州	337	653.17	149.69	341.21	188.94	447.38	231.65
南　通	300	389.95	87.62	150.13	62.04	255.34	96.15
连云港	182	130.10	33.91	60.32	25.35	76.72	24.42
淮　安	150	115.60	39.51	71.56	29.35	56.83	20.78
盐　城	245	235.80	76.90	175.38	95.98	125.44	40.13
扬　州	134	126.66	40.37	69.84	28.85	70.37	31.68
镇　江	154	346.73	57.70	135.89	76.84	218.25	49.13
泰　州	141	106.50	23.51	43.00	19.26	70.91	38.89
宿　迁	122	120.45	38.00	61.20	21.67	57.08	16.53

矿物制品业工业企业主要经济指标

单位：亿元

存货	#产成品	负债合计	流动负债合计	#应付账款	所有者权益合计	实收资本	国家资本	集体资本
342.49	**151.92**	**2117.58**	**1972.28**	**535.25**	**1640.87**	**876.53**	**62.52**	**12.97**
193.41	87.12	1314.29	1236.35	345.11	949.42	544.25	37.13	6.33
61.21	24.46	355.71	332.11	101.37	267.41	132.51	8.46	2.99
87.88	40.34	447.58	403.81	88.77	424.04	199.77	16.93	3.65
25.49	10.93	243.18	228.59	78.09	142.88	92.88	25.09	1.01
38.61	17.13	218.87	204.55	56.43	153.35	99.57	4.51	1.54
29.50	15.44	139.34	127.27	30.69	130.32	55.09	13.31	0.17
32.36	13.17	325.20	309.87	71.55	180.33	81.76	1.51	0.25
74.73	37.17	347.17	321.37	117.61	306.00	206.54	5.07	3.10
38.80	15.30	222.76	208.25	63.87	167.19	73.63	3.78	2.29
15.20	7.08	52.46	45.94	11.87	77.64	40.44	2.72	0.57
10.80	3.49	57.01	46.84	12.64	58.59	28.46	0.20	0.52
20.74	8.40	128.53	116.95	21.07	107.27	41.22	0.60	2.36
11.18	4.30	69.20	65.46	16.90	57.46	31.04	2.89	0.39
22.23	8.73	179.88	171.97	21.42	166.85	63.51	0.95	0.43
11.23	4.85	63.74	58.40	20.60	42.76	27.84	1.79	0.31
11.65	5.93	70.23	66.81	12.50	50.22	34.55	0.10	0.03

1-B-30 续表

地区	法人资本	个人资本	港澳台资本	外商资本	营业收入	营业成本	销售费用
总计	**280.96**	**301.93**	**99.20**	**118.95**	**4053.86**	**3408.83**	**120.71**
苏南	168.16	139.79	85.02	107.82	2017.20	1656.35	68.66
苏中	44.51	66.92	3.80	5.83	946.83	814.13	23.17
苏北	68.29	95.22	10.38	5.29	1089.83	938.35	28.89
南京	17.90	17.22	9.20	22.47	351.58	284.31	14.77
无锡	35.73	42.91	5.02	9.87	374.94	307.51	11.93
徐州	16.87	23.74		1.00	278.72	230.88	8.54
常州	36.27	37.29	0.11	6.34	472.62	391.29	12.72
苏州	58.25	27.91	45.74	66.46	606.12	506.98	23.64
南通	23.16	37.73	3.13	3.52	549.82	466.30	11.74
连云港	12.95	15.53	8.33	0.34	114.75	96.43	3.58
淮安	10.54	15.97	0.20	1.03	244.92	218.52	4.35
盐城	12.57	25.35	0.34		364.62	319.22	9.61
扬州	11.22	15.14	0.07	1.33	227.23	199.27	6.01
镇江	20.02	14.47	24.95	2.68	211.94	166.27	5.60
泰州	10.13	14.04	0.59	0.97	169.78	148.56	5.43
宿迁	15.37	14.63	1.51	2.92	86.82	73.30	2.81

单位：亿元

管理费用	财务费用			投资收益（损失以“-”号记）	营业利润	利润总额	亏损企业亏损额	平均用工人数（人）
		利息收入	利息支出					
166.86	**38.77**	**4.38**	**34.89**	**3.05**	**296.01**	**308.47**	**12.71**	**301166**
97.56	20.89	3.73	20.20	0.80	164.61	174.44	8.71	147571
33.19	6.66	0.29	5.87	0.58	63.69	64.56	1.19	64153
36.11	11.23	0.36	8.83	1.67	67.71	69.48	2.82	89442
15.46	4.19	0.30	3.67	0.11	30.81	31.00	1.76	23573
18.40	4.63	0.30	5.18	0.10	30.20	31.86	1.07	30970
9.61	3.90	0.05	3.13	1.31	23.15	23.84	0.77	25462
22.07	6.43	1.83	5.28	0.32	38.01	43.47	1.24	28226
31.38	4.05	0.80	4.21	0.23	36.65	37.31	3.83	46107
20.74	3.80	0.21	3.69	0.47	43.12	43.51	0.67	37659
5.18	0.94	0.02	0.76	0.24	7.74	7.98	0.67	14430
5.75	1.44	0.03	0.67	0.01	14.03	13.71	0.11	13320
11.13	3.70	0.15	3.39	0.10	18.63	19.30	0.30	21751
7.23	1.45	0.03	1.02	0.17	12.30	12.66	0.11	16407
10.24	1.58	0.49	1.86	0.03	28.95	30.80	0.81	18695
5.23	1.41	0.05	1.16	-0.06	8.26	8.38	0.40	10087
4.44	1.25	0.12	0.88	0.01	4.16	4.65	0.96	14479

1-B-31 按地区分组的规模以上黑色金属

地区	企业单位数（个）	资产总计	固定资产净额	固定资产原价	累计折旧	流动资产合计	应收账款
总计	**845**	**6233.66**	**1823.35**	**3876.83**	**2013.48**	**3046.99**	**366.60**
苏南	615	5178.62	1443.60	3199.51	1724.90	2561.31	282.70
苏中	119	388.95	143.40	271.10	126.57	198.11	43.09
苏北	113	701.26	242.57	426.47	176.03	315.52	40.90
南京	21	830.22	379.56	781.64	399.86	280.75	31.72
无锡	318	983.25	254.28	568.66	301.94	481.49	82.86
徐州	24	205.91	52.74	108.76	48.90	97.41	29.86
常州	105	903.08	275.76	496.51	215.87	490.80	78.34
苏州	139	2256.64	472.19	1233.92	755.33	1204.00	64.51
南通	32	36.14	17.91	26.42	8.30	15.18	3.99
连云港	15	191.96	63.39	98.23	34.83	84.72	3.10
淮安	29	168.94	72.61	136.21	63.48	78.33	5.05
盐城	31	88.13	37.04	57.41	19.75	33.18	2.40
扬州	47	250.76	86.12	173.77	87.64	126.16	33.29
镇江	32	205.43	61.81	118.77	51.89	104.27	25.27
泰州	40	102.04	39.37	70.92	30.63	56.77	5.82
宿迁	14	46.33	16.79	25.86	9.08	21.89	0.49

冶炼和压延加工业工业企业主要经济指标

单位：亿元

存货	#产成品	负债合计	流动负债合计	#应付账款	所有者权益合计	实收资本	国家资本	集体资本
791.80	**346.27**	**3615.61**	**3177.15**	**675.03**	**2618.05**	**1036.79**	**121.10**	**18.17**
652.35	288.70	2964.57	2615.05	503.41	2214.05	788.53	56.39	17.25
38.65	16.11	214.94	186.10	50.25	174.01	88.18	34.70	1.58
105.64	43.83	454.69	394.45	129.51	246.57	161.22	30.00	0.09
77.74	21.27	393.93	355.13	90.88	436.29	111.43	7.12	
127.37	63.55	611.98	588.45	112.14	371.27	290.86	4.99	15.56
29.12	12.48	147.49	139.23	47.00	58.41	48.94		0.09
129.66	48.86	594.74	523.40	93.47	308.35	82.88		
284.82	136.13	1238.63	1039.63	181.56	1018.01	240.20	44.28	1.61
4.27	1.13	17.37	17.10	3.40	18.77	13.54		
24.24	9.28	127.81	122.34	48.47	64.15	35.35		
25.72	10.78	79.22	64.43	13.96	89.72	50.87	30.00	
18.16	8.81	69.63	38.30	17.27	18.50	10.63		
22.49	8.90	140.03	124.36	32.55	110.73	30.37		0.82
32.75	18.89	125.30	108.43	25.36	80.14	63.16		0.09
11.89	6.08	57.53	44.63	14.30	44.50	44.27	34.70	0.76
8.40	2.48	30.55	30.15	2.81	15.78	15.43		

1-B-31 续表

地区	法人资本	个人资本	港澳台资本	外商资本	营业收入	营业成本	销售费用
总计	**333.78**	**254.55**	**201.71**	**107.48**	**9310.79**	**8271.04**	**67.38**
苏南	244.18	187.35	198.97	84.39	7660.39	6786.29	51.41
苏中	21.11	25.23	2.63	2.93	633.84	561.38	6.04
苏北	68.49	42.13	0.11	20.40	1073.79	965.07	10.12
南京	101.78	1.78		0.74	1012.94	871.20	8.17
无锡	67.36	48.23	131.53	23.20	1484.02	1322.20	11.41
徐州	9.43	19.38		20.05	234.71	219.69	1.55
常州	8.00	62.28	4.27	8.33	2054.99	1887.42	5.50
苏州	55.87	55.63	30.70	52.10	2829.96	2468.52	23.45
南通	8.41	2.88	0.59	1.66	99.30	92.18	0.84
连云港	22.41	12.94			399.02	363.89	4.68
淮安	18.84	1.57	0.11	0.35	214.10	174.30	2.02
盐城	6.30	4.33			152.78	141.80	1.11
扬州	8.89	18.84	0.80	1.02	402.14	359.38	4.09
镇江	11.17	19.43	32.46	0.02	278.47	236.94	2.89
泰州	3.81	3.51	1.24	0.25	132.40	109.82	1.11
宿迁	11.51	3.91			73.18	65.38	0.77

单位：亿元

管理费用	财务费用	利息收入	利息支出	投资收益（损失以“-”号记）	营业利润	利润总额	亏损企业亏损额	平均用工人数（人）
191.99	**70.69**	**8.51**	**72.06**	**22.18**	**666.85**	**602.75**	**13.10**	**236051**
159.41	61.93	7.78	63.23	20.56	563.61	500.85	7.55	161797
9.97	3.35	0.50	3.53	0.01	49.96	50.26	0.35	26780
23.78	5.72	0.31	5.67	1.61	66.82	65.46	5.20	49728
29.24	5.12	-1.58	7.34	1.84	91.21	88.99	0.04	15826
38.16	9.59	1.55	10.51	-0.20	97.43	91.49	2.82	46953
7.36	2.39	0.22	2.55	-0.13	2.56	1.53	3.44	18227
22.83	18.03	2.48	17.02	0.04	116.04	65.59	0.48	39944
63.56	26.59	5.23	26.12	20.08	230.19	225.06	3.93	47861
2.50	0.61	0.01	0.53	0.01	2.86	2.93	0.20	2678
5.34	0.66	0.03	0.63	0.01	23.34	23.28	0.74	15195
4.53	1.23	0.03	1.24	1.08	32.12	31.61	0.70	7711
5.24	0.50	0.03	0.37		3.64	3.70	0.08	6457
4.22	1.58	0.41	1.76		30.77	30.83	0.03	18148
5.62	2.59	0.09	2.23	-1.19	28.73	29.71	0.28	11213
3.26	1.17	0.08	1.24		16.33	16.50	0.12	5954
1.30	0.95		0.87	0.65	5.16	5.34	0.24	2138

1-B-32 按地区分组的规模以上有色金属

地　区	企业单位数（个）	资产总计	固定资产净额	固定资产原价	累计折旧	流动资产合计	
							应收账款
总　计	**1021**	**2059.92**	**431.16**	**839.48**	**367.93**	**1299.25**	**353.80**
苏　南	674	1411.29	268.18	538.77	256.98	950.48	277.26
苏　中	198	249.11	60.41	105.29	41.55	153.01	41.96
苏　北	149	399.53	102.58	195.42	69.40	195.76	34.58
南　京	43	110.81	10.75	21.81	10.67	67.08	15.48
无　锡	220	477.98	83.67	158.61	72.47	355.74	93.56
徐　州	31	76.50	22.61	33.43	10.78	46.50	9.39
常　州	104	177.28	28.62	69.27	31.50	134.12	29.22
苏　州	242	448.01	89.39	185.30	94.34	290.27	99.20
南　通	76	89.98	26.04	37.98	11.86	51.07	14.96
连云港	17	40.03	9.52	15.12	5.57	23.29	9.50
淮　安	46	14.00	5.27	8.15	2.68	7.64	2.58
盐　城	28	222.05	55.69	121.62	43.70	88.07	6.24
扬　州	78	87.81	22.94	45.91	19.75	53.91	16.38
镇　江	65	197.20	55.75	103.79	48.00	103.27	39.80
泰　州	44	71.32	11.42	21.41	9.94	48.03	10.62
宿　迁	27	46.95	9.49	17.10	6.68	30.26	6.86

冶炼和压延加工业工业企业主要经济指标

单位：亿元

存货	#产成品	负债合计	流动负债合计	#应付账款	所有者权益合计	实收资本	国家资本	集体资本
315.36	**130.56**	**1215.60**	**1096.75**	**261.46**	**844.33**	**488.67**	**19.99**	**13.85**
234.09	95.82	811.26	717.40	124.91	600.03	371.77	14.11	13.16
39.13	14.35	139.60	129.63	25.80	109.51	62.48	3.14	0.68
42.14	20.40	264.74	249.72	110.76	134.79	54.43	2.73	
16.18	8.25	58.44	53.72	10.61	52.38	24.52	0.04	0.70
78.34	34.58	289.57	276.01	24.31	188.41	97.72	1.18	10.38
14.03	10.24	47.93	40.99	11.57	28.57	13.00	0.80	
27.92	12.57	106.14	81.05	18.93	71.15	41.57	3.17	1.07
82.43	29.31	236.03	221.45	57.80	211.98	145.94	9.73	0.96
12.20	4.21	53.56	47.01	7.02	36.42	23.69	2.10	0.40
5.10	1.06	22.14	17.88	4.52	17.89	10.13	1.84	
2.59	1.48	8.43	7.74	1.80	5.57	3.95		
11.12	2.85	162.09	161.77	90.81	59.97	13.79	0.09	
10.64	2.93	49.89	48.02	14.55	37.91	28.06	0.54	0.26
29.21	11.09	121.08	85.17	13.26	76.12	62.03		0.05
16.29	7.21	36.14	34.60	4.23	35.18	10.73	0.50	0.03
9.29	4.76	24.15	21.35	2.06	22.80	13.56		

1-B-32 续表

地区					营业收入	营业成本	销售费用
	法人资本	个人资本	港澳台资本	外商资本			
总计	**143.93**	**158.45**	**35.87**	**116.59**	**4156.15**	**3802.19**	**33.53**
苏南	86.62	118.00	30.41	109.47	3040.18	2792.04	22.56
苏中	31.98	22.10	3.02	1.55	489.74	445.03	6.04
苏北	25.33	18.35	2.45	5.57	626.23	565.12	4.92
南京	6.25	11.15	6.35	0.03	234.90	218.66	1.89
无锡	33.69	44.83	1.29	6.35	1237.18	1117.89	5.06
徐州	9.70	1.86		0.65	148.83	139.89	1.90
常州	13.31	12.35	2.98	8.69	509.68	471.61	3.84
苏州	20.64	35.33	19.80	59.49	803.63	754.14	8.18
南通	11.03	7.02	2.90	0.24	155.16	142.44	2.49
连云港	1.28	0.37	1.71	4.92	45.37	42.23	0.96
淮安	1.25	2.70			59.78	55.25	0.55
盐城	1.58	11.38	0.73		276.32	243.87	0.93
扬州	15.60	10.30	0.05	1.31	210.43	192.04	2.52
镇江	12.72	14.34		34.91	254.79	229.74	3.59
泰州	5.35	4.78	0.06		124.15	110.55	1.04
宿迁	11.53	2.03			95.93	83.89	0.58

单位：亿元

管理费用	财务费用	利息收入	利息支出	投资收益（损失以“-”号记）	营业利润	利润总额	亏损企业亏损额	平均用工人数（人）
77.73	**29.55**	**3.78**	**28.83**	**3.75**	**211.25**	**203.44**	**9.23**	**126599**
55.29	22.51	3.14	22.99	3.30	147.23	136.00	7.52	82451
11.53	3.27	0.24	2.98	0.40	21.92	23.17	0.94	21057
10.91	3.78	0.40	2.86	0.05	42.10	44.27	0.76	23091
4.67	1.51	0.45	1.78	2.49	12.47	12.78	0.29	5891
14.88	8.30	1.55	8.91	0.43	90.08	77.49	2.77	27247
2.99	1.80	0.16	1.43	0.04	6.64	7.17	0.45	7591
7.63	2.92	0.30	2.62	0.26	22.99	23.44	1.09	11070
21.23	5.95	0.29	5.68	0.90	12.93	13.53	1.66	28818
3.40	1.09	-0.01	1.09	-0.15	5.21	6.53	0.61	7702
0.82	0.47	0.02	0.42	0.01	0.78	0.87	0.04	2021
0.98	0.41		0.17		2.31	2.35	0.09	2403
3.39	0.68	0.20	0.61		24.62	24.92	0.09	7743
3.97	0.95	0.20	0.72	0.40	10.44	10.58	0.01	8844
6.88	3.83	0.55	4.00	-0.78	8.76	8.75	1.71	9425
4.16	1.23	0.05	1.17	0.15	6.27	6.06	0.32	4511
2.72	0.42	0.02	0.22		7.74	8.96	0.10	3333

1-B-33 按地区分组的规模以上金属

地区	企业单位数（个）	资产总计	固定资产净额	固定资产原价	累计折旧	流动资产合计	应收账款
总计	**3512**	**4697.16**	**1101.16**	**2248.84**	**1092.46**	**2956.99**	**1136.13**
苏南	2066	2949.71	607.82	1236.66	614.67	1936.09	749.86
苏中	974	1228.86	323.16	590.59	264.18	730.57	263.64
苏北	475	573.12	186.74	444.85	220.32	321.45	133.46
南京	180	242.33	51.45	103.80	51.57	162.15	51.63
无锡	529	903.85	187.90	384.47	189.63	607.90	254.99
徐州	126	150.34	50.13	87.84	31.79	76.08	29.83
常州	335	368.72	76.44	167.26	90.22	255.86	96.08
苏州	823	1227.58	241.20	467.56	225.01	787.44	299.96
南通	362	530.31	137.12	229.50	90.24	303.74	99.04
连云港	29	28.00	6.10	10.31	4.11	19.19	5.65
淮安	93	64.37	26.07	44.52	16.91	29.64	10.61
盐城	164	290.16	96.52	288.46	161.96	171.12	81.89
扬州	222	204.02	53.63	129.85	75.73	125.21	52.09
镇江	199	207.23	50.83	113.57	58.23	122.75	47.19
泰州	390	494.52	132.41	231.24	98.21	301.62	112.51
宿迁	63	40.24	7.92	13.72	5.55	25.42	5.48

制品业工业企业主要经济指标

单位：亿元

存货	#产成品	负债合计	流动负债合计	#应付账款	所有者权益合计	实收资本	国家资本	集体资本
691.18	**277.95**	**2448.40**	**2258.91**	**544.59**	**2248.76**	**1212.95**	**94.76**	**25.03**
470.74	189.04	1561.28	1477.09	373.81	1388.44	781.05	48.11	12.82
160.85	64.72	610.68	569.66	127.55	618.18	320.45	42.59	5.22
72.06	29.49	313.03	246.30	49.76	260.09	128.78	6.04	11.27
49.99	21.14	133.24	127.49	28.06	109.09	58.06	15.73	0.49
153.45	61.46	500.52	478.32	112.94	403.34	219.59	2.06	7.05
21.29	7.15	73.12	56.04	14.15	77.22	35.95	3.52	0.74
68.81	33.18	231.06	216.40	45.52	137.66	88.25	3.50	0.03
166.39	59.23	594.65	559.34	157.70	632.93	347.96	2.99	4.25
73.79	30.34	247.97	227.66	53.37	282.35	143.24	26.49	0.39
4.22	0.80	12.97	12.07	2.91	15.03	9.72	2.49	1.50
7.18	3.76	28.03	22.37	4.70	36.34	20.42	0.01	0.17
33.10	15.58	176.82	134.82	23.23	113.34	50.62	0.02	8.76
25.03	9.54	117.85	112.85	22.08	86.17	45.97	0.22	0.35
32.10	14.03	101.81	95.53	29.59	105.42	67.18	23.83	1.00
62.03	24.84	244.86	229.15	52.10	249.66	131.24	15.88	4.48
6.27	2.20	22.09	21.00	4.77	18.16	12.07		0.12

1-B-33 续表

地区	法人资本	个人资本	港澳台资本	外商资本	营业收入	营业成本	销售费用
总计	**384.82**	**374.63**	**129.02**	**204.69**	**5889.38**	**5080.94**	**124.93**
苏南	277.81	194.54	97.31	150.45	3072.49	2599.78	75.20
苏中	78.63	113.36	35.29	45.36	1734.64	1521.40	35.40
苏北	32.88	66.73	2.31	9.55	1107.83	983.91	14.54
南京	21.08	14.97	1.52	4.27	231.19	192.89	5.93
无锡	83.26	59.77	44.65	22.81	897.25	756.57	22.12
徐州	9.95	16.93		4.81	167.55	150.84	3.16
常州	25.76	37.52	2.14	19.30	570.13	495.60	10.92
苏州	128.18	67.39	47.48	97.68	1152.87	968.54	31.51
南通	38.25	40.76	24.66	12.69	803.43	710.20	10.26
连云港	1.12	2.46	1.32	0.84	40.11	35.95	0.68
淮安	5.50	13.77	0.76	0.21	229.32	205.96	4.66
盐城	12.88	26.00	0.23	2.74	632.73	558.36	5.17
扬州	15.45	26.31	1.21	2.42	388.21	341.28	9.65
镇江	19.54	14.90	1.51	6.39	221.05	186.18	4.70
泰州	24.93	46.29	9.42	30.24	543.00	469.92	15.48
宿迁	3.44	7.57		0.95	38.12	32.80	0.87

单位：亿元

管理费用	财务费用			投资收益（损失以“-”号记）	营业利润	利润总额	亏损企业亏损额	平均用工人数（人）
		利息收入	利息支出					
261.40	**46.63**	**3.90**	**51.04**	**1.04**	**341.09**	**344.83**	**28.17**	**502198**
176.08	27.69	2.46	32.75	0.43	175.25	178.39	21.79	321302
62.08	13.25	1.37	13.23	0.68	93.98	93.78	4.30	123579
23.69	6.25	0.17	5.70	0.02	71.98	73.03	2.07	59948
14.68	1.31	0.48	1.86	0.51	15.16	15.86	1.00	23713
50.82	10.82	1.25	10.89	1.33	50.81	52.15	7.74	82737
4.95	1.27	-0.01	1.05		6.40	6.42	1.09	14830
23.08	5.15	0.59	5.04	0.19	33.21	32.79	3.94	46054
77.80	8.46	-0.05	13.29	3.73	64.07	65.25	8.44	142610
23.04	5.05	0.16	5.17	0.28	51.36	51.39	0.98	48032
1.68	-0.45	0.05	0.20	0.01	2.02	2.04	0.04	3766
6.39	2.35	0.01	2.09	0.01	8.45	8.54	0.10	11039
9.09	2.55	0.12	1.91		52.91	53.56	0.40	23690
13.00	2.51	0.17	1.78	0.04	19.53	19.73	0.93	33639
9.70	1.94	0.19	1.67	-5.33	12.00	12.34	0.67	26188
26.04	5.69	1.03	6.28	0.36	23.09	22.65	2.39	41908
1.59	0.53		0.44	0.01	2.20	2.47	0.44	6623

1-B-34 按地区分组的规模以上通用

地　　区	企　业 单位数 （个）	资产总计	固定资产 净　　额	固定资产 原　　价	累计折旧	流动资产 合　　计	应收账款
总　　计	**4449**	**7949.01**	**1575.19**	**3059.72**	**1462.99**	**5177.35**	**1844.92**
苏　　南	2671	5796.36	1022.24	2058.54	1026.32	3999.85	1451.49
苏　　中	1100	1361.70	355.31	627.86	268.19	718.63	235.87
苏　　北	680	798.54	200.33	376.69	169.17	463.01	158.91
南　　京	236	728.69	124.19	230.32	105.23	504.89	204.16
无　　锡	700	1398.63	226.31	484.92	256.49	923.90	326.63
徐　　州	121	99.60	28.76	50.20	20.17	57.14	16.83
常　　州	561	872.88	166.06	331.39	163.92	607.33	191.34
苏　　州	1049	2602.66	465.60	934.17	466.90	1842.44	684.40
南　　通	493	813.61	217.03	352.51	133.59	385.86	111.22
连 云 港	26	115.07	20.38	32.76	12.30	78.69	33.01
淮　　安	119	97.80	31.49	62.85	29.42	48.77	15.86
盐　　城	352	436.01	109.13	214.75	102.31	254.10	84.59
扬　　州	242	218.32	58.11	119.35	60.50	134.54	49.11
镇　　江	125	193.49	40.08	77.74	33.77	121.29	44.96
泰　　州	365	329.77	80.18	156.00	74.10	198.23	75.54
宿　　迁	62	50.06	10.57	16.11	4.97	24.30	8.62

设备制造业工业企业主要经济指标

单位：亿元

存货	#产成品	负债合计	流动负债合计	#应付账款	所有者权益合计	实收资本	国家资本	集体资本
1234.64	**444.91**	**3968.57**	**3659.08**	**1147.46**	**3980.43**	**1740.10**	**62.76**	**22.89**
920.89	324.85	2949.64	2741.76	916.52	2846.72	1270.53	35.32	18.97
209.79	80.49	619.00	569.31	127.38	742.70	305.63	21.57	1.20
105.58	39.72	405.65	353.74	105.35	392.89	167.28	5.87	2.72
114.25	39.91	423.18	396.65	106.60	305.52	157.23	10.09	3.78
216.22	74.88	616.35	581.34	208.87	782.29	278.72	2.49	4.63
17.08	7.78	51.64	44.07	10.78	47.96	22.29	0.12	0.30
122.48	50.84	550.74	492.52	125.35	322.14	175.05	3.52	3.62
443.57	150.93	1259.12	1186.49	444.67	1343.54	606.57	6.30	6.29
128.85	46.71	346.25	315.29	60.91	467.36	173.85	17.28	0.23
21.30	7.80	57.18	54.24	21.43	57.89	10.17	4.53	
14.04	6.49	48.97	42.40	11.91	48.83	27.52	0.02	
46.47	15.77	222.75	192.57	55.80	213.26	94.27	1.20	0.24
33.58	14.21	104.54	97.06	25.61	113.78	56.35	3.65	0.19
24.36	8.29	100.25	84.76	31.03	93.24	52.96	12.92	0.65
47.35	19.57	168.21	156.95	40.87	161.56	75.44	0.64	0.78
6.69	1.87	25.11	20.46	5.43	24.95	13.04		2.18

1-B-34 续表

地　区					营业收入	营业成本	销售费用
	法人资本	个人资本	港澳台资本	外商资本			
总　计	**534.71**	**495.10**	**134.41**	**490.23**	**8208.20**	**6744.85**	**250.09**
苏　南	376.23	278.27	108.29	453.44	5282.21	4271.92	171.49
苏　中	83.96	148.48	19.21	31.22	1951.85	1639.69	52.99
苏　北	77.86	68.35	6.91	5.56	978.88	837.24	25.75
南　京	66.31	16.20	16.56	44.28	490.34	393.90	19.32
无　锡	87.23	79.12	21.43	83.81	1167.49	925.78	29.85
徐　州	7.47	10.34	3.51	0.55	117.11	100.57	2.46
常　州	47.02	53.29	15.25	52.34	770.54	646.45	21.48
苏　州	158.30	119.76	53.69	262.23	2724.84	2203.81	95.88
南　通	37.29	77.48	17.94	23.63	1134.04	952.31	26.82
连云港	2.87	2.15		0.61	68.73	51.05	3.74
淮　安	10.70	14.69	2.09	0.02	220.46	193.18	5.53
盐　城	52.10	35.17	1.26	4.29	535.09	460.71	13.04
扬　州	18.21	30.70		3.60	347.79	290.18	11.02
镇　江	17.36	9.90	1.35	10.78	129.00	101.98	4.96
泰　州	28.47	40.30	1.26	3.98	470.02	397.20	15.15
宿　迁	4.72	5.99	0.06	0.09	37.49	31.74	0.98

单位：亿元

管理费用	财务费用			投资收益（损失以“-”号记）	营业利润	利润总额	亏损企业亏损额	平均用工人数（人）
		利息收入	利息支出					
519.74	**40.91**	**10.32**	**53.17**	**32.28**	**644.27**	**659.92**	**28.24**	**754804**
385.11	20.37	9.17	32.67	30.42	440.09	452.75	23.15	502445
89.87	11.20	0.90	11.89	1.49	148.43	149.11	3.88	167516
45.02	9.47	0.27	8.76	0.36	55.96	58.26	1.35	85209
38.58	4.45	0.98	6.10	1.03	35.83	40.50	3.84	48624
95.12	2.36	3.86	7.69	14.85	124.48	126.00	3.70	110278
5.47	0.87	0.09	0.66	0.01	6.85	7.26	0.60	13457
49.34	8.55	0.94	7.98	2.16	43.26	44.12	3.71	78180
190.39	3.71	3.29	9.83	11.99	226.96	231.86	11.30	245004
45.79	5.03	0.47	5.96	1.25	98.13	98.86	2.75	84846
5.76	0.65	0.09	0.90	0.03	7.01	7.19	0.08	4771
9.15	2.25	0.03	2.02	0.03	10.42	10.85	0.07	15262
22.46	5.31	0.05	4.90	0.27	29.73	30.97	0.32	46015
16.65	1.89	0.23	1.70	0.12	26.00	25.85	0.19	40310
11.67	1.30	0.10	1.06	0.39	9.55	10.28	0.61	20359
27.42	4.28	0.20	4.23	0.12	24.30	24.40	0.93	42360
2.18	0.39	0.01	0.28	0.02	1.94	2.00	0.27	5704

1-B-35 按地区分组的规模以上专用

地　区	企业单位数（个）	资产总计	固定资产净额	固定资产原价	累计折旧	流动资产合计	应收账款
总　计	**3291**	**6843.42**	**1232.90**	**2379.89**	**1128.86**	**4619.04**	**1714.74**
苏　南	2077	4440.00	748.94	1510.22	750.56	3112.61	1099.92
苏　中	676	663.95	141.38	298.57	155.61	392.80	161.16
苏　北	538	1739.47	342.57	571.10	222.68	1113.63	453.66
南　京	192	426.03	75.76	125.96	49.81	297.83	110.03
无　锡	564	969.62	135.36	284.09	147.82	704.13	225.32
徐　州	127	1326.78	217.67	323.97	104.82	886.12	357.68
常　州	424	872.81	166.45	393.49	223.35	588.41	211.59
苏　州	759	1744.58	321.27	598.43	273.03	1234.61	439.28
南　通	229	287.92	63.62	109.07	44.82	141.15	47.70
连云港	33	46.48	11.83	21.10	8.89	27.33	8.21
淮　安	106	87.40	22.03	40.41	16.96	54.12	23.77
盐　城	248	259.45	85.90	178.19	89.74	133.83	60.50
扬　州	193	162.04	32.16	105.22	72.34	108.03	52.39
镇　江	138	426.97	50.11	108.25	56.55	287.63	113.69
泰　州	254	213.99	45.60	84.28	38.45	143.63	61.07
宿　迁	24	19.37	5.14	7.42	2.28	12.24	3.50

设备制造业工业企业主要经济指标

单位：亿元

存货	#产成品	负债合计	流动负债合计	#应付账款	所有者权益合计	实收资本	国家资本	集体资本
1130.73	**451.20**	**3656.15**	**3295.23**	**934.50**	**3187.27**	**1384.64**	**64.78**	**7.80**
743.62	267.56	2258.80	2115.02	653.89	2181.20	1040.15	41.74	3.26
80.93	27.74	289.73	273.34	62.71	374.21	168.43	1.22	2.20
306.18	155.90	1107.61	906.87	217.90	631.86	176.06	21.82	2.34
61.10	15.27	212.47	197.74	59.65	213.56	79.39	11.04	0.42
174.07	69.34	514.15	490.42	109.44	455.46	197.12	6.74	1.09
245.09	134.10	913.39	724.97	171.97	413.39	71.66	21.39	0.53
154.68	64.19	464.89	426.06	144.11	407.91	311.06	15.06	0.26
301.05	95.24	852.24	789.86	274.69	892.34	370.55	8.85	0.99
32.39	10.78	89.07	80.67	21.38	198.85	66.25	1.00	1.24
10.12	3.49	17.99	16.66	4.81	28.50	10.11	0.14	0.04
15.92	6.11	45.78	42.23	16.06	41.62	25.36	0.09	0.57
30.55	11.15	118.71	112.86	22.34	140.73	64.44	0.20	0.60
18.28	5.50	90.45	88.38	13.28	71.59	44.38	0.13	0.76
52.72	23.52	215.05	210.95	66.01	211.92	82.02	0.05	0.51
30.25	11.47	110.21	104.29	28.05	103.78	57.80	0.10	0.20
4.50	1.05	11.74	10.15	2.73	7.62	4.49		0.60

1-B-35 续表

地区	法人资本	个人资本	港澳台资本	外商资本	营业收入	营业成本	销售费用
总计	**458.16**	**424.41**	**111.93**	**317.56**	**6451.43**	**5276.17**	**242.09**
苏南	356.82	252.32	99.98	286.02	3531.28	2748.59	143.80
苏中	44.85	97.79	6.69	15.67	1028.06	856.97	31.95
苏北	56.49	74.30	5.26	15.86	1892.09	1670.62	66.33
南京	26.91	28.54	3.97	8.51	289.20	218.21	12.35
无锡	65.19	79.34	13.73	31.03	801.02	624.71	27.61
徐州	13.23	24.72	0.43	11.35	1313.42	1185.96	45.31
常州	147.78	44.78	19.87	83.30	758.73	610.63	28.49
苏州	79.71	75.55	55.84	149.61	1424.87	1101.02	63.49
南通	16.74	35.45	3.51	8.31	442.61	369.09	11.11
连云港	2.34	5.30	0.04	2.25	36.43	27.93	2.08
淮安	9.23	14.57	0.55	0.35	153.88	127.33	7.26
盐城	29.72	28.16	4.23	1.52	372.03	316.13	11.22
扬州	13.93	25.75	3.05	0.77	282.89	234.48	9.44
镇江	37.24	24.10	6.56	13.56	257.46	194.02	11.86
泰州	14.18	36.59	0.13	6.60	302.56	253.40	11.40
宿迁	1.98	1.53		0.38	16.33	13.27	0.46

单位：亿元

管理费用	财务费用			投资收益（损失以“-”号记）	营业利润	利润总额	亏损企业亏损额	平均用工人数（人）
		利息收入	利息支出					
397.87	**49.38**	**4.26**	**56.06**	**18.96**	**467.16**	**481.97**	**28.08**	**555389**
294.53	20.34	2.70	26.20	17.91	320.89	333.26	18.06	380286
49.65	6.59	0.34	6.48	0.98	77.70	79.56	2.53	80173
53.69	22.45	1.22	23.37	0.06	68.57	69.15	7.49	94930
26.81	1.46	0.23	2.08	1.32	30.01	31.20	0.87	30475
67.90	7.73	0.49	8.51	8.72	74.83	74.57	4.99	79234
25.75	14.67	0.99	16.09	0.06	35.34	35.34	4.01	44720
54.36	5.00	0.83	5.83	1.12	56.02	60.77	2.98	73250
127.50	3.88	1.25	6.67	4.34	124.78	128.99	8.57	154704
17.72	2.70	0.08	2.53	0.24	39.11	39.62	1.20	30611
3.25	0.35	0.04	0.31	0.01	2.57	2.86	0.05	4861
7.27	3.10	0.14	2.78		8.48	8.75	0.97	12355
16.35	4.17	0.05	4.10	-0.02	20.94	21.06	2.38	30238
15.53	1.49	0.08	1.43	0.62	20.74	22.05	0.36	26566
17.96	2.26	-0.09	3.12	2.41	35.25	37.73	0.65	42623
16.40	2.40	0.17	2.52	0.12	17.85	17.89	0.97	22996
1.07	0.16		0.09		1.25	1.14	0.07	2756

1-B-36 按地区分组的规模以上汽车

地区	企业单位数（个）	资产总计	固定资产净额	固定资产原价	累计折旧	流动资产合计	应收账款
总计	**2055**	**7034.85**	**1694.17**	**3216.77**	**1472.04**	**4224.59**	**1632.84**
苏南	1394	5244.29	1227.58	2342.01	1076.71	3185.44	1219.39
苏中	399	1060.37	249.91	476.98	218.37	652.34	260.05
苏北	265	735.25	217.85	399.51	177.51	390.11	155.02
南京	174	1332.62	291.20	558.15	257.27	852.02	310.05
无锡	260	1044.20	218.51	440.61	219.45	662.16	201.14
徐州	30	40.82	8.54	12.44	3.55	19.59	8.17
常州	266	530.06	124.05	246.01	111.91	316.71	165.69
苏州	520	2023.19	522.91	954.61	420.97	1143.60	467.62
南通	76	264.11	53.73	77.23	22.78	165.06	75.61
连云港	15	28.59	4.85	8.32	2.97	12.39	3.86
淮安	52	67.93	22.12	29.64	7.18	35.84	16.85
盐城	152	582.86	177.74	342.28	161.64	314.19	123.77
扬州	213	611.56	150.59	319.84	161.33	386.50	145.12
镇江	174	314.22	70.91	142.64	67.11	210.95	74.90
泰州	110	184.70	45.60	79.91	34.27	100.79	39.32
宿迁	16	15.05	4.60	6.82	2.16	8.10	2.37

制造业工业企业主要经济指标

单位：亿元

存货	#产成品	负债合计	流动负债合计	#应付账款	所有者权益合计	实收资本	国家资本	集体资本
776.80	**328.28**	**4037.92**	**3545.63**	**1471.80**	**2996.93**	**1740.38**	**222.34**	**18.20**
616.63	261.34	2992.82	2642.84	1155.03	2251.46	1354.26	164.36	10.10
101.87	45.41	627.83	538.86	156.34	432.54	226.75	21.64	7.00
59.21	21.88	420.76	367.42	162.36	314.49	161.21	36.34	1.10
131.46	43.38	912.07	782.51	384.43	420.55	351.10	85.66	6.29
131.79	64.94	479.39	443.84	212.12	564.80	239.31	54.12	0.26
4.77	0.92	15.86	14.95	4.28	24.96	18.08		0.88
49.46	23.27	353.93	323.36	144.24	176.13	100.22	3.79	0.06
266.94	113.31	1054.80	927.10	357.31	968.39	598.42	10.66	1.01
18.54	9.11	169.75	131.58	44.58	94.36	57.34	0.25	
2.53	1.20	16.47	11.05	2.06	12.13	12.31	1.56	
8.88	2.39	40.69	35.26	10.75	27.24	17.80	0.04	0.21
40.60	16.55	338.95	298.94	142.07	243.91	109.78	34.61	0.01
58.47	26.53	362.45	314.99	83.55	249.11	147.84	21.39	6.20
36.97	16.45	192.63	166.03	56.93	121.59	65.22	10.12	2.49
24.87	9.76	95.63	92.29	28.21	89.07	21.57		0.79
2.42	0.82	8.79	7.21	3.19	6.26	3.24	0.13	

1-B-36 续表

地区	法人资本	个人资本	港澳台资本	外商资本	营业收入	营业成本	销售费用
总计	**659.22**	**235.32**	**73.99**	**531.31**	**7744.95**	**6326.14**	**208.15**
苏南	522.47	154.80	57.14	445.40	5692.23	4573.47	149.11
苏中	112.19	53.63	2.67	29.61	1294.10	1089.57	25.07
苏北	25.92	27.38	14.18	56.30	766.45	669.68	34.29
南京	109.37	39.79	15.71	94.28	1745.62	1361.39	45.34
无锡	65.79	19.13	14.85	85.15	1132.64	890.28	35.74
徐州	5.70	9.15	2.35		35.54	29.77	1.38
常州	29.40	39.49	1.42	26.05	588.99	494.97	11.24
苏州	298.56	38.44	23.92	225.82	1969.73	1618.96	47.26
南通	31.45	8.44	1.09	16.12	229.46	191.20	5.34
连云港	4.51	0.31	5.04	0.90	13.97	11.76	0.32
淮安	0.91	6.85	6.10	3.69	79.91	67.46	1.89
盐城	14.51	8.98	0.70	50.98	622.46	548.28	30.24
扬州	73.24	32.64	1.01	13.35	786.36	658.32	13.82
镇江	19.34	17.95	1.23	14.08	255.26	207.86	9.52
泰州	7.50	12.56	0.58	0.14	278.28	240.04	5.91
宿迁	0.28	2.10		0.72	14.57	12.41	0.47

单位：亿元

管理费用	财务费用			投资收益（损失以“-”号记）	营业利润	利润总额	亏损企业亏损额	平均用工人数（人）
		利息收入	利息支出					
469.79	**50.42**	**10.77**	**48.03**	**26.26**	**645.14**	**655.13**	**74.66**	**514836**
381.03	32.34	8.58	31.92	25.02	522.09	529.40	58.43	379640
57.45	8.36	1.31	8.49	1.17	119.52	120.89	1.44	88486
31.88	9.79	0.88	7.70	0.08	3.81	5.14	14.80	47286
91.92	4.37	3.34	5.99	-0.52	208.22	209.69	14.04	72441
73.84	5.45	0.77	4.99	1.19	119.60	121.03	5.29	76731
1.86	0.37	0.01	0.25		1.89	1.93	0.22	4643
33.28	5.06	0.33	4.17	1.47	45.25	48.09	5.98	46906
162.39	13.37	3.87	13.36	22.69	133.83	135.38	29.75	150610
11.03	2.72	0.35	2.63	0.12	19.29	19.69	0.38	16296
1.09	0.30	0.03	0.27		0.43	0.41	0.42	1851
3.54	1.27	0.05	0.72		5.49	5.71	0.53	8741
24.67	7.78	0.80	6.35	0.08	-4.68	-3.63	13.63	29438
34.41	4.56	0.59	4.68	0.94	82.00	83.36	0.97	55969
19.61	4.08	0.27	3.41	0.18	15.19	15.22	3.36	32952
12.01	1.08	0.38	1.18	0.10	18.24	17.84	0.08	16221
0.72	0.07		0.11		0.69	0.72		2613

1-B-37 按地区分组的规模以上铁路、船舶、航空

地区	企业单位数（个）	资产总计	固定资产净额	固定资产原价	累计折旧	流动资产合计	应收账款
总计	**816**	**3753.76**	**694.42**	**1303.59**	**591.68**	**2293.31**	**642.20**
苏南	505	2355.78	316.84	674.73	348.47	1515.64	425.76
苏中	250	1686.53	365.45	617.45	244.68	989.31	229.19
苏北	65	92.53	23.70	38.97	14.52	50.12	9.68
南京	83	756.15	81.43	171.76	89.18	451.67	140.78
无锡	138	669.77	70.66	135.17	63.26	443.96	66.53
徐州	21	61.49	12.62	17.93	5.22	35.71	6.82
常州	102	490.11	71.42	167.58	95.95	334.44	125.41
苏州	116	297.74	61.61	112.24	50.32	200.18	69.69
南通	97	653.89	189.21	303.17	112.58	374.31	149.53
连云港	6	6.75	2.63	6.33	3.13	2.27	0.09
淮安	7	5.90	1.71	2.45	0.73	2.56	0.62
盐城	24	14.95	5.95	11.09	5.05	7.27	2.99
扬州	43	206.56	86.93	142.46	50.36	109.55	10.55
镇江	66	142.02	31.72	87.99	49.77	85.39	23.35
泰州	110	826.08	89.31	171.82	81.74	505.45	69.12
宿迁	7	3.44	0.78	1.17	0.38	2.31	-0.85

航天和其他运输设备制造业工业企业主要经济指标

单位：亿元

存货	#产成品	负债合计	流动负债合计	#应付账款	所有者权益合计	实收资本	国家资本	集体资本
573.48	**104.62**	**2157.28**	**1780.97**	**539.69**	**1596.47**	**705.18**	**252.59**	**4.13**
362.75	87.86	1227.67	1087.52	396.54	1128.11	365.61	132.66	3.67
251.38	15.52	973.65	728.27	155.12	712.88	329.46	120.52	0.46
10.10	1.76	54.44	50.98	11.32	38.10	22.89	0.61	
122.94	26.38	497.92	412.78	160.31	258.23	104.80	72.10	0.81
88.71	7.47	259.50	240.02	57.97	410.27	62.32	13.57	2.45
6.18	1.02	36.72	35.08	8.90	24.77	11.65	0.50	
79.70	32.29	243.37	220.68	94.15	246.74	104.75	45.30	
51.25	16.62	148.40	143.49	53.19	149.34	63.81	1.44	0.05
83.79	5.96	483.41	338.20	61.55	170.49	168.54	44.08	0.10
0.96	0.10	3.95	3.14	0.30	2.80	3.37		
0.99	0.23	2.79	2.50	0.48	3.10	2.96	0.11	
1.26	0.34	8.71	8.01	1.60	6.25	4.04		
47.55	1.41	145.13	141.91	29.23	61.43	84.05	69.94	
20.15	5.09	78.49	70.54	30.93	63.53	29.94	0.24	0.35
120.04	8.16	345.12	248.16	64.33	480.96	76.87	6.49	0.36
0.71	0.08	2.26	2.26	0.04	1.18	0.88		

1-B-37 续表

地　区					营业收入	营业成本	销售费用
	法人资本	个人资本	港澳台资本	外商资本			
总　计	**208.48**	**123.39**	**35.18**	**81.42**	**2728.66**	**2297.43**	**52.88**
苏　南	96.35	57.43	19.08	56.43	1607.65	1337.24	39.03
苏　中	108.73	56.48	15.61	27.67	1103.91	939.55	11.26
苏　北	6.06	9.63	0.49	6.09	96.20	85.27	2.69
南　京	21.75	5.59	0.75	3.79	437.61	364.19	8.91
无　锡	16.39	12.68	2.10	15.12	329.32	279.04	6.83
徐　州	0.93	4.73		5.49	61.57	55.73	1.63
常　州	30.63	16.21	3.85	8.76	397.44	321.32	9.80
苏　州	11.69	13.34	9.36	27.92	307.55	251.01	12.18
南　通	53.22	40.12	15.61	15.41	515.95	431.24	4.88
连云港	1.12	2.24			1.93	1.76	0.08
淮　安	1.34	0.51	0.39	0.60	6.34	4.97	0.31
盐　城	2.45	1.59			22.76	19.56	0.60
扬　州	9.07	5.04			115.49	101.78	1.44
镇　江	15.88	9.60	3.02	0.84	135.73	121.67	1.31
泰　州	46.44	11.32		12.26	472.47	406.53	4.94
宿　迁	0.21	0.56	0.10		3.60	3.26	0.07

单位：亿元

管理费用	财务费用			投资收益（损失以“-”号记）	营业利润	利润总额	亏损企业亏损额	平均用工人数（人）
		利息收入	利息支出					
162.02	**18.79**	**10.84**	**28.58**	**22.67**	**200.90**	**226.72**	**18.49**	**261662**
110.24	8.20	5.82	13.27	19.09	120.40	130.96	7.40	138480
51.90	10.02	5.39	15.31	19.21	101.04	117.33	10.74	115762
3.69	0.60	0.04	0.52		3.69	3.75	0.35	10701
35.57	3.60	2.19	4.50	0.94	20.69	27.35	0.61	36913
23.17	-0.32	2.15	2.73	17.10	33.56	35.36	0.72	24529
1.96	0.26	0.04	0.23		1.98	1.98	0.18	6341
29.35	3.90	0.58	4.18	1.18	32.20	32.64	1.44	36135
16.17	0.57	0.81	1.20	0.03	27.96	29.64	3.78	29451
25.42	8.75	0.25	8.83	0.15	45.67	44.29	8.26	36038
0.27	0.06		0.05		-0.01	0.01	0.12	596
0.30	0.04		0.02		0.43	0.43	0.03	764
0.97	0.20		0.17		1.27	1.30		2350
6.71	2.00	0.08	2.35	0.03	1.66	16.34	1.94	24538
5.98	0.46	0.09	0.65	-0.17	5.99	5.97	0.84	11452
19.77	-0.74	5.06	4.12	19.03	53.71	56.70	0.54	55186
0.19	0.05		0.05		0.03	0.03	0.02	650

1-B-38　按地区分组的规模以上电气机械

地　　区	企　业单位数（个）	资产总计	固定资产净　　额	固定资产原　　价	累计折旧	流动资产合　　计	应收账款
总　计	**4095**	**13471.42**	**2493.90**	**4588.90**	**2054.84**	**8740.77**	**3587.02**
苏　南	2457	9716.17	1577.72	2995.28	1393.13	6534.19	2629.09
苏　中	1106	2758.49	639.14	1169.56	524.28	1635.25	729.51
苏　北	532	996.75	277.04	424.07	137.44	571.33	228.43
南　京	274	1379.85	260.56	423.53	160.75	902.42	410.16
无　锡	544	2506.64	339.95	738.75	390.21	1804.22	720.31
徐　州	121	181.09	75.48	107.74	29.35	85.40	32.03
常　州	568	1883.59	308.89	603.92	285.62	1286.38	503.20
苏　州	749	3005.31	439.37	840.83	398.62	1981.32	786.26
南　通	362	1271.34	313.75	544.68	229.51	704.14	295.50
连云港	41	113.22	22.05	34.56	12.35	40.89	18.08
淮　安	121	165.33	35.34	65.67	28.15	114.11	49.84
盐　城	166	400.43	99.19	151.61	49.76	253.88	100.66
扬　州	485	1021.53	233.71	438.83	202.52	618.68	278.77
镇　江	322	940.78	228.95	388.25	157.92	559.85	209.15
泰　州	259	465.62	91.68	186.04	92.25	312.42	155.23
宿　迁	83	136.68	44.99	64.49	17.84	77.05	27.82

和器材制造业工业企业主要经济指标

单位：亿元

存货		负债合计	流动负债合计		所有者权益合计	实收资本		
	#产成品			#应付账款			国家资本	集体资本
1374.97	**655.58**	**7279.79**	**6605.29**	**2070.83**	**6191.61**	**3196.85**	**155.69**	**166.91**
980.57	451.81	5347.75	4907.38	1590.82	4368.41	2286.42	129.76	143.26
284.38	156.47	1343.42	1215.36	320.07	1415.07	686.52	21.45	12.85
110.02	47.31	588.62	482.55	159.94	408.13	223.92	4.48	10.80
148.29	65.61	811.19	724.65	272.70	568.66	261.50	37.19	8.62
232.76	123.06	1477.47	1380.35	389.93	1029.16	647.88	21.38	1.49
16.91	7.64	87.08	71.78	26.37	94.01	49.02		0.21
230.72	102.78	982.37	904.56	308.76	901.22	391.57	49.45	4.23
308.40	131.21	1566.19	1423.90	520.18	1439.12	703.96	5.84	88.20
128.24	81.63	537.37	473.48	163.52	733.97	370.52	0.40	0.98
7.99	3.32	56.59	54.76	12.88	56.62	28.71		
25.74	9.88	111.64	86.70	21.50	53.69	37.02	1.50	0.78
37.19	17.85	253.38	203.52	84.78	147.05	73.06	2.98	8.04
100.66	44.01	552.08	510.24	102.41	469.45	217.88	19.10	10.70
60.39	29.15	510.52	473.92	99.24	430.26	281.51	15.92	40.70
55.48	30.83	253.97	231.64	54.14	211.65	98.13	1.95	1.17
22.19	8.62	79.92	65.79	14.41	56.76	36.10	0.01	1.78

1-B-38 续表

地区	法人资本	个人资本	港澳台资本	外商资本	营业收入	营业成本	销售费用
总计	**1275.21**	**906.57**	**185.43**	**507.04**	**13799.68**	**11761.29**	**400.44**
苏南	898.22	552.17	117.37	445.64	8711.28	7343.03	288.65
苏中	269.30	284.82	57.37	40.73	3915.79	3382.79	84.99
苏北	107.70	69.58	10.68	20.67	1172.61	1035.47	26.80
南京	66.70	35.17	10.61	103.21	1161.71	936.38	56.35
无锡	274.95	212.59	36.31	101.17	2261.72	1898.79	77.88
徐州	27.93	18.80	1.03	1.05	221.22	192.28	6.64
常州	202.63	71.93	21.37	41.96	1940.97	1683.70	47.35
苏州	234.06	136.57	46.46	192.83	2749.05	2331.83	79.27
南通	142.04	151.26	54.39	21.45	1942.01	1658.45	31.12
连云港	22.32	1.60	3.16	1.63	68.35	61.68	1.68
淮安	11.34	12.03	4.96	6.42	241.72	215.67	5.08
盐城	25.13	24.01	1.33	11.57	421.78	376.35	8.70
扬州	79.62	93.37	2.83	12.26	1366.37	1199.76	32.04
镇江	119.89	95.91	2.62	6.47	597.83	492.33	27.80
泰州	47.64	40.19	0.16	7.01	607.41	524.59	21.84
宿迁	20.98	13.13	0.20		219.55	189.49	4.71

单位：亿元

管理费用	财务费用			投资收益（损失以“-”号记）	营业利润	利润总额	亏损企业亏损额	平均用工人数（人）
		利息收入	利息支出					
662.96	**110.14**	**25.92**	**117.39**	**29.63**	**851.21**	**867.65**	**77.25**	**929076**
486.33	69.87	23.26	78.81	28.89	530.23	539.60	57.20	606317
131.04	30.40	2.24	29.44	0.78	276.42	280.65	11.25	228253
45.59	9.87	0.42	9.14	-0.04	44.56	47.40	8.80	94506
74.22	11.70	1.80	7.47	2.66	90.88	90.14	9.67	70018
120.26	17.48	11.04	24.87	4.39	147.31	151.23	5.02	120599
10.61	2.01	0.06	1.38	0.03	8.52	8.50	2.93	19815
90.05	12.69	3.59	13.14	-1.35	98.82	102.61	12.18	138303
156.92	19.12	6.46	26.24	23.17	171.47	173.35	19.39	219830
54.79	10.40	1.05	10.70	1.45	175.95	176.78	5.90	95835
3.98	0.30	0.03	0.50	-0.10	0.06	0.63	1.20	7232
7.47	3.18	0.17	2.80		7.48	7.70	1.95	21514
14.99	3.22	0.08	3.43	0.03	16.53	17.81	1.72	28544
49.80	15.80	0.71	14.03	0.57	73.80	76.72	0.68	91167
44.88	8.87	0.38	7.09	0.02	21.75	22.27	10.95	57567
26.45	4.20	0.48	4.71	-1.25	26.67	27.15	4.67	41251
8.54	1.17	0.08	1.03		11.96	12.76	1.00	17401

1-B-39 按地区分组的规模以上计算机、通信和

地　区	企　业 单位数 （个）	资产总计	固定资产 净　额	固定资产 原　价	累计折旧	流动资产 合　计	应收账款
总　计	**2575**	**15466.53**	**3999.24**	**8191.40**	**4146.46**	**9297.11**	**4258.13**
苏　南	1895	12869.95	3162.33	6723.33	3537.94	8084.34	3720.49
苏　中	400	1234.24	391.58	690.58	293.69	604.11	270.32
苏　北	280	1362.34	445.33	777.50	314.84	608.66	267.33
南　京	190	2077.87	582.90	882.86	298.48	1068.68	373.10
无　锡	266	2295.24	740.79	1731.39	987.00	1175.33	503.15
徐　州	36	472.75	164.06	298.53	124.84	138.39	34.97
常　州	239	677.80	150.95	254.19	102.88	455.57	210.38
苏　州	1106	7552.43	1620.10	3653.11	2017.01	5217.46	2568.91
南　通	168	574.83	181.84	315.42	133.01	227.65	80.71
连云港	25	79.54	17.13	30.93	13.45	39.11	13.82
淮　安	66	232.84	68.89	114.82	45.81	107.51	42.11
盐　城	105	258.15	72.53	107.22	32.25	146.27	84.84
扬　州	155	409.17	133.39	243.60	105.52	227.28	101.14
镇　江	94	266.60	67.59	201.78	132.58	167.30	64.94
泰　州	77	250.24	76.34	131.56	55.15	149.19	88.47
宿　迁	48	319.07	122.72	226.00	98.49	177.38	91.59

其他电子设备制造业工业企业主要经济指标

单位：亿元

存货	#产成品	负债合计	流动负债合计	#应付账款	所有者权益合计	实收资本	国家资本	集体资本
1854.17	**635.10**	**7942.93**	**7214.02**	**3269.48**	**7523.60**	**4082.72**	**440.26**	**19.55**
1640.75	557.28	6744.27	6184.58	2951.65	6125.68	3358.42	399.26	14.29
119.47	48.53	538.78	469.99	162.27	695.46	361.09	10.23	4.23
93.95	29.28	659.88	559.46	155.57	702.46	363.21	30.77	1.02
275.49	55.21	1119.02	883.39	334.78	958.85	568.68	310.29	0.30
264.28	104.95	984.99	930.61	370.68	1310.25	711.93	14.74	3.28
13.07	5.97	218.47	187.73	20.86	254.28	130.39	0.07	0.51
90.83	39.68	331.39	316.99	116.22	346.41	118.76	3.67	0.13
987.20	347.20	4174.57	3926.85	2087.13	3377.86	1882.32	65.16	10.56
43.42	19.26	210.17	172.29	48.83	364.66	147.30	4.99	3.48
9.25	3.04	34.93	28.10	14.82	44.61	19.04	2.00	
15.21	5.64	93.90	53.93	21.67	138.94	104.74	28.59	0.16
23.23	9.11	180.46	161.00	73.40	77.68	48.42	0.10	0.35
39.03	15.69	168.75	142.10	57.23	240.42	145.02	5.04	0.55
22.95	10.24	134.31	126.73	42.85	132.30	76.73	5.40	0.03
37.03	13.58	159.86	155.59	56.21	90.38	68.77	0.20	0.20
33.19	5.52	132.12	128.70	24.82	186.95	60.63		

1-B-39 续表

地　区					营业收入	营业成本	销售费用
	法人资本	个人资本	港澳台资本	外商资本			
总　计	**884.65**	**296.30**	**844.07**	**1597.90**	**17333.95**	**15550.30**	**200.22**
苏　南	626.24	198.92	645.87	1473.83	15002.02	13569.79	166.43
苏　中	157.97	63.64	67.06	57.96	1425.46	1217.37	22.89
苏　北	100.44	33.74	131.14	66.10	906.48	763.14	10.90
南　京	34.11	45.32	87.22	91.44	1426.70	1282.33	18.86
无　锡	78.95	33.03	122.08	459.85	2278.65	2028.97	25.11
徐　州	24.15	3.32	101.85	0.50	198.97	174.52	2.44
常　州	26.98	18.02	39.60	30.37	732.67	604.68	14.95
苏　州	456.24	94.00	366.04	890.32	10274.88	9406.29	103.99
南　通	89.50	30.63	6.10	12.60	752.48	648.31	10.15
连云港	3.76	1.97	2.50	8.81	56.70	44.54	2.09
淮　安	34.79	6.27	3.40	31.53	209.09	180.74	2.73
盐　城	22.35	18.14	5.55	1.92	206.45	180.55	2.31
扬　州	60.79	24.00	29.26	25.37	413.94	353.04	9.02
镇　江	29.96	8.55	30.93	1.86	289.12	247.53	3.52
泰　州	7.67	9.01	31.70	19.99	259.05	216.03	3.72
宿　迁	15.40	4.05	17.84	23.35	235.27	182.78	1.33

单位：亿元

管理费用	财务费用	利息收入	利息支出	投资收益（损失以“-”号记）	营业利润	利润总额	亏损企业亏损额	平均用工人数（人）
746.01	**87.58**	**38.68**	**105.60**	**35.85**	**783.17**	**819.97**	**140.12**	**1648817**
615.97	71.84	35.34	86.87	33.82	617.81	636.13	116.64	1354751
71.08	7.95	2.06	9.52	0.54	100.67	108.64	8.04	155837
58.97	7.79	1.28	9.20	1.49	64.69	75.21	15.45	138229
73.25	23.76	2.47	19.80	4.09	44.79	46.27	41.20	115567
95.16	7.41	4.06	11.21	16.45	136.30	136.29	12.60	180656
13.84	5.87	0.85	6.34	1.19	3.45	5.36	2.79	11773
39.72	2.49	5.42	8.56	0.28	69.93	73.86	1.86	91162
396.25	31.83	23.25	45.65	14.34	349.14	363.34	55.81	937003
30.65	4.15	1.04	4.84	0.63	55.83	56.37	3.53	51858
7.09	0.50	0.08	0.17		1.95	1.66	2.85	6451
13.38	2.24	0.26	0.82	-0.58	8.49	9.14	5.25	29981
10.49	1.99	0.10	1.40	0.14	11.53	13.15	2.41	24637
25.53	1.09	0.89	2.07	-0.17	23.92	26.05	3.23	43436
11.60	6.35	0.12	1.65	-1.34	17.65	16.37	5.17	30363
14.90	2.71	0.12	2.61	0.07	20.91	26.22	1.27	60543
14.16	-2.81	-0.01	0.47	0.75	39.26	45.89	2.15	65387

1-B-40 按地区分组的规模以上仪器

地区	企业单位数（个）	资产总计	固定资产净额	固定资产原价	累计折旧	流动资产合计	应收账款
总计	**849**	**2655.01**	**400.16**	**810.82**	**406.58**	**1616.91**	**503.14**
苏南	528	1738.71	204.70	371.57	165.70	1147.11	370.52
苏中	192	688.06	128.58	324.43	193.91	350.58	93.01
苏北	129	228.24	66.88	114.82	46.96	119.21	39.61
南京	100	803.17	56.90	94.20	37.21	474.03	153.07
无锡	82	211.25	29.28	53.08	23.70	144.41	44.35
徐州	40	105.81	34.01	57.09	22.82	46.39	13.83
常州	114	184.25	34.14	67.34	32.93	130.16	40.34
苏州	199	493.32	71.73	132.40	60.31	367.88	120.99
南通	99	381.02	66.82	116.01	48.66	164.73	41.99
连云港	4	3.72	0.26	0.63	0.37	3.16	0.47
淮安	41	24.78	4.80	8.55	3.64	17.68	9.14
盐城	36	84.67	26.06	46.34	19.67	45.44	13.98
扬州	57	208.55	48.53	184.24	134.51	124.42	33.52
镇江	33	46.72	12.64	24.55	11.56	30.63	11.77
泰州	36	98.48	13.23	24.18	10.74	61.43	17.50
宿迁	8	9.27	1.75	2.21	0.46	6.54	2.18

仪表制造业工业企业主要经济指标

单位：亿元

存货	#产成品	负债合计	流动负债合计	#应付账款	所有者权益合计	实收资本	国家资本	集体资本
337.85	**91.84**	**1149.62**	**1051.80**	**366.09**	**1505.39**	**454.03**	**72.47**	**4.13**
240.63	61.62	763.83	732.25	280.25	974.88	307.99	63.56	2.33
74.06	23.74	298.50	243.81	66.08	389.56	104.14	6.94	1.69
23.17	6.48	87.29	75.73	19.77	140.95	41.89	1.98	0.12
59.45	9.19	324.66	311.64	131.39	478.51	121.72	58.75	0.59
33.00	9.05	103.17	100.79	29.03	108.08	34.06	2.44	0.08
8.23	2.22	30.78	23.65	5.42	75.03	15.64	0.05	0.06
31.74	10.66	85.31	82.96	25.80	98.94	40.48	0.01	0.17
109.60	30.01	223.49	210.44	86.63	269.83	103.20	0.95	1.47
27.63	10.08	148.41	105.27	24.09	232.61	51.22	0.90	1.14
0.46	0.05	1.75	1.73	0.19	1.96	0.72		
2.85	0.90	12.66	12.11	5.03	12.12	6.48		0.06
9.66	3.16	38.55	34.73	7.79	46.12	14.32	1.93	
35.54	10.20	106.95	102.17	30.15	101.60	28.69	6.04	0.03
6.84	2.71	27.20	26.42	7.40	19.52	8.53	1.42	0.01
10.89	3.46	43.14	36.37	11.83	55.35	24.23		0.52
1.97	0.15	3.54	3.51	1.34	5.73	4.74		

1-B-40 续表

地　区					营业收入	营业成本	销售费用
	法人资本	个人资本	港澳台资本	外商资本			
总　计	**151.99**	**131.14**	**18.88**	**75.42**	**2274.84**	**1823.39**	**83.85**
苏　南	92.90	69.98	13.36	65.87	1198.36	913.69	55.36
苏　中	41.13	45.17	4.71	4.51	828.03	705.89	18.50
苏　北	17.96	15.99	0.81	5.03	248.45	203.81	9.99
南　京	34.24	20.87	1.94	5.32	350.16	289.44	14.36
无　锡	15.46	9.50	2.64	3.95	150.46	113.23	7.03
徐　州	9.20	5.51	0.77	0.05	77.59	61.42	4.23
常　州	17.17	8.97	1.49	12.68	192.37	138.07	7.59
苏　州	22.69	27.94	7.29	42.86	467.33	341.43	25.09
南　通	30.46	16.64	1.41	0.67	465.98	399.93	7.66
连云港		0.72			2.96	2.37	0.12
淮　安	1.62	4.22		0.58	43.51	33.38	3.46
盐　城	3.71	4.24	0.04	4.40	119.70	102.85	2.03
扬　州	7.32	9.07	3.30	2.95	283.66	240.34	8.56
镇　江	3.33	2.70		1.06	38.03	31.52	1.29
泰　州	3.35	19.46		0.89	78.39	65.62	2.29
宿　迁	3.43	1.31			4.70	3.79	0.15

单位：亿元

管理费用	财务费用			投资收益（损失以“-”号记）	营业利润	利润总额	亏损企业亏损额	平均用工人数（人）
		利息收入	利息支出					
154.59	**10.00**	**3.57**	**13.32**	**25.89**	**223.83**	**231.33**	**3.43**	**168849**
104.06	3.83	2.63	6.84	20.19	142.57	146.89	2.52	104956
33.27	4.77	0.88	5.17	5.53	66.00	68.49	0.58	46479
17.26	1.39	0.05	1.30	0.17	15.26	15.95	0.32	17414
24.89	0.81	1.13	1.98	17.47	42.78	43.52	0.47	18600
16.75	1.53	0.39	1.89	0.85	12.06	13.16	0.78	17248
4.90	0.49	0.02	0.41	0.17	6.87	6.92	0.16	6713
15.87	0.56	0.34	1.04	0.33	28.83	30.15	0.18	17519
42.93	0.74	0.76	1.75	1.53	56.56	57.53	0.86	45740
15.56	3.38	0.20	3.66	5.14	42.10	43.11	0.56	23804
0.33	0.01		0.01		0.12	0.13		721
4.50	0.16	0.01	0.12	0.01	1.89	2.06	0.03	3144
7.02	0.70		0.72	-0.02	6.18	6.55	0.08	5948
12.77	1.23	0.20	0.90	0.29	18.74	20.16	0.01	15996
3.61	0.19	0.01	0.18	0.01	2.34	2.54	0.23	5849
4.95	0.17	0.48	0.62	0.10	5.17	5.22	0.02	6679
0.50	0.03	0.02	0.04	0.01	0.20	0.28	0.04	888

1-B-41　按地区分组的规模以上其他

地　区	企　业单位数（个）	资产总计	固定资产净　额	固定资产原　价	累计折旧	流动资产合　计	应收账款
总　计	**133**	**138.46**	**33.74**	**66.67**	**32.51**	**80.93**	**22.50**
苏　南	54	73.63	12.84	25.29	12.16	45.00	11.11
苏　中	45	50.88	15.33	31.89	16.44	28.62	10.23
苏　北	34	13.95	5.57	9.49	3.91	7.30	1.16
南　京	5	46.35	6.96	11.76	4.79	26.57	5.47
无　锡	10	8.40	2.01	4.92	2.71	4.93	1.88
徐　州	2						
常　州	3	0.46	0.09	0.19	0.10	0.37	0.14
苏　州	20	13.68	3.07	7.00	3.88	10.03	2.80
南　通	4	3.42	1.18	1.79	0.59	1.19	0.73
连云港							
淮　安	24	8.33	3.45	6.48	3.02	4.52	0.58
盐　城	4	1.08	0.16	0.43	0.27	0.59	0.10
扬　州	34	46.20	13.93	29.37	15.34	26.44	9.33
镇　江	16	4.74	0.72	1.41	0.68	3.10	0.82
泰　州	7	1.27	0.22	0.73	0.50	0.99	0.18
宿　迁	4	3.62	1.57	2.03	0.46	1.92	0.41

制造业工业企业主要经济指标

单位：亿元

存货	#产成品	负债合计	流动负债合计	#应付账款	所有者权益合计	实收资本	国家资本	集体资本
17.86	**7.27**	**55.41**	**53.59**	**18.36**	**83.05**	**31.78**	**4.15**	**0.03**
8.83	4.15	37.06	35.80	14.38	36.57	13.81	4.05	0.03
6.55	1.95	13.23	13.04	3.06	37.65	12.71	0.10	
2.47	1.18	5.12	4.74	0.92	8.83	5.26		
2.40	0.27	20.01	20.01	7.68	26.33	5.69	4.05	
1.23	0.74	3.65	3.65	1.40	4.76	2.44		0.03
0.16	0.07	0.22	0.18	0.02	0.24	0.12		
3.79	2.34	10.44	9.24	4.49	3.24	4.25		
0.16	0.04	2.52	2.52	0.14	0.90	0.72		
1.11	0.46	2.69	2.35	0.51	5.64	3.00		
0.39	0.15	0.36	0.32	0.04	0.72	0.41		
6.10	1.80	9.87	9.69	2.60	36.33	11.43		
1.25	0.72	2.74	2.73	0.79	2.00	1.31		
0.29	0.11	0.84	0.83	0.32	0.43	0.56	0.10	
0.86	0.52	1.70	1.70	0.31	1.91	1.42		

1-B-41 续表

地　区					营业收入	营业成本	销售费用
	法人资本	个人资本	港澳台资本	外商资本			
总　计	**6.18**	**7.02**	**1.34**	**13.05**	**163.06**	**140.15**	**4.49**
苏　南	2.40	1.95	0.88	4.50	61.79	50.65	2.21
苏　中	1.79	2.30	0.39	8.13	63.17	55.59	1.60
苏　北	2.00	2.77	0.07	0.42	38.10	33.91	0.69
南　京	0.01	0.37		1.26	27.22	22.02	0.10
无　锡	1.07	0.62		0.73	10.47	8.14	0.58
徐　州							
常　州	0.09	0.03			0.73	0.65	0.01
苏　州	0.70	0.55	0.78	2.22	17.67	14.81	1.34
南　通	0.54			0.18	1.42	1.17	0.05
连云港							
淮　安	0.75	2.18	0.07		29.07	26.49	0.44
盐　城	0.04	0.36		0.02	2.72	2.39	0.01
扬　州	1.22	2.25	0.02	7.95	59.43	52.41	1.49
镇　江	0.54	0.38	0.10	0.29	5.71	5.03	0.18
泰　州	0.03	0.05	0.37		2.32	2.01	0.05
宿　迁	1.22	0.20			5.21	4.09	0.20

单位：亿元

管理费用	财务费用			投资收益（损失以“-”号记）	营业利润	利润总额	亏损企业亏损额	平均用工人数（人）
		利息收入	利息支出					
9.17	**0.76**	**0.39**	**0.80**	**1.46**	**9.37**	**9.63**	**1.00**	**23421**
6.18	0.14	0.32	0.29	0.97	3.54	3.64	0.95	7963
1.93	0.43	0.07	0.44	0.49	3.77	3.88	0.03	10405
1.05	0.19		0.07		2.06	2.12	0.02	5053
3.64	-0.27	0.31	0.04	0.89	2.59	2.60	0.28	1260
0.80	0.02		0.05	0.08	1.08	1.10	0.01	2409
0.04					0.02	0.02		271
1.33	0.34		0.18		-0.21	-0.14	0.63	2641
0.06	0.04		0.01		0.08	0.08		298
0.53	0.09		0.01		1.38	1.43	0.01	3013
0.15	0.02				0.12	0.13		477
1.79	0.39	0.06	0.42	0.49	3.52	3.61		9705
0.37	0.04		0.02		0.06	0.06	0.03	1382
0.08		0.01	0.01		0.17	0.19	0.02	402
0.31	0.06		0.05		0.51	0.52		1198

1-B-42 按地区分组的规模以上废弃资源

地　区	企业单位数（个）	资产总计	固定资产净额	固定资产原价	累计折旧	流动资产合计	应收账款
总　计	**135**	**161.89**	**46.91**	**79.99**	**30.92**	**90.42**	**22.09**
苏　南	63	66.31	21.05	39.93	16.92	36.07	8.26
苏　中	24	20.91	5.33	8.67	3.18	12.03	4.62
苏　北	48	74.67	20.53	31.39	10.83	42.32	9.21
南　京	11	9.88	3.74	5.44	1.70	5.50	1.04
无　锡	9	5.23	1.27	1.85	0.55	3.52	1.67
徐　州	7	10.85	3.53	4.74	1.21	5.98	0.71
常　州	9	9.50	3.97	5.78	1.74	4.11	1.54
苏　州	30	36.22	9.10	18.19	9.00	21.09	3.76
南　通	2						
连云港	14	34.24	9.79	15.97	6.17	19.30	1.77
淮　安	13	19.94	3.38	4.61	1.21	14.35	5.89
盐　城	11	7.34	2.88	4.88	2.00	1.70	0.68
扬　州	14	13.64	4.22	6.78	2.40	6.83	1.64
镇　江	4	5.46	2.97	8.68	3.93	1.84	0.25
泰　州	8	4.27	0.70	1.24	0.52	2.82	1.05
宿　迁	3	2.31	0.95	1.19	0.24	1.00	0.17

综合利用业工业企业主要经济指标

单位：亿元

存货	#产成品	负债合计	流动负债合计	#应付账款	所有者权益合计	实收资本	国家资本	集体资本
23.58	**8.68**	**86.86**	**81.19**	**21.49**	**75.03**	**53.61**	**3.45**	**4.67**
6.95	3.91	37.67	36.36	5.47	28.63	26.24	0.36	3.06
2.41	1.04	11.65	10.50	2.82	9.26	6.99	0.46	
14.22	3.73	37.54	34.33	13.21	37.14	20.38	2.64	1.61
0.21	0.14	5.80	5.11	1.24	4.09	2.23	0.07	
0.44	0.22	2.44	2.39	0.42	2.79	1.31		0.30
2.26	0.85	3.83	3.23	0.47	7.02	3.37	1.42	
0.46	0.20	3.97	3.86	0.61	5.54	3.42	0.20	2.76
5.68	3.33	23.69	23.61	2.85	12.53	12.23	0.09	
10.05	1.89	14.07	12.93	5.87	20.17	8.14	0.88	0.42
1.12	0.81	13.60	12.96	6.37	6.33	6.17	0.34	1.19
0.47	0.10	5.03	4.22	0.39	2.30	1.99		
1.70	0.61	7.09	6.37	1.11	6.56	5.43		
0.15	0.02	1.77	1.39	0.35	3.69	7.06		
0.65	0.39	2.67	2.67	1.60	1.60	0.75		
0.32	0.08	1.00	1.00	0.11	1.31	0.71		

1-B-42 续表

地　区					营业收入	营业成本	销售费用
	法人资本	个人资本	港澳台资本	外商资本			
总　计	**14.59**	**19.45**	**7.68**	**3.77**	**185.31**	**165.50**	**3.03**
苏　南	8.86	5.41	4.78	3.77	63.01	52.95	1.17
苏　中	1.24	5.29			28.13	24.75	0.54
苏　北	4.49	8.75	2.90		94.17	87.79	1.32
南　京	1.26	0.27	0.63		8.19	7.09	0.16
无　锡	0.18	0.80	0.03		6.61	4.83	0.07
徐　州	0.14	1.11	0.70		7.82	7.10	0.09
常　州	0.11	0.35			10.54	8.61	0.22
苏　州	2.50	3.99	1.88	3.77	34.63	29.79	0.66
南　通							
连云港	0.89	4.35	1.60		42.46	42.47	0.23
淮　安	1.79	2.26	0.59		10.93	7.99	0.33
盐　城	1.16	0.83			27.47	25.78	0.51
扬　州	0.94	4.50			13.06	10.84	0.22
镇　江	4.82		2.24		3.04	2.63	0.06
泰　州	0.19	0.56			13.35	12.11	0.32
宿　迁	0.51	0.20			5.49	4.45	0.16

单位：亿元

管理费用	财务费用			投资收益（损失以“-”号记）	营业利润	利润总额	亏损企业亏损额	平均用工人数（人）
		利息收入	利息支出					
7.43	**1.30**	**-0.02**	**1.33**	**0.20**	**10.61**	**12.66**	**1.40**	**10021**
3.99	0.51	0.08	0.55	0.17	5.14	6.26	0.39	4479
1.28	0.41		0.34		1.09	1.71	0.24	1918
2.17	0.37	-0.10	0.43	0.02	4.38	4.69	0.77	3624
0.46	0.16	0.01	0.14	0.09	0.72	0.91		812
0.63	0.04		0.02		0.98	1.17		625
0.36	0.04	0.01	0.03	0.03	0.48	0.52	0.12	536
0.64	0.06		0.06		1.05	1.16		513
1.99	0.28	0.05	0.34	0.03	2.28	2.88	0.08	2245
0.70	0.26	0.07	0.20	-0.02	0.74	0.78	0.39	1435
0.44	-0.04	-0.18	0.09		2.21	2.35	0.11	794
0.42	0.07		0.07	0.01	0.36	0.44	0.15	613
0.63	0.24		0.19		1.11	1.14	0.12	1319
0.27	-0.02	0.03		0.04	0.12	0.14	0.31	284
0.39	0.10		0.10		0.39	0.38	0.11	389
0.23	0.04		0.04		0.59	0.61		246

1-B-43 按地区分组的规模以上电力、热力、

地区	企业单位数（个）	资产总计	固定资产净额	固定资产原价	累计折旧	流动资产合计	应收账款
总计	**681**	**10741.10**	**6747.16**	**12510.20**	**5715.52**	**2250.66**	**336.11**
苏南	254	3475.32	1708.14	3108.55	1393.30	997.53	127.92
苏中	156	1497.22	863.78	1426.83	552.38	442.09	71.34
苏北	270	2742.91	1650.36	2357.10	676.99	574.73	119.33
南京	46	688.81	358.67	593.92	234.18	174.83	24.83
无锡	45	662.20	322.86	633.81	310.29	228.82	21.99
徐州	71	420.61	227.04	431.24	200.70	102.24	30.30
常州	40	349.68	217.92	350.24	132.02	96.26	15.14
苏州	99	1414.78	656.24	1208.80	552.05	415.84	55.41
南通	77	829.08	489.81	789.38	292.13	238.10	44.69
连云港	35	1012.19	671.95	881.83	209.75	127.32	19.76
淮安	45	305.48	143.15	221.95	78.69	125.44	16.25
盐城	85	824.81	521.88	704.44	159.19	183.33	46.34
扬州	37	298.23	167.31	316.97	147.95	82.12	14.31
镇江	24	359.84	152.46	321.78	164.76	81.77	10.55
泰州	42	369.91	206.66	320.48	112.31	121.87	12.34
宿迁	34	179.82	86.35	117.64	28.67	36.39	6.67

燃气及水生产和供应业工业企业主要经济指标

单位：亿元

存货	#产成品	负债合计	流动负债合计	#应付账款	所有者权益合计	实收资本	国家资本	集体资本
135.94	**7.46**	**6319.97**	**3868.50**	**812.28**	**4421.12**	**2836.15**	**971.60**	**67.40**
58.76	5.04	1995.62	1224.22	149.33	1479.70	901.91	430.62	45.01
18.26	1.52	921.80	460.05	66.09	575.43	391.66	161.98	8.23
57.33	0.90	1896.64	777.54	143.22	846.27	601.56	378.99	14.16
8.53	2.29	380.21	224.53	34.44	308.60	206.76	142.46	0.14
11.00	0.27	350.37	197.48	35.94	311.84	208.96	110.70	10.56
7.73	0.15	269.23	181.74	37.30	151.38	120.00	56.25	0.55
7.22	0.09	213.82	119.45	17.07	135.86	76.30	8.13	17.37
25.11	1.02	811.70	529.42	50.82	603.08	323.48	95.36	16.51
8.40	1.25	501.88	248.07	23.83	327.20	219.17	100.41	4.10
36.52	0.09	756.21	169.89	50.70	255.98	179.23	158.13	0.57
4.54	0.17	214.13	105.32	11.17	91.35	68.86	36.68	7.30
6.80	0.24	553.42	271.07	39.09	271.40	189.46	122.06	2.73
4.13	0.08	170.72	99.45	17.21	127.51	85.91	49.82	0.56
6.91	1.38	239.53	153.33	11.07	120.31	86.41	73.97	0.43
5.74	0.19	249.20	112.52	25.05	120.71	86.59	11.76	3.58
1.74	0.25	103.66	49.51	4.96	76.16	44.01	5.87	3.00

1-B-43 续表

地　区					营业收入	营业成本	销售费用
	法人资本	个人资本	港澳台资本	外商资本			
总　计	**1480.43**	**70.63**	**158.85**	**87.24**	**6229.52**	**5562.02**	**53.25**
苏　南	245.85	34.79	115.36	30.28	1761.85	1464.54	40.42
苏　中	156.32	6.32	13.21	45.59	596.90	468.26	8.22
苏　北	137.24	29.52	30.27	11.38	700.65	545.96	4.61
南　京	43.91	0.24	12.36	7.66	287.10	240.32	8.88
无　锡	51.05	5.92	22.60	8.14	357.76	281.31	13.83
徐　州	37.86	5.61	13.47	6.25	185.17	161.06	0.66
常　州	38.45	4.06	5.58	2.70	170.32	135.77	1.96
苏　州	106.55	22.97	70.97	11.12	787.30	669.42	13.20
南　通	69.05	2.41	3.97	39.23	275.50	200.27	4.34
连云港	16.20	0.98	2.52	0.83	164.46	120.20	0.63
淮　安	17.95	3.34	1.28	2.30	101.46	83.72	0.96
盐　城	41.99	16.65	6.00	0.05	205.46	146.07	1.46
扬　州	29.54	0.95	2.69	2.35	145.16	121.09	1.31
镇　江	5.88	1.60	3.87	0.67	159.37	137.73	2.55
泰　州	57.74	2.96	6.55	4.00	176.23	146.90	2.56
宿　迁	23.24	2.95	7.00	1.94	44.09	34.90	0.91

单位：亿元

管理费用	财务费用	利息收入	利息支出	投资收益（损失以“-”号记）	营业利润	利润总额	亏损企业亏损额	平均用工人数（人）
87.10	**115.81**	**14.14**	**122.92**	**32.19**	**419.64**	**435.28**	**19.37**	**144171**
49.51	44.51	9.02	49.40	22.47	177.29	183.54	5.94	55068
13.49	22.49	1.37	23.28	2.41	83.10	83.74	2.12	21128
24.10	47.07	2.19	47.02	3.50	81.96	84.31	11.31	32490
11.91	7.14	0.76	7.58	4.83	20.77	21.97	3.43	12660
9.27	7.17	1.20	6.99	7.75	52.51	53.97	0.79	11208
5.87	7.67	0.89	7.78	0.39	9.52	9.63	5.37	9295
5.92	4.75	0.59	5.34	0.36	21.31	22.18	0.88	5969
19.50	20.77	4.82	23.04	8.18	71.95	74.28	0.75	18622
6.21	11.66	1.02	12.61	2.01	52.75	53.40	1.13	9742
6.14	15.72	0.44	15.83	0.49	24.70	24.21	1.80	6666
3.77	4.30	0.30	4.40	1.32	9.57	9.61	0.80	4606
6.73	17.81	0.48	17.53	-0.03	31.89	34.09	3.00	8844
3.13	4.95	0.18	4.84	0.10	14.33	13.77	0.03	6020
2.91	4.69	1.66	6.45	1.35	10.73	11.14	0.10	6609
4.15	5.87	0.16	5.83	0.30	16.02	16.57	0.96	5366
1.58	1.57	0.08	1.48	1.33	6.27	6.75	0.33	3079

1-B-44 按地区分组的规模以上电力、热力

地　区	企　业 单位数 （个）	资产总计	固定资产 净　额	固定资产 原　价	累计折旧	流动资产 合　计	应收账款
总　计	**405**	**8405.38**	**5896.54**	**11178.00**	**5246.29**	**1242.03**	**270.56**
苏　南	131	2025.92	1136.54	2205.84	1064.08	439.17	88.49
苏　中	86	1016.63	683.67	1142.14	456.13	192.28	59.69
苏　北	187	2337.18	1551.47	2212.30	633.23	374.26	104.86
南　京	19	333.55	203.01	378.04	174.09	60.51	14.77
无　锡	34	399.93	205.65	448.66	242.37	126.21	16.88
徐　州	49	336.41	212.98	411.94	195.45	78.01	24.30
常　州	24	225.00	171.29	270.87	99.29	30.38	8.88
苏　州	43	804.08	433.94	837.33	403.24	185.24	42.01
南　通	49	579.93	388.67	623.10	233.61	110.82	38.34
连云港	24	954.44	650.18	848.90	198.72	98.04	17.52
淮　安	29	195.32	125.28	194.12	68.74	47.61	15.03
盐　城	62	732.76	500.50	672.44	148.60	127.12	42.56
扬　州	18	207.58	128.43	255.56	127.13	44.59	12.44
镇　江	11	263.37	122.65	270.94	145.10	36.83	5.95
泰　州	19	229.13	166.57	263.48	95.39	36.87	8.91
宿　迁	23	118.25	62.52	84.90	21.71	23.48	5.44

生产和供应业工业企业主要经济指标

单位：亿元

存货	#产成品	负债合计	流动负债合计	#应付账款	所有者权益合计	实收资本	国家资本	集体资本
101.40	**3.57**	**4930.05**	**3082.07**	**714.22**	**3475.33**	**2354.87**	**713.69**	**54.65**
30.94	2.08	1171.26	684.95	87.86	854.66	598.95	245.22	39.03
14.98	1.19	614.09	323.17	48.68	402.54	292.93	123.66	5.12
53.90	0.30	1638.78	667.25	124.04	698.40	521.97	344.81	10.49
4.75	1.95	180.61	114.53	13.04	152.93	135.72	90.76	
7.71	0.11	218.32	129.32	21.20	181.60	121.56	34.54	10.56
7.17	0.04	217.18	154.56	28.82	119.24	96.86	48.19	0.04
1.64		128.56	54.95	14.11	96.44	65.51	2.91	17.06
12.84		468.48	272.40	31.87	335.60	206.83	56.77	11.24
7.02	1.12	356.53	176.22	16.90	223.40	156.87	77.23	1.92
36.08		722.55	153.96	47.56	231.89	163.79	145.55	0.57
3.57		127.01	84.44	8.64	68.31	54.03	31.17	7.30
5.68	0.08	496.51	238.04	36.15	236.25	173.66	114.32	2.58
3.13	0.01	118.29	74.89	14.58	89.29	67.39	40.81	
4.01	0.02	175.28	113.75	7.64	88.08	69.33	60.24	0.18
4.82	0.05	139.28	72.06	17.20	89.85	68.67	5.62	3.20
1.41	0.18	75.54	36.25	2.87	42.72	33.64	5.57	

1-B-44 续表

地区					营业收入	营业成本	销售费用
	法人资本	个人资本	港澳台资本	外商资本			
总计	**1396.36**	**41.37**	**115.72**	**33.09**	**5320.16**	**4868.15**	**2.11**
苏南	197.05	14.90	88.32	14.44	1104.18	950.35	0.95
苏中	143.44	4.52	3.82	12.37	444.81	367.66	0.46
苏北	114.85	21.95	23.58	6.29	601.05	466.89	0.69
南京	34.62		9.48	0.87	187.04	165.50	0.04
无锡	45.48	1.54	21.31	8.14	240.34	202.19	0.86
徐州	28.08	5.32	12.16	3.07	156.65	138.39	0.05
常州	35.11	4.06	3.75	2.61	108.76	90.87	0.02
苏州	77.15	7.69	51.16	2.82	444.01	379.99	0.03
南通	62.32	1.47	2.51	11.42	199.01	159.45	0.27
连云港	14.91	0.58	2.17		150.13	108.43	0.02
淮安	12.78	1.49		1.28	83.39	70.60	0.14
盐城	37.90	13.11	5.76		183.43	127.95	0.44
扬州	26.44	0.14			117.55	100.10	0.03
镇江	4.69	1.60	2.62		124.04	111.79	
泰州	54.67	2.91	1.31	0.95	128.25	108.12	0.16
宿迁	21.19	1.45	3.49	1.94	27.45	21.52	0.05

单位：亿元

管理费用	财务费用	利息收入	利息支出	投资收益（损失以“-”号记）	营业利润	利润总额	亏损企业亏损额	平均用工人数（人）
47.98	**105.67**	**10.16**	**110.18**	**22.50**	**295.54**	**306.52**	**14.61**	**94386**
24.03	38.02	6.29	40.99	15.07	97.07	100.65	2.84	27197
6.10	20.12	0.96	20.91	1.99	49.66	50.16	1.31	10256
17.84	45.79	1.35	45.07	1.63	71.52	72.02	10.46	21448
6.72	5.29	0.26	5.52	3.76	10.36	11.49	0.97	4698
4.99	6.80	0.83	6.33	6.33	31.07	31.52	0.76	6263
4.10	7.17	0.53	6.88	0.30	6.69	6.70	5.37	6123
3.05	4.86	0.12	4.95	0.16	9.53	10.26	0.88	3081
8.31	16.40	3.46	17.84	3.78	40.94	41.91	0.13	9502
2.87	10.52	0.77	11.24	1.88	26.28	26.84	1.13	5706
5.15	15.44	0.23	15.39	0.07	23.65	23.14	1.54	5110
2.58	4.30	0.05	4.21	1.34	6.69	6.75	0.78	2688
5.17	17.60	0.46	17.30	-0.07	30.87	31.47	2.58	6105
1.50	4.33	0.11	4.52	0.07	11.25	10.60		2416
0.96	4.69	1.62	6.36	1.04	5.18	5.48	0.10	3653
1.73	5.27	0.08	5.15	0.04	12.13	12.72	0.18	2134
0.84	1.28	0.07	1.28		3.63	3.95	0.18	1422

1-B-45 按地区分组的规模以上燃气

地区	企业单位数（个）	资产总计	固定资产净额	固定资产原价	累计折旧	流动资产合计	应收账款
总计	**117**	**729.41**	**249.94**	**368.78**	**118.08**	**302.86**	**35.43**
苏南	55	518.56	144.34	209.65	64.83	234.49	26.31
苏中	31	143.10	79.31	120.41	41.09	43.08	3.78
苏北	31	67.75	26.28	38.72	12.16	25.29	5.33
南京	12	78.64	37.79	50.03	12.23	27.62	4.75
无锡	4	61.40	22.63	33.21	10.59	27.73	4.10
徐州	9	19.24	8.35	11.80	3.45	5.85	1.62
常州	7	36.51	16.43	25.06	8.63	15.67	5.48
苏州	27	313.81	53.61	82.79	28.88	152.68	9.77
南通	9	85.36	52.76	80.76	28.00	23.66	0.47
连云港	4	7.02	3.74	5.66	1.80	2.18	0.12
淮安	4	20.47	5.26	8.89	3.62	8.85	0.11
盐城	10	9.26	2.83	4.06	1.20	4.77	2.77
扬州	10	28.04	10.26	17.10	6.84	11.57	1.40
镇江	5	28.21	13.88	18.56	4.49	10.78	2.21
泰州	12	29.69	16.29	22.55	6.25	7.85	1.91
宿迁	4	11.76	6.10	8.31	2.09	3.64	0.72

生产和供应业工业企业主要经济指标

单位：亿元

存货	#产成品	负债合计	流动负债合计	#应付账款	所有者权益合计	实收资本	国家资本	集体资本
15.79	**2.96**	**352.23**	**307.37**	**41.67**	**377.18**	**142.12**	**17.71**	**3.01**
12.79	2.18	263.44	231.16	25.06	255.12	75.21	8.17	1.95
2.00	0.30	53.09	51.47	12.76	90.01	51.53	7.30	0.91
1.00	0.48	35.71	24.74	3.86	32.05	15.38	2.25	0.15
0.94	0.14	43.42	42.36	4.91	35.22	14.44	0.80	
2.63	0.15	30.14	29.82	2.81	31.25	4.96	0.10	
0.18	0.06	9.77	8.91	1.65	9.47	4.40	0.45	
0.30	0.09	17.88	16.20	1.96	18.63	2.73	0.08	
6.61	0.84	158.46	129.73	12.14	155.34	50.56	6.60	1.70
0.86	0.11	25.86	25.33	4.03	59.51	35.70	5.43	
0.08	0.04	3.85	3.05	0.19	3.17	1.41	0.37	
0.45	0.15	12.14	4.60	0.72	8.33	4.68	1.03	
0.19	0.15	4.28	4.28	0.44	4.98	3.48	0.09	0.15
0.44	0.06	7.98	7.47	1.61	20.06	8.60	1.53	0.56
2.31	0.97	13.53	13.05	3.24	14.67	2.52	0.58	0.25
0.70	0.13	19.25	18.67	7.11	10.44	7.23	0.34	0.36
0.11	0.07	5.66	3.90	0.86	6.10	1.41	0.30	

1-B-45 续表

地　区	法人资本	个人资本	港澳台资本	外商资本	营业收入	营业成本	销售费用
总　计	**44.80**	**16.37**	**17.95**	**42.28**	**674.06**	**543.02**	**19.99**
苏　南	30.26	14.80	11.79	8.25	506.98	421.80	15.62
苏　中	7.33	0.53	3.88	31.58	104.21	69.17	2.35
苏　北	7.21	1.04	2.28	2.45	62.88	52.05	2.01
南　京	7.10	0.24	2.87	3.43	64.74	50.88	4.77
无　锡	3.57		1.29		84.74	65.29	3.03
徐　州	0.06	0.18	1.31	2.40	18.72	15.34	0.38
常　州	2.20		0.36	0.08	47.81	36.47	1.05
苏　州	17.11	14.57	6.02	4.57	283.51	250.11	5.61
南　通	2.96	0.02		27.30	50.95	24.41	0.83
连云港	0.29	0.40	0.35		7.88	6.76	0.29
淮　安	3.53	0.12			10.45	8.17	0.30
盐　城	2.61	0.34	0.24	0.05	12.66	10.94	0.40
扬　州	2.39	0.51	1.26	2.35	17.20	13.65	0.55
镇　江	0.27		1.25	0.17	26.18	19.06	1.17
泰　州	1.98		2.62	1.93	36.06	31.11	0.97
宿　迁	0.72		0.39		13.16	10.84	0.64

单位：亿元

管理费用	财务费用			投资收益（损失以“-”号记）	营业利润	利润总额	亏损企业亏损额	平均用工人数（人）
		利息收入	利息支出					
18.10	**3.50**	**2.13**	**5.09**	**4.53**	**91.41**	**93.57**	**1.09**	**16854**
12.86	3.12	1.66	4.23	4.03	55.94	58.00	0.47	10009
2.94	0.45	0.25	0.70	0.39	29.03	29.05	0.37	3810
2.30	-0.06	0.22	0.16	0.11	6.43	6.53	0.24	3035
1.99	0.36	0.10	0.50	0.47	6.93	7.84	0.01	2900
2.02	-0.15	0.11	-0.06	0.14	14.40	14.73		1628
0.85	0.01	0.01	0.01	0.07	2.07	2.10		1000
1.57	0.18	0.20	0.37	0.07	8.40	8.36		1176
6.26	2.76	1.21	3.38	3.04	21.03	21.88	0.47	3263
1.21	0.30	0.18	0.48	0.09	23.76	23.70		1089
0.44	0.08	0.03	0.11		0.29	0.28	0.16	344
0.18	-0.17	0.19	0.01		1.92	1.90		478
0.53				0.04	0.82	0.83	0.08	548
0.82	0.01	0.05	0.06	0.04	2.14	2.16		1766
1.01	-0.03	0.04	0.04	0.31	5.19	5.19		1042
0.91	0.14	0.02	0.16	0.26	3.13	3.19	0.37	955
0.30	0.02		0.03		1.33	1.43		665

1-B-46 按地区分组的规模以上水的

地区	企业单位数（个）	资产总计	固定资产净额	固定资产原价	累计折旧	流动资产合计	应收账款
总计	**159**	**1606.31**	**600.68**	**963.41**	**351.16**	**705.78**	**30.13**
苏南	68	930.84	427.27	693.05	264.39	323.87	13.13
苏中	39	337.49	100.79	164.29	55.17	206.72	7.87
苏北	52	337.97	72.62	106.07	31.61	175.18	9.13
南京	15	276.63	117.86	165.85	47.86	86.69	5.31
无锡	7	200.88	94.58	151.94	57.33	74.89	1.00
徐州	13	64.95	5.71	7.50	1.79	18.38	4.38
常州	9	88.18	30.21	54.31	24.10	50.21	0.79
苏州	29	296.89	168.69	288.68	119.93	77.92	3.62
南通	19	163.79	48.38	85.52	30.53	103.62	5.88
连云港	7	50.73	18.04	27.26	9.23	27.10	2.11
淮安	12	89.69	12.60	18.94	6.32	68.98	1.11
盐城	13	82.79	18.54	27.94	9.39	51.45	1.01
扬州	9	62.61	28.62	44.31	13.98	25.96	0.47
镇江	8	68.26	15.93	32.28	15.17	34.16	2.40
泰州	11	111.09	23.80	34.46	10.66	77.15	1.52
宿迁	7	49.81	17.73	24.43	4.87	9.28	0.52

生产和供应业工业企业主要经济指标

单位：亿元

存货	#产成品	负债合计	流动负债合计	#应付账款	所有者权益合计	实收资本	国家资本	集体资本
18.75	**0.93**	**1037.70**	**479.06**	**56.39**	**568.61**	**339.15**	**240.20**	**9.74**
15.03	0.78	560.93	308.10	36.41	369.92	227.75	177.23	4.02
1.29	0.03	254.62	85.41	4.66	82.87	47.20	31.03	2.20
2.43	0.11	222.15	85.55	15.32	115.82	64.20	31.93	3.51
2.85	0.21	156.18	67.64	16.50	120.45	56.60	50.90	0.14
0.66	0.01	101.90	38.34	11.92	98.98	82.43	76.05	
0.38	0.05	42.28	18.27	6.83	22.67	18.74	7.60	0.51
5.28		67.38	48.30	1.00	20.79	8.06	5.14	0.31
5.66	0.17	184.76	127.29	6.80	112.14	66.09	31.99	3.57
0.52	0.02	119.49	46.52	2.90	44.30	26.59	17.75	2.18
0.37	0.05	29.81	12.88	2.95	20.92	14.04	12.21	
0.53	0.01	74.98	16.28	1.82	14.71	10.14	4.47	
0.93	0.01	52.63	28.75	2.49	30.17	12.33	7.65	
0.55		44.46	17.09	1.03	18.16	9.92	7.48	
0.59	0.40	50.71	26.53	0.19	17.55	14.57	13.15	
0.21	0.01	90.67	21.80	0.74	20.42	10.68	5.80	0.02
0.23		22.46	9.36	1.23	27.35	8.96		3.00

1-B-46 续表

地区					营业收入	营业成本	销售费用
	法人资本	个人资本	港澳台资本	外商资本			
总计	**39.27**	**12.89**	**25.18**	**11.87**	**235.30**	**150.85**	**31.15**
苏南	18.54	5.09	15.26	7.59	150.69	92.39	23.84
苏中	5.55	1.27	5.51	1.64	47.88	31.43	5.40
苏北	15.18	6.53	4.41	2.64	36.72	27.02	1.91
南京	2.19			3.36	35.32	23.94	4.08
无锡	2.00	4.38			32.68	13.83	9.95
徐州	9.73	0.11		0.78	9.80	7.34	0.23
常州	1.14		1.47		13.75	8.43	0.88
苏州	12.30	0.71	13.79	3.73	59.78	39.32	7.55
南通	3.76	0.92	1.46	0.52	25.55	16.42	3.24
连云港	1.00			0.83	6.45	5.01	0.32
淮安	1.64	1.72	1.28	1.02	7.63	4.95	0.52
盐城	1.48	3.20			9.36	7.18	0.62
扬州	0.71	0.30	1.44		10.41	7.34	0.73
镇江	0.92			0.50	9.16	6.88	1.38
泰州	1.08	0.05	2.62	1.12	11.92	7.67	1.43
宿迁	1.34	1.50	3.13		3.48	2.55	0.22

单位：亿元

管理费用	财务费用			投资收益（损失以“-”号记）	营业利润	利润总额	亏损企业亏损额	平均用工人数（人）
		利息收入	利息支出					
21.02	**6.64**	**1.85**	**7.64**	**5.16**	**32.69**	**35.19**	**3.67**	**32931**
12.63	3.37	1.07	4.17	3.37	24.27	24.89	2.62	17862
4.44	1.92	0.15	1.68	0.04	4.42	4.54	0.44	7062
3.95	1.35	0.62	1.79	1.76	4.00	5.76	0.61	8007
3.19	1.50	0.40	1.56	0.61	3.49	2.64	2.44	5062
2.25	0.52	0.26	0.72	1.27	7.05	7.72	0.03	3317
0.92	0.49	0.36	0.89	0.02	0.76	0.84		2172
1.30	-0.29	0.27	0.02	0.13	3.38	3.55		1712
4.94	1.61	0.15	1.81	1.36	9.99	10.49	0.15	5857
2.13	0.85	0.08	0.90	0.04	2.71	2.87		2947
0.55	0.19	0.18	0.33	0.43	0.76	0.80	0.10	1212
1.01	0.17	0.06	0.17	-0.02	0.96	0.96	0.02	1440
1.03	0.22	0.02	0.23		0.21	1.80	0.34	2191
0.80	0.61	0.02	0.27		0.94	1.00	0.03	1838
0.94	0.04		0.06		0.36	0.48		1914
1.52	0.46	0.06	0.51		0.76	0.67	0.41	2277
0.45	0.27		0.17	1.33	1.31	1.37	0.15	992

第2篇

主要工业产品产量篇

2-1　规模以上工业企业主要产品产量

产品名称	计量单位	产品产量
铁矿石原矿	吨	705912.00
原盐	吨	11737025.06
小麦粉	吨	6361565.35
大米	吨	6410872.95
饲料	吨	11971430.72
#配合饲料	吨	4785032.18
混合饲料	吨	1801416.99
精制食用植物油	吨	6217060.29
乳制品	吨	1852145.80
罐头	吨	213789.40
发酵酒精（折 96 度，商品量）	千升	699184.66
饮料酒	千升	2741505.50
#白酒（折 65 度，商品量）	千升	608246.41
啤酒	千升	1948242.70
饮料	吨	5636561.09
卷烟	万支	10310196.00
纱	吨	4220006.53
#棉纱	吨	2044397.22
棉混纺纱	吨	1239198.43
化学纤维纱	吨	936410.88
布	万米	905427.39
#棉布	万米	607609.75
棉混纺布	万米	114847.36
化学纤维短纤布	万米	182970.28
印染布	万米	845766.12
#漂白布	万米	107442.76
染色布	万米	500205.03
印花布	万米	227023.33
毛机织物（呢绒）	万米	22974.57
蚕丝及交织机织物（含蚕丝≥50%）	万米	5489.04
服装	万件	326574.65
#针织服装	万件	118369.68
梭织服装	万件	208204.97
人造板	立方米	23220606.93
机制纸及纸板（外购原纸加工除外）	吨	10045864.14
纸制品	吨	5697192.75
硫酸（折 100%）	吨	2786779.06
盐酸（氯化氢，含量 31%）	吨	657991.82
烧碱（折 100%）	吨	3205491.86
纯碱（碳酸钠）	吨	4378418.98
乙烯	吨	1612033.00
纯苯	吨	952895.68
合成氨（无水氨）	吨	3069015.90
农用氮、磷、钾化学肥料（折纯）	吨	1697097.03
#氮肥（折含氮 100%）	吨	1644295.03
磷肥（折五氧化二磷 100%）	吨	52802.00
化学农药原药（折有效成分 100%）	吨	915317.50
初级形态塑料	吨	10494416.95
合成橡胶	吨	1369956.60
合成洗涤剂	吨	256326.80
化学药品原药	吨	147693.59
中成药	吨	24284.47
化学纤维	吨	15033772.45

2-1 续表

产品名称	计量单位	产品产量
#人造纤维（纤维素纤维）	吨	1075004.79
合成纤维	吨	13944851.19
橡胶轮胎外胎	条	108590298.00
塑料制品	吨	6880619.15
硅酸盐水泥熟料	吨	53758229.01
水泥	吨	145671113.08
平板玻璃	重量箱	22745481.10
生铁	吨	67521023.31
粗钢	吨	104091925.36
钢材	吨	129042617.10
#中小型型钢	吨	4823972.62
线材（盘条）	吨	15739685.02
中厚宽钢带	吨	8888066.00
热轧薄宽钢带	吨	7694552.00
冷轧薄宽钢带	吨	3136175.93
无缝钢管	吨	4968281.41
焊接钢管	吨	2076614.61
铁合金	吨	422027.40
十种有色金属	吨	390412.00
铜材	吨	3219815.42
铝材	吨	3766229.52
金属集装箱	立方米	23112994.00
电站锅炉	蒸发量吨	32301.90
工业锅炉	蒸发量吨	62583.57
发动机	千瓦	110482547.64
金属切削机床	台	96850.00
起重机	吨	1027455.14
气体压缩机	台	26076371.00
阀门	吨	657385.02
照相机	台	9569186.00
大中型拖拉机	台	44842.00
汽车	辆	1189585.00
#基本型乘用车（轿车）	辆	604053.00
民用钢质船舶	载重吨	15266645.32
摩托车整车	辆	1127356.00
电动自行车	辆	5616081.00
发电机组（发电设备）	千瓦	7237864.00
通信及电子网络用电缆	对千米	6599820.87
电力电缆	千米	10235331.03
太阳能电池（光伏电池）	千瓦	42339343.12
家用电冰箱（家用冷冻冷藏箱）	台	9569693.00
房间空气调节器	台	6052945.00
家用洗衣机	台	18963637.00
电子计算机整机	台	63811605.00
#微型计算机设备	台	62111063.00
#笔记本计算机	台	40511579.00
显示器	台	56217000.00
打印机	台	413319.00
电话单机	部	1709404.00
移动通信手持机（手机）	台	51982009.00
彩色电视机	台	14243884.00
组合音响	台	6084685.00
集成电路	万块	6194104.69

2-2　规模以上工业主要产品生产能力

产品名称	计量单位	年初生产能力	年末生产能力
原煤	吨	14150000	13600000
天然原油	吨	1581770	1552203
卷烟	万支	14394600	13812800
棉纺锭	锭	13827922	13873138
气流纺锭	头	397694	386001
棉布织机	台	280149	322823
原油加工能力	吨	46600000	43200000
焦炭	吨	24070000	22070000
烧碱（折 100%）	吨	4088000	4064000
农用氮、磷、钾化学肥料总计（折纯）	吨	2582080	2362080
初级形态塑料	吨	11989336	12335662
化学纤维	吨	17791008	17926507
硅酸盐水泥熟料	吨	64450000	62710000
水泥	吨	198092976	198974276
平板玻璃	重量箱	27796650	25998476
生铁	吨	76219600	76219600
粗钢	吨	120780000	120900000
钢材	吨	151730350	154950174
铁合金	吨	364660	658850
原铝（电解铝）	吨		9658
金属切削机床	台	140608	147946
挖掘机	台	135310	155610
汽车	辆	2359490	2441490
#乘用车	辆	2183169	2266725
新能源乘用车	辆	143100	216600
#商用车	辆	116321	114765
新能源商用车	辆	26500	26500
民用钢质船舶	载重吨	26690234	27937641
太阳能电池	千瓦	47838340	52900299
家用电冰箱	台	12881485	12581222
房间空气调节器	台	7960000	7765000
微型计算机设备	台	69661184	77464528
移动通信手持机（手机）	台	162301032	138981304
彩色电视机	台	35483735	33752687
发电设备容量总计	万千瓦	12034	11379

2-3　主要能源产品产量

产品名称	计量单位	产品产量
原煤	万吨	1245.78
原油	万吨	155.36
天然气	亿立方米	9.97
液化天然气	万吨	0.67
原油加工量	万吨	4060.40
汽油	万吨	809.53
煤油	万吨	484.54
柴油	万吨	763.81
燃料油	万吨	154.83
石脑油	万吨	417.23
液化石油气	万吨	217.94
石油焦	万吨	210.74
石油沥青	万吨	339.82
焦炭	万吨	1497.21
发电量	亿千瓦小时	5041.17
火力发电量	亿千瓦小时	4562.95
水力发电量	亿千瓦小时	32.65
核能发电量	亿千瓦小时	242.18
风力发电量	亿千瓦小时	156.80
太阳能发电量	亿千瓦小时	46.59
煤气	亿立方米	1390.24

注：调查范围为规模以上工业、限额以上批发零售业和住宿餐饮业、规模以上服务业有能源生产的法人单位

附　　录

主要指标解释

主要指标解释

资产总计 指企业过去的交易或者事项形成的、由企业拥有或者控制的、预期会给企业带来经济利益的资源。资产一般按流动性（资产的变现或耗用时间长短）分为流动资产和非流动资产。其中流动资产可分为货币资金、交易性金融资产、应收票据、应收账款、预付款项、其他应收款、存货等；非流动资产可分为长期股权投资、固定资产、无形资产及其他非流动资产等。根据会计"资产负债表"中"资产总计"项目的期末余额数填报。包括企业拥有的土地、办公楼、厂房、机器、运输工具、存货等实物资产和现金、存款、应收账款和预付账款等金融资产。

流动资产合计 资产满足以下条件之一应归为流动资产：（1）预计在一个正常营业周期中变现、出售或耗用，主要包括存货、应收账款等；（2）主要为交易目的而持有；（3）预计在资产负债表日起一年内（含一年）变现；（4）自资产负债日起一年内，交换其他资产或清偿负债的能力不受限制的现金或现金等价物。包括货币资金、应收票据、应收账款、存货等项目。根据会计"资产负债表"中"流动资产合计"项目的期末余额数填报。

应收账款 指企业因销售商品、提供劳务等经营活动所形成的债权，包括应向客户收取的货款、增值税款和为客户代垫的运杂费等。根据会计"资产负债表"中"应收账款"项目的期末余额数填报。

存货 指企业在日常活动中持有以备出售的产成品或商品、处在生产过程中的在产品、在生产过程或提供劳务过程中耗用的材料或物料等，通常包括原材料、在产品、半成品、产成品、商品以及周转材料等。根据会计"资产负债表"中"存货"项目的期末余额数填报。其中："年初存货"根据会计"资产负债表"中"存货"项目的年初余额数填报。注意："存货"具有实物形态，不属于无形资产，由于企业持有存货的最终目的是为了出售，所以房地产开发企业（单位）购置的土地、尚未销售的商品房等均计入"存货"。

产成品 指企业已经完成全部生产过程并验收入库，可以按照合同规定的条件送交订货单位，或者可以作为商品对外销售的产品。根据会计"产成品"科目的借方余额填报。

固定资产原价 指固定资产的成本，包括企业在购置、自行建造、安装、改建、扩建、技术改造某项固定资产时所发生的全部支出总额。根据会计"固定资产"科目的期末借方余额填报。

累计折旧 指企业在报告期末提取的历年固定资产折旧累计数。根据会计"累计折旧"科目的期末贷方余额填报。

固定资产净额 指固定资产原价减去累计折旧、固定资产减值准备后的金额。当会计"资产负债表"列示"固定资产净额"项目时，根据"固定资产净额"项目的期末余额数填报；当会计"资产负债表"列示"固定资产"项目，且含义及核算范围与本指标解释一致时，根据"固定资产"项目的期末余额数填报；其他情况，根据会计"固定资产"科目的期末余额，减去"累计折旧"和"固定资产减值准备"科目的期末余额后的金额填报。

负债合计 指企业过去的交易或者事项形成的，预期会导致经济利益流出企业的现时义务。负债一般按偿还期长短分为流动负债和非流动负债。根据会计资产负债表中"负债合计"项目的期末余额数填报。包括银行贷款、借款、应付账款、应付职工工资、应付职工福利费、应交税金等企业负有偿还责任的债务。

执行企业会计准则或《小企业会计准则》的企业：负债合计=流动负债合计+非流动负债合计；执行其他企业会计制度的企业负债包括流动负债和长期负债。

流动负债合计 负债满足下列条件之一的应归为流动负债：（1）预计在一个正常营业周期中清偿；（2）主要为交易目的而持有；（3）自资产负债表日起一年内到期应予清偿；（4）企业无权自主地将清偿推迟至资产负债表日后一年以上。包括短期借款、应付票据、应付账款、应付职工薪酬、应交税费等项目。根据会计资产负债表中"流动负债合计"项目的期末余额数填报。

应付账款 指企业因购买材料、商品和接受劳务供应等经营活动应支付的款项。根据会计资产负债表中"应付账款"项目的期末余额数填报。

所有者权益合计 指企业资产扣除负债后由所有者享有的剩余权益。公司的所有者权益又称股东权益。包括实收资本、资本公积、盈余公积、未分配利润等。根据会计资产负债表中"所有者权益合计"项目的期末余额数填报。

实收资本 指企业各投资者实际投入的资本（或股本）总额，包括货币、实物、无形资产等各种形式的投入。实收资本按投资主体可分为国家资本、集体资本、法人资本、个人资本、港澳台资本和外商资本。根据会计资产负债表中"所有者权益"项下"实收资本"的期末余额数填报。

国家资本 指有权代表国家投资的政府部门或机构、直属事业单位对企业形成的资本金。根据会计"实收资本"科目计算填报。

集体资本 指由本企业职工等自然人集体投资或各种机构对企业进行扶持形成的集体性质的资本金。根据会计"实收资本"科目计算填报。

法人资本 指其他法人单位以其依法可支配的资产投入企业形成的资本金。根据会计“实收资本”科目计算填报。

个人资本 指自然人实际投入企业的资本金。根据会计“实收资本”科目计算填报。

港澳台资本 指我国香港、澳门和台湾地区投资者实际投入企业的资本金。根据会计“实收资本”科目计算填报。

外商资本 指外国投资者实际投入企业的资本金。根据会计“实收资本”科目计算填报。

营业收入 指企业经营主要业务和其他业务所确认的收入总额。营业收入包括“主营业务收入”和“其他业务收入”。根据会计“利润表”中“营业收入”项目的本年累计数填报。

营业成本 指企业经营主要业务和其他业务所发生的成本总额。包括企业（单位）在报告期内从事销售商品、提供劳务等日常活动发生的各种耗费。包括“主营业务成本”和“其他业务成本”。根据会计“利润表”中“营业成本”项目的本年累计数填报。

销售费用 指企业在销售商品和材料、提供劳务的过程中发生的各种费用，包括保险费、包装费、展览费和广告费、商品维修费、预计产品质量保证损失、运输费、装卸费等以及为销售本企业商品而专设的销售机构（含销售网点、售后服务网点等）的职工薪酬、业务费、折旧费等经营费用。建筑业企业销售费用指企业从事施工生产活动过程中发生的各项费用，包括应由企业负担的运输费、装卸费、包装费、保险费、维修费、展览费、差旅费、广告费和其他经费。房地产企业销售费用指企业在从事主要经营业务过程中所发生的各项销售费用，包括转让、销售、结算和出租开发产品等。执行企业会计准则或《小企业会计准则》的企业，根据会计“利润表”中“销售费用”项目的本年累计数填报。执行其他企业会计制度的企业，根据会计“利润表”中“营业费用（或经营费用）”项目的本年累计数填报。

管理费用 指企业为组织和管理企业生产经营所发生的费用，包括企业在筹建期间内发生的开办费、董事会和行政管理部门在企业经营管理中发生的，或者应当由企业统一负担的公司经费等。根据会计“利润表”中“管理费用”项目的本年累计数填报。执行财政部《关于修订印发 2018 年度一般企业财务报表格式的通知》（财会〔2018〕15 号）的企业，应把研发费用项目的本年累计数归并到管理费用项目中填报。

财务费用 指企业为筹集生产经营所需资金等而发生的筹资费用，包括企业生产经营期间发生的利息支出（减利息收入）、汇兑损失（减汇兑收益）以及相关的手续费等。根据会计“利润表”中“财务费用”项目的本年累计数填报。

利息收入 指非金融企业存款业务所确认的利息金额。根据企业“财务费用明细账”中“财务费用——利息收入”科目的本期发生额填报。如果未设置该科目，填“0”。

利息支出 指企业短期借款利息、长期借款利息、应付票据利息、票据贴现利息、应付债券利息、长期应付引进国外设备款利息等利息支出。根据企业“财务费用明细账”中“财务费用——利息支出”科目的本期发生额填报。如果企业没有单独设立“利息收入”科目，应填报利息支出减去银行存款等的利息收入后的净额。

投资收益 指企业确认的投资收益或投资损失，反映企业以各种方式对外投资所取得的收益。根据会计“利润表”中“投资收益”项目的本年累计数填报。如为投资损失以”-”号记。

营业利润 指企业从事生产经营活动所取得的利润。执行企业会计准则或《小企业会计准则》的企业，营业利润为营业收入减去营业成本、税金及附加、销售费用、管理费用、财务费用、资产减值损失，再加上公允价值变动收益、投资收益和其他收益后的金额，根据会计“利润表”中“营业利润”项目的本年累计数填报；执行其他企业会计制度的企业，营业利润为营业收入减去营业成本、税金及附加、销售费用、管理费用、财务费用，再加上投资收益后的金额，根据会计“损益表”中“营业利润”项目、“投资收益”项目的本年累计数之和填报。

利润总额 指企业在一定会计期间的经营成果，是生产经营过程中各种收入扣除各种耗费后的盈余，反映企业在报告期内实现的盈亏总额。利润总额为营业利润加上营业外收入，减去营业外支出后的金额，根据会计“利润表”中“利润总额”项目的本年累计数填报。

平均用工人数 指报告期企业平均实际拥有的、参与本企业生产经营活动的人员数。

原煤 指煤矿生产的、经过验收符合质量标准的原煤。即：从毛煤中选出规定粒度的矸石（包括黄铁矿等杂物）并且绝对干燥灰分在 40%以下的原煤。绝对干燥灰分虽在 40%以上，但经有关部门批准开采，并有消费需求的劣质煤，亦应计入原煤产量。原煤分为无烟煤、烟煤、褐煤，在烟煤中又分为炼焦烟煤和一般烟煤两种。原煤不包括石煤、泥煤（泥炭）和伴随原煤生产过程而采出的煤矸石。

原油 指各种碳氢化合物的复杂混合物，通常呈暗褐色或者黑色液态，少数呈黄色、淡红色、淡褐色。包括自油井开采的原油；因事故、自然灾害以及探井、未交采油单位或未具备生产条件的井中产生的落地油（产量按已销售、利用、回收的量计算）；油（气）井井口直接回收和经处理装置回收的凝析油等。

天然气 指以气态碳氢化合物为主的各种气体的混合物，由有机物质经生物化学作用分解而成，或与石油共存于岩石的裂缝和空洞中，或以溶解状态存在于地下水中；主要成分为甲烷（约占 85%-95%），还有乙烷、丙烷、丁烷等，是一种优质燃料和化工原料。天然气分为常规天然气和非常规天然气，常规天然气包括气田天然气、油田天然气（分为油田气层气、油田伴生溶解气），非常规天然气包括煤层气、页岩气、致密砂岩气等。天然气产量是指进入集输管网和就地利用的全部气量。

液化天然气 指液体状态的天然气，由气态天然气在一定温度和压力条件下液化而成，无毒、无色、无味，在-161℃下的密度约为425千克/立方米。天然气在常温、常压状态为气态，占有的体积大，不利于储存，液化后体积只有气态的1/600左右。天然气的主要成分——甲烷的临界温度为-82℃，故在常温下不可能通过压缩而将其液化。而当将甲烷冷却到-161℃以下时，在常压下即转化为液体，即液化天然气（LNG）。

原油加工量 指直接进入蒸馏装置及二次加工装置加工的原油量。该指标是衡量炼化企业生产规模、能力的一项基础指标，也是炼化企业计算各项技术经济指标的重要依据。因此，原油加工量作为一个特殊的指标在产品产量中统计。

汽油 指直馏汽油和二次加工（如催化裂化、加氢裂化，催化重整和经精制的热裂化、焦化等）汽油，按不同比例调和，加入适量抗氧防胶剂及金属钝化剂，必要时加入适量的抗爆剂（如加入抗爆剂还要加入着色剂）而制成。本品为易燃、易挥发液体，具有良好的抗爆性能和燃烧性能，其蒸发性好，燃烧完全，积炭少，对发动机部件及储油容器无腐蚀性，由于加有抗氧剂，产品具有较好的安定性，不易过早氧化。包括航空汽油和车用汽油。

煤油 是一种精制的燃料，挥发度在车用汽油和轻柴油之间，不含诸如粗柴油、润滑油之类的重碳氢化合物。包括灯用煤油、航空煤油。

柴油 指直馏柴油和经过精制的二次加工（如催化裂化、加氢裂化、热裂化、加氢精制的焦化的柴油等），以不同比例调和而成的成品油。柴油分为轻柴油、重柴油。

燃料油 包括船用燃料油、重油或其他燃料油。燃料油分为商品燃料油和自用燃料油。商品燃料油指企业作为商品销售的燃料油；自用燃料油指本企业用作燃料和化肥、化工原料的自用油。

石脑油 属一部分石油轻馏分的泛称；用途不同，各种馏程亦不同。馏程自初馏点至220℃左右，主要用作重整和化工原料；70-145℃馏分，称轻石脑油，生产芳烃的重整原料；70-180℃馏分，称重石脑油，用作生产高辛烷值汽油。用作溶剂时，称作溶剂石脑油；来自煤焦油的芳香族溶剂油也称作重石脑油或溶剂石脑油。

液化石油气 亦称液化气或压缩汽油，是炼油精制过程中产生并回收的气体在常温下经加压而成的液态产品。主要成分是丙烷、丁烷、丙烯、丁烯，主要用作石油化工原料，脱硫后可直接用作燃料。

石油焦 指以原油经常减压装置蒸馏所得的渣油或以重油为原料，经焦化装置生产。产品按用途分为三个牌号，每个牌号按质量分为A、B两类，牌号有1#A、1#B、2#A、2#B、3#A、3#B石油焦等。主要用于制造石墨电极、碳素、碳化硅、碳化钙等产品的原料，也可直接用于冶炼、铸煅工艺作燃料。

石油沥青 指由原油经常减压装置蒸馏直接获得的渣油制品，也可以用减压渣油为原料经氧化，溶剂脱出的沥青再经适度氧化或调合而成。是来自原油中的最重的组分，是高度缩合的多环烃类混合物，具有良好的粘结性、绝缘性、不渗水性，并能抵抗许多化学药物的侵蚀，广泛用于道路工程、建筑工程、水利工程、防护涂料以及保持水土、改良土壤等领域。沥青按用途可分为普通沥青、道路沥青、建筑沥青、专用沥青，其中以道路沥青的用量最大。

焦炭 指将各种经过洗选的煤炭按一定比例配合后，在隔绝空气的高温炭化室内经过热解、缩聚、固化、收缩等复杂的物理化学过程形成的固体燃料，呈黑灰色块状、有光泽，燃烧时烟气少，具有不粘结、不结块、低硫、低灰、坚硬、耐磨、耐压、富于气孔性等特点，主要用于冶金、化工、铸造等工艺的燃料和原料。它包括各种生产方式生产的焦炭，即包括机械化焦炉、简易焦炉、土焦炉、煤气发生炉等装置生产的所有焦炭和半焦炭。

发电量 指电厂（发电机组）在报告期内生产的电能量。它是发电机组经过对一次能源的加工转换而生产出的有功电能数量，即发电机实际发出的有功功率（千瓦）与发电机实际运行时间的乘积。发电量包括全部电力工业企业、自备电厂的产量。新装发电设备在未正式投入生产以前所发的电量以及发电设备大修或改进后试运转期间所发的电量，凡被本厂或用户利用的，均应计入发电量中，未被利用的，则不应计入。发电量中不包括电动的交直流变换、励磁机和周波变换的电量。

火力发电 指利用煤炭、燃油、燃气、生物质等燃料燃烧时产生的热能，通过火电动力装置转换成电能的发电方式，包括燃煤发电，燃气发电，燃油发电，余热、余压、余气发电，生物质发电等。

水力发电 指利用水位落差，配合水轮发电机产生电力的一种发电方式，也就是利用水的势能转为水轮机的机械能，再以机械能推动发电机产生电能，包括抽水蓄能发电。

核能发电 指利用原子反应堆中核燃料（例如铀）缓慢裂变所释放的热能产生蒸汽驱动汽轮机再带动发电机发电的一种发电方式。

风力发电 指把风的动能转变成机械动能，再把机械能转化为电力动能的发电方式。

太阳能发电 指先将太阳光或能转化为热能，再将热能转化成电能或者直接将太阳能转换成电能的发电方式，主要包括太阳能光伏发电和太阳能光热发电。

煤气 指煤、焦炭、半焦等固体燃料与燃料油等液体燃料干馏或气化所产生的可燃气体。包括焦炉煤气、高炉煤气、发生炉煤气和油煤气等。